美国教育须知

主　编　金衡山
副主编　聂玲凤

南开大学出版社
天　津

图书在版编目(CIP)数据

美国教育须知 / 金衡山主编；聂玲凤副主编. —
天津：南开大学出版社，2021.10
ISBN 978-7-310-06156-3

Ⅰ. ①美… Ⅱ. ①金… ②聂… Ⅲ. ①教育研究－美
国 Ⅳ. ①G571.2

中国版本图书馆 CIP 数据核字(2021)第 215869 号

美国教育须知
MEIGUO JIAOYU XUZHI

———————————————————————

南开大学出版社出版发行
出版人：陈　敬
地址：天津市南开区卫津路 94 号　　邮政编码：300071
营销部电话：(022)23508339　营销部传真：(022)23508542
https://nkup.nankai.edu.cn

———————————————————————

天津市蓟县宏图印务有限公司印刷　全国各地新华书店经销
2021 年 10 月第 1 版　　2021 年 10 月第 1 次印刷
230×155 毫米　16 开本　13.5 印张　2 插页　194 千字
定价：68.00 元

———————————————————————

如遇图书印装质量问题,请与本社营销部联系调换,电话：(022)23508339

目　录

第一章　美国国情综述

一、基本国情

1. 美国地理知识简介

美国全称是美利坚合众国（The United States of America，英文简称包括 America，U. S.，U. S. A.），位于西半球北美洲，由美国本土的 48 个州与华盛顿哥伦比亚特区、北美洲西北角的阿拉斯加州（面积最大的州）以及太平洋上的夏威夷州组成。美国本土东临大西洋，西濒太平洋，陆上邻国只有北边的加拿大和南边的墨西哥，海上邻国则因其特殊的临海位置和众多的海外领地而不计其数。

作为殖民时期的产物，美国众多的海外领地（Overseas Territories）是指由美国联邦政府监管的、次国家级的行政区划，包括太平洋与加勒比海上的 5 处非合并建制领地（关岛、北马里亚纳群岛、美属萨摩亚、波多黎各、美属维尔京群岛），以及其他 11 处无人定居的较小岛屿。

美国国土面积在世界上的排名因不同的计算方式而变化。根据美国中央情报局（CIA）最新发布的统计数据，美国的国土总面积约为983. 35 万平方千米，其中陆地面积 914. 76 万平方千米、水域面积68. 59 万平方千米，在世界国家排名中占据第 3 位（中国以 959. 70万平方千米的总面积位居第 4 位）。[①]然而，世界上最权威的百科全书——《不列颠百科全书》（Encyclopedia Britannica）的排行数据却

[①]美国国土面积数据（CIA）https：//www. cia. gov/library/publications/the-world-factbook/geos/us. html.

中国国土面积数据（CIA）https：//www. cia. gov/library/publications/the-world-factbook/geos/ch. html，2019-3-1.

显示，美国的国土面积位于中国之后，排第 4 位。[①]这种差异可能是由于美国中央情报局将美国与加拿大交界处的五大湖水域面积也计算了进去，因为单从陆地面积来看，美国的 914.76 万平方千米远小于中国的 932.64 万平方千米；从国界线来看，美国的陆上国界线长1.20 万千米，几乎只占中国（2.25 万千米）的一半。由此可见，不同于中国蜿蜒曲折的国界线，美国与陆上邻国的分界线更加平滑规整，一定程度上有利于减少与邻国的边界争端、优化边境管理。（本段涉及的数据取约数，均保留两位小数。）

美国本土的 48 个相邻州地形地貌种类多样，可粗略划分为 6 大地形区，自西向东分别为太平洋沿岸山脉区、西部高原盆地区、落基山脉区、中部平原与高地区、阿巴拉契亚高地区、大西洋沿岸平原区。

按照板块构造学说，太平洋板块与美洲板块相互挤压形成的褶皱山包括美国西部的太平洋沿岸山脉区、西部高原盆地区和落基山脉区，属于高耸、广阔而复杂的科迪勒拉山系在北美洲的分支。褶皱作用造成地表的高低起伏，因此加利福尼亚州内有一处"死亡谷"（Death Valley），以-86 米的海拔成为北美洲的最低点。而在北极圈附近，远离本土的阿拉斯加州则拥有北美洲的第一高峰德纳里峰（Denali，别称 Mt. McKinley，麦金利山），海拔 6190 米。山地的存在使太平洋方面的暖湿气流在美国西海岸形成降水，因此这一区域内的河流多注入太平洋，属于太平洋水系；而北太平洋上的西风漂流为太平洋沿岸带来了冬暖夏凉、降水充足的海洋性气候。美国本土西海岸与阿拉斯加南海岸都位于环太平洋火山地震带（the Ring of Fire）上。

太平洋沿岸山地与落基山脉之间形成了地势相对较低的盆地，但因其平均海拔均在 500 米以上，所以称为高原盆地，自北向南包括哥伦比亚高原、大盆地（The Great Basin）、怀俄明高原、科罗拉多高原、大峡谷（Grand Canyon）、莫哈维沙漠、里奥·格兰德裂谷等众多地理形态。许多著名的旅游胜地就坐落在这片区域之中，如大峡谷国家公园、赌城拉斯维加斯等。这一区域内最主要的河流是发源于

[①] 不列颠百科全书-美国的简介 https://www.britannica.com/place/United-States, 2019-3-1.

科罗拉多州、注入加利福尼亚湾的科罗拉多河。有趣的是，当它流经亚利桑那州时，在侵蚀作用（下切和剥离）下形成了各种横跨河道的天然石桥、千回百转的通幽曲径、壁立千仞的两岸石谷，再加上此处岩石所含的各种矿物质，呈现出色彩斑斓的壮美景象，这就是大峡谷，又称科罗拉多大峡谷；如果一心念着这个名字，跑去科罗拉多州，那就大错特错了。

落基山脉（Rocky Mountains）是科迪勒拉山系在北美洲的主干，就像北美洲的脊骨，高耸入云；几乎所有大河都发源于此，是北美重要的分水岭。山脉主体从加拿大不列颠哥伦比亚省延伸到美国西南部的新墨西哥州，纵贯南北 4800 多千米，巍峨广袤，植被较少。落基山区曾是印第安人的居所，欧洲殖民者从 18 世纪中期开始在这里挖掘矿藏、做毛皮生意。1872 年，美国首个国家公园——黄石国家公园（Yellowstone National Park）就建在落基山区，位于怀俄明州、蒙大拿州、爱达荷州交界处，占地近 9 万平方千米，略小于中国浙江省。整个公园处在火山活动活跃的地壳上，坐拥各种奇石峻谷、温泉、间歇泉，物种丰富，风景奇绝。

落基山脉以东便是纵贯北美洲的中央大平原（Interior Plains），北起加拿大北部的"地盾"（Canadian Shield），南至墨西哥湾海岸，在美国境内的大部分植被为草原。有 13 个州部分或完全处于大平原地区。北美洲大陆中部的平缓地形导致北极地区的寒冷气流极易长驱直下，同时，东西两侧被山脉夹持也使得来自海洋的暖湿气流难以给中部地区带来丰沛的降水，因此大平原的气候主要是温带大陆性气候。但这里却有美国本土最大的淡水湖水系——美加交界的五大湖（The Great Lakes）就位于此，其中，只有密歇根湖完全在美国境内，其余的苏必利尔湖、休伦湖、伊利湖、安大略湖均为两国共有。美国第一母亲河——密西西比河也在大平原上缓缓流淌。密西西比河水系支流众多，呈不对称树枝状，若以发源于落基山脉东部的最大支流密苏里河的源头算起，长度可达 6020 千米，居世界第 4 位（其余长河为尼罗河、亚马孙河、长江）。

平缓的地势向南延伸，直到奥沙克高原（Ozark Plateau）和瓦西塔山脉（Ouachita Mountains）才被打破，前者位于密苏里州、伊利诺伊州、堪萨斯州和阿肯色州的交界处，后者位于阿肯色州西部与俄克拉荷马州东南部之间，它们构成了中部高地，这是落基山脉与东部的阿巴拉契亚山脉之间唯一的主要山区。

不同于落基山脉，东部的阿巴拉契亚山脉山势平缓，呈东北-西南走向，基本与海岸平行。东北区以新英格兰高地为主体，在东部沿海地带与广袤的中央大平原之间形成一道天然屏障，而它东侧的大西洋沿岸平原区则是美国大陆上历史最悠久、开发最早的地区。美国东海岸整体气候温和，受北大西洋暖流的影响，降水充足，资源丰富，适宜居住，弗吉尼亚州、马里兰州等都是英国人最早建立的殖民地。这里的新英格兰地区包括缅因州、佛蒙特州、新罕布什尔州、马萨诸塞州（麻省）、罗得岛州、康涅狄格州，其中马萨诸塞州首府波士顿是该地区的最大城市以及经济与文化中心。新英格兰地区拥有全美乃至全球最好的教育环境，"常春藤盟校"中一半的大学、美国最好的两所文理学院（威廉姆斯学院、阿默斯特学院）、麻省理工学院都位于此。主要河流有哈德逊河、康涅狄格河等。

美国自然资源丰富，主要有煤炭、金属资源（铜、铅、钼等）、稀土矿、石油、天然气等等。美国的煤炭矿藏居世界首位，占全球煤炭资源总量的 27%。[1]在东西两侧海岸附近山脉的作用下，美国的水资源、森林资源、由此衍生的物种资源也都十分丰富。

2. 美国的人口情况[2]

截至 2018 年 7 月 1 日，美国人口普查局发布的估算数据为 327,167,434 人（3.27 亿）。而美国人口的族裔构成比例如下（分类有所重叠）：白色人种占 76.6%（其中非拉美裔的白色人种占比 60.7%），拉美裔人口占比 18.1%，非裔美国人（黑色人种）占比

---

① CIA 统计数据-自然资源 https://www.cia.gov/library/publications/the-world-factbook/geos/us.html, 2019-3-1.

② 美国人口普查局发布的数据 https://www.census.gov/quickfacts/fact/table/US/ PST045217, 2019-3-1.

13.4%，亚裔人口占比 5.8%，混血族裔（拥有两种以上种族来源的人）占比 2.7%，原住民（印第安人及阿拉斯加原住民）占比 1.3%。

美国人的语言使用比例（2016 年统计数据）如下：说英语的人毫无疑问是最多的，有 80%；第二大语言西班牙语也有 13% 的人日常使用；而说汉语的人口比例是 1%。

美国公民的教育背景（2013—2017 年统计数据）：在 25 岁以上的人口中，拥有高中及以上学历者占总人口的 87.3%，而拥有学士及以上学历者仅占 30.9%。

3. 美国的经济概况

美国是资本主义混合经济，2017 年的 GDP 总量为 19.39 万亿美元（中国为 12.25 万亿美元），居世界首位；人均 GDP 为 5.98 万美元，世界排名第 8 位。根据美国经济分析局 2019 年 2 月 28 日发布的数据，2018 年四个季度美国 GDP 的平均增幅为 3.1%。[①]

4. 美国的政治制度

美国实行联邦制（国家结构形式），其政治制度的最大特点是"三权分立"。作为联邦制国家，政体为总统制政权组织形式，实行三权分立与制衡的政治制度，政党制为两党制。

美国宪法规定，美国的立法机构是美国国会，由参议院和众议院共同组成，这是两党争夺政治权力的舞台。司法机构是美国联邦法院系统，其中最高审判机关为美国联邦最高法院；美国的法院采取双轨制，即联邦法院与各州法院同时存在，并行而治，州法院并不隶属于联邦法院，并且对于非联邦案件拥有最终审判权。行政机构以总统为代表，包含副总统、国务院、财政部、国防部等数十个行政分支机构。三种权力机构的制衡表现在：国会通过行使立法权制约司法系统，并且可以弹劾总统、审查行政部门；法院系统对立法、行政机构具有司法审查权；总统对国会的议案可以行使否决权，但若参众两院各有三分之二的票数反对总统的否决，该否决也是无效的，总统可以任命最高法官，并且可以通过颁布特赦令和缓刑令来干预司法。

---

① 美国经济概览 https://www.bea.gov/news/glance, 2019-3-1.

美国采取两党制。自建国之初，美国国内便形成了不同的治国理念。以亚历山大·汉密尔顿为首的联邦党人代表东北部大资产阶级利益，主张建立一个强大的中央集权政府；以托马斯·杰斐逊为首的民主共和党人代表资产阶级民主派的利益，要求扩大各州权力，限制联邦政府的权力。在19世纪30年代，联邦党逐渐被辉格党取代，民主共和党也正式变为"民主党"；到了50年代，辉格党由于在奴隶制问题上采取骑墙态度而直接灭亡，被"共和党"所取代；1860年林肯就任总统，标志着新生的共和党走上了政治舞台的中心位置。自此，民主共和两党轮流执政至今，虽然在不同的历史时期出现过一定规模的政党重组，但两党作为美国主要的政党交替力量主导美国政府事务的格局没有改变。

两大党派之外的其他政党被称为第三党。从19世纪30年代起，随着工人运动、社会主义运动的发展，美国各地出现了许多劳工组织；70年代在工业城市费城（Philadelphia）建立了美国社会主义劳工党；19世纪末，美国社会党、美国共产党相继成立。第三党还包括美国历史上为总统选举而短暂存在过的政党，如平民党、民族进步党、绿党、公民党等。这些政党虽然从来没有能够赢得过总统选举并主导美国的政治进程，但它们在表达美国不同利益群体的诉求、影响美国政治选举进程及结果方面，一直扮演着不可忽略的作用。

5. 宗教信仰概况

大部分美国人具有自己的宗教信仰。根据盖洛普[①]发布的美国人口宗教信仰调查报告，2017年信仰基督教（新教）的人口仍是大多数，占48.5%，信仰天主教的比例为22.7%，犹太教徒占2.1%，摩门教徒占1.8%，穆斯林占比0.8%，信仰其他宗教的人口有2.9%，另有21.3%的人宣称自己没有宗教信仰。约有37%的人属于宗教信仰十分坚定的信徒。从中我们可以看出，美国是一个基督教新教占主流的、宗教意识浓厚的国家，同时也是一个倡导宗教自由和政教分离

---

① 盖洛普统计数据 https://news.gallup.com/poll/224642/2017-update-americans-religion.aspx，2019-3-1.

的宗教信仰多元的国度。

6. 美国的国际地位

作为曾经的"冷战格局"对峙之下的获胜方，美国目前仍是世界上唯一的超级大国，其经济实力、军事实力、科技实力等依然处于领先地位。而作为其综合国力的重要组成部分，美国的文化软实力也令人瞩目，文学、绘画、音乐、影视、建筑等产业蓬勃发展，在国际上具有举足轻重的影响力。

二、美国简史

1. 殖民时期（1492—1776）

远在哥伦布远航到访美洲之前，美洲大陆就已经有人类活动的历史了。古人类学家普遍认为，首批在美洲定居生活的人类是来自西伯利亚的游牧民族，于冰河时期跨越当时的陆桥白令海峡来到美洲，并逐步向南部迁徙，活动足迹遍布整个美洲大陆。根据考古学家挖掘出的遗骨及工具等物品的考证，这些游牧民族到达美洲的时间大约在公元前35000年左右[①]，他们成为了美洲原住民的重要组成部分。

美洲原住民也作印第安人，系哥伦布将美洲误认为印度对当地土著人的误称。在公元1500年，美洲大陆约有印第安人4000万，其中居住在北美洲的约有150万。这些土著人部落各具特有的文化形态，其语言、生活方式及社会组成等方面都有较大差异。主要有因纽特人（曾作爱斯基摩人）、易洛魁人、阿留申人、阿尔衮琴人等。

来自热那亚共和国（今意大利西北部）的哥伦布在西班牙王室的赞助下于1492年开始航海活动并发现了美洲大陆，从此之后，欧洲殖民者便陆续到达北美。他们在此开垦土地、挖掘银矿、奴役印第安人，还从非洲运送奴隶来到美洲进行种植园的劳作。欧洲人对土著人

---

① ［美］加里·纳什等：《美国人民：创建一个国家和一种社会（第6版）》上卷，刘德斌译，北京大学出版社，2008年，第4页。

发起袭击使其屈服，且由于土著人对欧洲人携带的病毒病菌无免疫，很快大量土著人染病死亡。

欧洲人将先进的生产力带入北美，发展了蔗糖、烟草等农业种植。种植业所需要的大量廉价劳动力，其来源最初以那些支付不起来美洲旅费的白人契约奴为主；种植园主后来又尝试奴役印第安人，但在17世纪后期最终选择了从非洲贩运来的黑人奴隶为其主要劳动力，并建立起南方特有的奴隶制庄园经济。庄园主对奴隶进行压榨，强迫其进行大量劳动，完全剥夺了他们做人的基本权利，更毋庸说享有任何政治权利。在奴役制度下，奴隶丧失基本人权，沦为白人的私人物品或商品。到18世纪，北美殖民地建立起以农耕、捕鱼和工商运输业为主的经济模式；而南方则遍布种植园，它们种植烟草及稻米，比北方更需要劳动力。南北方对奴隶的剥削日益残酷，这激起了奴隶们的不断反抗，甚至发动起义。

英国七年战争后为弥补战争损失，于18世纪中期通过一系列法令压制殖民地经济，引起了殖民地的暴动。1773年波士顿人假扮印第安人把东印度公司价值1万英镑的茶叶扔进波士顿港[①]，史称“波士顿倾茶事件”，这也成为之后美国独立战争爆发的导火索。

2. 革命与建国初期（1775—1828）

1775年英国与北美殖民地之间冲突加剧，1776年1月托马斯·潘恩的小册子《常识》在费城出版，它激进地批判君主政体并号召北美人民团结起来反抗专制、争取独立，因而得到了广泛流传。1776年6月大陆会议的代表们决定，由杰斐逊主持委员会，以小册子为基础来起草相关文件，并于7月4日发表了《独立宣言》，它呼吁北美人民勇敢面对战争，推翻英国殖民统治，争取独立。

由于英国对殖民地的经济剥削，1775年4月莱克星顿一声枪响，美国独立战争爆发。1778年2月法、美签订军事同盟条约，法国正式承认美国，法国、西班牙、荷兰相继参战，同殖民地人民一同反抗

---

① [美]加里·纳什等：《美国人民：创建一个国家和一种社会（第6版）》上卷，刘德斌译，北京大学出版社，2008年，第167页。

英国。1781 年 9 月，英军统帅康华理率千余名英军向华盛顿投降，美国独立战争取得了最后的胜利。1783 年 9 月 3 日，英美代表于凡尔赛宫签订《巴黎和约》，标志着美国正式独立。

独立的美国需要一个长期的全国性政府。早在 1777 年，大陆会议就此议程颁布了《邦联条例》，并于 1781 年作为美国的第一部宪法正式生效。《条例》规定由当时独立的 13 个州组成邦联制国家，邦联国会是唯一的中央政府机构，其职权范围十分有限；相反，各州保留了绝对的权力，因而使得这个新生的国家在税收、债务、纸币和政治等方面问题不断出现，并导致美国在 18 世纪 80 年代中期出现了严重的危机，资产阶级利益受损。1786 年，独立战争时期的老兵丹尼尔·谢斯领导马萨诸塞州西部的部分农民起义，美国政治陷入混乱，联邦派借此机会主张建立一个强有力的全国性政府。1787 年 5 月，除罗得岛以外的 12 个州各派代表，共 55 名，齐聚费城参加制宪会议，通过 4 个月的闭门会议，各方势力讨价还价，最终制定了一部全新的宪法，声明《宪法》为全国的最高法律，于 1787 年 9 月 17 日将宪法草案交由各州批准。1789 年 3 月，美国第一届联邦国会宣布《美利坚合众国宪法》正式生效；1789 年 4 月 16 日，乔治·华盛顿当选为美国首任总统。

宪法规定美国实行总统制共和制，实行三权分立政治制度。总统是国家元首、政府首脑、军队总司令，任期为 4 年，期满后可以连任一期，由合众国全体公民选举产生。总统掌握国家行政大权，有权否决国会法案，有权任命最高法官；国会掌握立法权，有权弹劾总统，总统任命的最高法官也需国会参议院批准；最高法院掌握司法审查权，有权宣布总统违宪，有权宣布国会通过的法律无效。这即为美国的三权分立、平衡制约的政权组织形式。

美国建国后的最初几年，各州之间交通和信息联系松散，于是联邦政府加快经济发展，改善城市设施。对于印第安人，联邦政府一开始企图强力征服，在征服政策失败之后便实行同化政策，通过教育和传播基督教使印第安人融入白人社会。对于一些社会问题诸如社会分化加深，联邦政府主要借助福音派新教的崛起来推动改革。但此时的美国社会依旧存在一些问题：种族主义日益高涨，黑人饱受歧视且基本权利受损，奴隶制度一直以来都饱受争议……大量问题压在新成立的年轻美国身上。

3. 内战及南方重建时期（1820—1877）

美国南方是指从马里兰州到佐治亚州的沿海地区，向西到亚拉巴马州和密西西比州地区①。该地区的农业在其经济构成中占重要比例，财富积累的基础主要是棉花种植。"路易斯安那购地案"扩大了美国土地，也使得棉花的种植范围扩大，这就需要大量的廉价劳动力。奴隶制在美国北方已经被废除，但在南方却依然存在；虽然奴隶会在压迫下反抗，但解放奴隶的思想却因为棉花带来的经济效益而被驱散。奴隶在社会上没有地位，他们被视作可随着奴隶主喜好购买或出售的财产，奴隶的家庭总是因人口贩卖而妻离子散、骨肉分离。虽然在南方杀死奴隶是犯罪的，但若真有奴隶被杀死，犯罪者也会逃脱惩罚。奴隶仍饮食糟糕，健康状况堪忧，但每日依旧被迫干大量的农活，这导致其死亡率很高。

1846 年的美墨战争使美国获得了墨西哥一半以上的领土，南北方就是否应在该领域内实行奴隶制发生了分歧。1820 年的《密苏里妥协案》更改了南北方关于自由州和蓄奴州的划分界线，北部资产阶级向南部种植园奴隶主做出让步。而《1850 年妥协案》虽然暂缓了南方脱离联邦的危局，但依旧无法彻底解决南北方之间的矛盾。1854 年起爆发的堪萨斯内战就是该地区工业化和奴隶制之间矛盾的进一步激化，南北方的矛盾已日渐不可调和。

1858 年亚伯拉罕·林肯与道格拉斯在竞选参议院席位时就奴隶制进行了辩论。由于林肯主张废除奴隶制，反对国家分裂，因而他大获选民支持，并于 1860 年当选为总统。面临着处于分裂状态的合众国，林肯仍试图争取到南方温和派中的联邦主义力量②，但国家不可能保持半自由、半蓄奴的状态。1861 年 4 月 12 日，随着南部邦联攻

---

① [美]加里·纳什等：《美国人民：创建一个国家和一种社会（第6版）》上卷，刘德斌译，北京大学出版社，2008 年，第 277 页。

② [美]加里·纳什等：《美国人民：创建一个国家和一种社会（第6版）》上卷，刘德斌译，北京大学出版社，2008 年，第 479 页。

打萨姆特要塞，南北战争正式爆发，北部在林肯的带领下开始征兵以武力平息南部的叛乱。战争僵持两年后，林肯于 1863 年颁布了《解放宣言》，宣布废除美国南方的奴隶制度。1865 年，南部邦联最终崩溃，北方接受南方投降，南北战争结束。

内战结束后的重建时期，美国国内面临重重危机：战争伤亡惨重，经济受损，被解放的黑奴面临生存挑战，前南部的 11 个邦联州的地位尚待确定，等等。这一系列问题亟待解决。1865 年后国会通过的三条宪法修正案禁止了奴隶制，保障了奴隶的政治权利。1867 年，南部进入民主重建阶段，各州相继废除奴隶制度并进行一系列民主改革，承认联邦的统一。

4. 工业与现代化进程（1865—1945）

在国内建设时期，美国进行了西进运动，即向西拓展领土；这使得美国一方面国土面积增加，另一方面也吸引了大量的移民。大量人口涌入城市，为其提供了充足的廉价劳动力，加快了城市化的步伐，这为工业革命打下了基础；独立战争之后，美国确立了资产阶级共和制，也为工业革命的开展创造了政治条件。此外，美国地大物博，国土资源丰富且地理环境优越，人口、制度、资源三个要素齐备，使得美国在 19 世纪迎来了工业革命。在这个过程中，机器的使用代替了手工劳动，工业资产阶级的队伍逐渐发展壮大。到 19 世纪末期，美国的工业革命已经颇有成效，工业化条件下的钢、铁、铜都已经达到了大规模生产，辐射全国的铁路网也不断完善，便利美国人出行的同时也为美国带来了大量发展商业的机会，美国的资本主义得到了长足发展，同时美国国力也变得越来越强大。

1914 年，由于资本主义国家间经济发展不平衡、势力范围划分不对等，加上新旧殖民主义矛盾，第一次世界大战首先在欧洲爆发。这是为了重新瓜分世界和争夺世界霸权而爆发的一场世界级帝国主义战争，战争主要是德、奥、意等同盟国和英、法、俄等协约国之间的战斗。美国一开始保持中立态度，但德国于 1915 年 5 月炸毁了英国的路西塔尼亚号客轮，导致 128 名美国人死亡①。这一事件惹恼了美国民众和总统威尔逊，加上后来德国实施的无限制潜艇战，使威尔逊于 1916 年在国防法中获得授权扩充军事力量，且在 1917 年加入协约国对德作战。战局随后扭转，协约国在 1918 年获胜。一战让参战各国都伤亡惨重，唯有美国因本土远离战区而免遭战火摧残；加之美国在战争初期奉行中立政策，积极发展在拉美和远东一带的贸易，攫取了大量外贸利益；战争中参战国的生产也大受影响，而美国通过出售军需品和日常用品获得了大量财富。

一战后美国经济发展形势大好，股市高涨，大批投资者参与经济活动，但这却是一种虚假的繁荣，金融泡沫中到处充斥着投机。1929年 10 月 23 日股市突然暴跌，随之出现银行倒闭浪潮，经济崩溃，失业率暴涨，由此开始了长达 4 年的经济大萧条时期。美国胡佛政府采取自由放任的政策，反对国家干预经济，使经济危机更加严重，这导致了民众的强烈不满。1932 年总统大选中，富兰克林·罗斯福临危受命当选美国新一届掌舵人，立即出台了一系列法案加强政府对经济的干预，如整顿银行体系和工业系统、建立社会保障体系等，终于摆脱了大萧条，使美国经济逐渐恢复并呈长期上升趋势。

美国的经济危机波及其他西方国家，给欧洲带来了动乱，也使法西斯主义兴起，日本、意大利等国分别对中国、埃塞俄比亚发动了侵略战争。1939 年 9 月 1 日第二次世界大战爆发，随后转变为一场世界范围的反法西斯战争，法西斯力量以德、日、意等国家为代表，美国、苏联、英国和中国等国组成反法西斯同盟共同对抗法西斯势力。战争各方都伤亡惨重，经济损失严重。1945 年 9 月 2 日法西斯国家投降，反法西斯同盟国取得胜利。

5. 现代化时期（1945 年至今）

第二次世界大战结束至 20 世纪 70 年代，美国的资本主义处于黄金发展时期，GDP 快速增长，经济总量超过全球的一半，这得益于

---

① Robert V. Remini, *A Short History of the United States*, Harper Collins Publishers, 2008, p200.

美国在战争中出售先进武器而获得的巨大财富,而其稳定的社会制度更保障了经济的持续发展。

然而经济繁荣的美国却另有烦扰:战后欧洲各国都国力衰弱,唯独苏联与美国同时崛起为超级大国。面对着社会主义苏联,美国感到地位受到威胁,资本主义制度受到挑战。1947 年,以美国为首的北大西洋公约组织及其资本主义阵营与以苏联为首的华沙条约组织及其社会主义阵营之间开展了政治、经济、军事等方面的斗争,即长达40 年的冷战。

20 世纪 50 年代美国国内掀起麦卡锡主义,这是一场极端势力反共排外的运动,涉及美国政治、文化等各领域,许多文化及学术界的左派或亲共人士都遭到迫害。美苏强硬对峙,各自谋求霸权。1955年在越南爆发战争,这是一场以美国为首的资本主义阵营所支持的南越对抗以苏联为首的社会主义阵营所支持的北越的战争,60 年代美国甚至直接参战,身陷越战泥潭。美国这段时期的经济和军事实力都有所下降,加上美国国内反战呼声日益高涨,70 年代美国终于结束越南战争。这场战争使得美国在与苏联的对峙局面中由攻势转为守势。

20 世纪 70 年代美苏两国关系缓和,签订了《相互关系原则》,限制进攻性战略武器,但对峙并未停止。80 年代苏联发展处于劣势,美苏进入和解时期。1989 年东欧剧变,1991 年苏联解体,美苏冷战结束。冷战结束后美国作为胜利者和唯一的超级大国,依然希望维护由它主宰世界的局面,但世界多极化趋势不可逆转,两极格局终结后各种力量重新分化,世界局势变为一超多强,即一个超级大国,多个强国共同发展的局面。

然而当今世界依旧有威胁因素存在,即恐怖主义。2001 年 9 月11 日,美国纽约发生了一起震惊世界的恐怖袭击事件,由恐怖分子劫持的两架民航客机分别撞向纽约世贸中心的两栋大厦,致使其起火并坍塌,并殃及周围其余 5 座建筑,致其受震损毁;当日 9 时许,另一架被恐怖分子劫持的客机也撞向了华盛顿的美国国防部五角大楼,使该大楼部分建筑遭受严重损毁。9·11 事件是发生在美国本土的最为严重的恐怖攻击行动,遇难者总数高达 2996 人。美国随即召开会议，众议院授权美国总统小布什对恐怖分子使用武力，美国开始对阿富汗塔利班当局军事目标和伊斯兰极端主义分子进行军事打击，反恐战争由此爆发。9·11事件后美国民众心理受到了严重伤害，美国特别建立了国家纪念博物馆（位于世界贸易中心的双塔遗址）来悼念此次事件中的遇难者。

9·11事件之后一直到今天，国际格局都在朝着多元化的方向演变，但当今美国在全球依然有最强大的影响力。2017年唐纳德·特朗普担任总统，美国失业率降至16年来的最低点，经济增长依旧保持强劲态势，但他推行的"美国优先"策略则引发了世界局势的动荡，导致美国与各国的纷争不断。

三、当下美国经济和政治局势

1. 当下美国经济

（1）经济霸主地位的确立

第二次世界大战期间，美国因地理上的优势而未受到战火的波及，反而是趁机做大军火生意，大发战争横财，一跃成为资本主义世界的霸主。第二次世界大战结束时，美国人口和土地面积仅占世界6%，而工业产量、外贸出口和黄金储备分别占整个资本主义世界的三分之二、三分之一和四分之三，成为世界上最大的工业生产、商品出口、金融和资本输出国。

冷战初期，在西欧各国普遍衰弱的背景下，美国通过杜鲁门主义、马歇尔计划，建立以美元为中心的资本主义世界货币体系（即布雷顿森林体系），组建北大西洋公约等区域性组织。其主导建立的国际货币基金组织和世界银行成为战后支撑世界金融体系的两大支柱，巩固了霸主地位。

（2）新时期的经济危机

进入21世纪，世界经济的全球化趋势加大，全球范围利率长期下降、美元贬值，美国乃至全世界的经济不稳定性加剧。

美国次贷危机（subprime crisis）又称次级房贷危机，也译为次债危机。它是指一场发生在美国，因次级抵押贷款机构破产、投资基金被迫关闭、股市剧烈震荡引起的金融风暴。它致使全球主要金融市场出现流动性不足危机。美国"次贷危机"是从 2006 年春季开始逐步显现的，2007 年 8 月开始席卷美国、欧盟和日本等世界主要金融市场，被称为是 21 世纪以来美国最严重的经济危机。

（3）经济政策的调整

1）奥巴马时期

2009 年 2 月 17 日，刚刚就任美国总统不久的奥巴马签署了《美国复兴与再投资法案》，使其复苏美国经济的宏图大略得以施展。该计划耗资 7870 亿美元，其目的是切断劳动市场的恶性循环，创造就业机会，拉动消费和投资，从而促进美国经济复苏。

美国众议院在 2010 年 3 月 25 日通过了美国全面医疗改革法案，奥巴马政府推动的这一医改法案的实施，第一次把全美合法居民的医疗保险计划覆盖率提高到 95%，使 3200 万无医保人口受益，为最终实现真正的全民医保奠定了坚实基础。奥巴马医改要解决的根本问题是如何做到在扩大医保覆盖面的同时不增加财政负担，至少不增加新的赤字。这是一项长期的任务，难度很大，长远来看，它将会对美国经济产生显著的影响。

为解决迫在眉睫的国内经济问题，最终维持和增强美国超级大国的地位，奥巴马在上任后实施了一系列旨在消除金融危机的"组合拳"，并推动金融改革，这些举措对成功遏制金融危机具有重要影响。到 2009 年 7 月，奥巴马政府带领美国基本上从金融危机的泥潭中走出来，美国经济复苏局面得以稳固。

2）特朗普时期

特朗普就任总统以来，秉持"美国优先"原则，提升就业率，力促优质资本和人才回流美国，重振制造业。他一方面签署了"购买美国货、雇佣美国人"的行政令，在美国本土创造更多就业岗位，降低失业率，并对国内和国外经济活动进行目的极强的指导性干预。税制改革是特朗普政府财政政策的最大亮点，旨在为企业和家庭降低税负，改善收入分配结构，提振实体经济。同时，特朗普支持贸易保护主义，抛弃多边主义，与他国开展贸易战。特朗普自竞选时期就被认为是反全球化的代言人，其孤立主义和民粹主义思想表露无遗。上任之初，特朗普立即宣布退出奥巴马政府签署的《跨太平洋伙伴关系协定》（TPP），并在2017年度开展了五轮《北美自由贸易协定》（NAFTA）三方谈判，意图通过谈判重新确立美国应承担的义务和责任。

2. 当下美国政治——美国政治制度及实质

（1）三权分立与平衡制约。三权分立是西方资本主义国家的基本政治制度，其理论基础是17至18世纪西欧资产阶级革命时期英国资产阶级政治思想家洛克和法国资产阶级启蒙学者孟德斯鸠提出的分权学说。所谓三权分立，就是国家的立法机关、行政机关、司法机关之间，国家的整体和部分之间的权力分立和相互制衡。所谓分权，其实是资产阶级内部权力的分配和国家机关的分工；所谓制衡，也是资产阶级用以调节和制约国家政权机构内部关系的一种措施。三种权力的相互制衡：①立法权属于国会，又受到总统和法院的制约；②行政权属于总统，又受到国会和法院的制约；③司法权属于法院，又受到国会和总统的制约；④三种权力相互制约，保持权力平衡。

（2）联邦制。美国实行联邦制，即联邦与州分享政治权力。宪法提出了联邦和州两级政府分权的准则，联邦政府享有宪法"列举的权力"，州政府拥有"保留的权力"。在联邦制中，联邦政府与州之间不是严格意义的中央与地方的关系，而是在各自规定的权限范围内都享有最高权力，均享有对人民的直接管辖权，相互间不得进行任何干涉。联邦设有最高的立法、行政和司法机关，有统一的宪法和法律，是国际交往的主体；各州有自己的立法、行政和司法机关，也有自己的宪法、法律；联邦政府不能任命州政府的官员，也不能监督、考核州政府的施政行为；州政府也不得干涉联邦事务。联邦地位高于州，联邦宪法优于各州法律。宪法规定，联邦宪法、法律以及以联邦名义缔结的条约，都是全国的最高法律，各州必须遵守；州的宪法或法律，凡与联邦宪法、法律或条约相抵触者一律无效。

（3）两党制。由于历史的原因，美国实行两大主要政党轮流执政。两党在总统选举和国会选举中相互竞争。在总统选举中获胜即成为执政党，败北者成为在野党。在国会选举中获得多数席位的党成为多数党，主导国会事务。从历史上轮流执政情况来看，多数情况下呈现的是一党拥有总统位置，另一党控制国会的交叉局面。赢得选举的胜利是政党的主要目标和存在价值。其政党组织的特点是，两党均没有固定的党纲和严格的纪律，党员来去自由，没有义务服从党的纪律。两党的宗旨和纲领在本质上没有区别，在政策主张上也日益趋同。两党之间在相互竞争的同时也常常相互合作。美国政党的主要职能就是组织选举。美国的两党都为四层金字塔结构，上下级没有垂直领导关系，只有工作关系。

3. 特朗普执政下的政治走向

众所周知，2016 年美国总统选举是以美国民众对经济、社会事务以及国际环境等多项议题的不满甚至怨气作为主要民意背景的，进而为迎合民怨宣泄的"反建制派"候选人特朗普的当选创造了条件。不可否认，2016 年大选虽然实现了不低的投票率（55.5%），但仍旧是一场"低质量"的总统选举。特朗普执政下的美国政治主要有以下几个特点：[①]

新民粹主义（New Populism）

特朗普的新民粹主义是美国政治气候变迁的表象，其深层原因是金融资本逻辑对新自由主义公民文化逻辑的支配、解构和破坏。在普遍的社会危机和失望情绪中，新民粹主义崛起。特朗普通过操弄新民粹主义改变了美国传统的"政治正确"路线；通过操纵民粹主义、民族主义和种族主义，退出了《巴黎气候协定》，放弃了多边主义，施行单边主义外交策略；放弃了"人权高于主权""美国

---

① 王昶：特朗普现象与美国的命运，BBC 中文网，https://www.bbc.com/zhongwen/simp/world-46901567 2019-01-17.

是人类历史的终结""美国是人类自由的最终形式""美国是国际社会的最后希望"等一系列传统"政治正确"观念。

反全球化(Anti-Globalism)

主张特朗普政府是"反全球化"的看法主要有三点依据:第一,特朗普在贸易上推行了本土主义（nativism）政策,还针对部分国家显著提高了进口产品的关税,这两者都直接妨碍了商品的跨境流动,还可能进一步造成各国争相提高关税的连锁反应;第二,特朗普反复强调爱国主义和主权等要素,本质上是重新强调民族国家的力量,而重提民族国家则意味着强调主权的分割和边界。这与过去几十年来全球化削弱主权国家体系、用限制民族国家主权来进一步推进全球化的作用方式背道而驰;第三,从特朗普投身竞选之初到2018年9月的联合国大会演讲,他本人及其政府多次公开声明反对"全球化"和"全球主义（globalism）",特别抨击了包括国际刑事法庭在内的多边治理机构和跨国官僚"没有任何合法性和权威",表现出了强烈反对全球治理的态度。

美国优先(America First)

"美国优先"一是强调以美国利益为任何事情的衡量标准;二是以上述标准对目前存在的国际协定进行衡量,只要是判定美国在其中无法受惠,则必须退出协定;三是对于美国的国内政策,也须按照"美国优先"原则来进行抉择。以"美国优先"标准来衡量国际和国内政策,其实质是美国不愿意承担更多的国际责任,这从难民危机、修建边境墙、退出《巴黎气候协定》等事件中都能有所发现。

四、文化特征与价值观

美国一直标榜自己是一个多元文化的"大熔炉"。经过历史上多次的领土扩张与移民潮的洗礼,美国本土的种族构成逐渐多样化;加之殖民时期美国在全球广阔的势力范围,殖民地的各色人种等,或自愿或被迫地来到美国境内，继而定居，他们对于美国社会的文化特征和社会心理也产生了难以磨灭的影响。

今天我们看到的美国社会，首先是多元的。不同社会背景下形成的各种文化每年由数万移民带入这个国家，与此地原先的文化相互混合、相互交融，成为一个有机的整体。在这种跨文化交际的过程中，不可避免地会发生文化同化现象（assimilation），即新加入的移民在语言习惯、思维方式、心理认同等多方面向社会主流文化靠拢、转化，以便更好地适应新的文化环境；不过，正如故乡在人们心中占有不可撼动、难以磨灭的地位，本民族的文化（ethnic culture）早已给每个人打上了烙印，这种心理上、精神上、文化上的深层本质特征难以轻易改变，势必长久保留。从这个意义上来说，美国又是一个大大的"沙拉碗"，混合着不计其数而又各具特色的"食材"。移民文化深刻改变着美国社会，今天，要找出某个具有整体代表性的文化特征，实在是难上加难；或许多元性正是美国文化最突出的特征。

而在美国人的价值观当中，个人主义（Individualism）应是最突出的一点。早期英国移民中大部分是清教徒，他们信奉《圣经》的权威，强调信徒在上帝面前的平等地位，提倡勤劳、节俭、隐忍等精神，注重现世财富的积累。在美国各个时期的文化与思想改革运动中都能找到清教主义的影响。例如，19 世纪 30 年代盛行的超验主义（Transcendentalism）就脱胎于清教思想，强调个人的自立、自助。有别于集体主义，个人主义者将个人的需求置于集体需求之上，在行为方式、思想态度等方面也很少考虑其他人的看法。个人主义者认为，人人都是独特而平等的，都应该受到尊重，这也是人权思想的价值观来源。他们积极反对各种不公平现象，在激烈的社会竞争中追求公平竞争（fair play）。费孝通在《美国人的性格》一书中曾多次提到美国人观念里的 fair play："美国人注重的是 fair 而不是 equal；是公平，不是相等。"[1]在个人主义的价值体系中，个人本身具有最高价值，一切都以个人为中心，相应地，个人也要对自己的行为负责。

---

① 费孝通：《美国人的性格》，华东师范大学出版社，2013 年，第 19 页。

　　个人主义在政治诉求方面的体现则是自由主义（liberalism）。欧洲启蒙运动时期，洛克、伏尔泰、卢梭等人都对自由主义思潮产生了重大影响，其中，卢梭的"社会契约论"深刻影响了美国革命，美国国父本杰明·富兰克林、托马斯·杰斐逊等人都是自由主义的坚定支持者。18世纪英国哲学家、经济学家亚当·斯密主张政府遵循"自由放任"的理念，培养市场自我调节的能力，这种自由主义经济思想在美国得到了实施，直到1929年的经济危机才暴露了不足。自由主义的至高地位还体现在美国的宪法中：个人的言论、出版、宗教信仰、贸易等方面的自由权利得到了保障。20世纪60年代兴起的民权运动推动了《平权法案》的出台，自由主义者呼唤的公民权利（少数族裔投票权等）、性别权利（女性权利、LGBTQI群体权利）在一定程度上得到了实现。

第二章　教育概况

一、美国教育简史

1. 总论

美国是世界上最发达的资本主义国家，在教育方面也不例外。在发达国家中，美国是人均教育投入最多的国家。美国公民的识字率达到99%[①]。世界上排名最靠前的大学大多来自美国。但是在中小学教育方面，美国并不处于完全领先的地位。与其他发达国家相比，美国中小学生的科学和数学能力处在平均水平之下[②]。

美国有着极其多元化的教育体制和方式，在各个层次上，公立学校和私立学校互相支撑，各自发挥作用。此外，还存在少量的家庭教育方式。

美国宪法修正案第十条规定，凡是不属于联邦政府的权力，都属于州政府。宪法没有规定教育属于联邦政府所辖管理权力，因此由州政府管理，负责具体教育方式的确定和推行。但是联邦政府对教育也会非常关注，制定与国家利益相关的教育方针和政策并由政府专门部门（教育部以及其他相关部门）监督落实政策的实施。

从历史的角度而言，如同美国社会一样，教育在美国也经历了各个时期的发展过程，其中有对欧洲传统的继承，对移民社会特征的呼应，对工农业发展趋势的顺应，也有对人性涵养过程的逐步理解和培

---

① 见 Wikipedia Education in the US，https://en.wikipedia.org/wiki/Education_in_theUS，2019-03-12.

② 见 Wikipedia Education in the US，https://en.wikipedia.org/wiki/Education_in_theUS，2019-03-12.

育,更有对推动民主社会进程的作用以及国家强盛的效用。从这些方面而言,美国之所以能够成为当今世界的头号发达国家,教育起到了不可替代的重要作用。

2. 殖民地时期的教育

17 世纪初,来自英国的移民分别在北美大陆的南部和北部建立了詹姆士敦和普利茅斯殖民地,美国历史中的殖民地时期由此拉开了序幕。美洲大陆的历史虽然是在"洪荒"中开始,但英国移民以及后来的西欧国家其他移民沿袭了欧洲传统,对教育很是重视。各种学校自 17 世纪 40 年代开始纷纷涌现,包括读写学校、主妇学校、慈善学校以及拉丁文法学校,还有高等学校。更重要的是随着市镇的发展,在一些地方,特别是新英格兰地区的马萨诸塞殖民地制定了教育法,规定"凡居民 50 户的市镇设教师一人,凡居民 100 户的市镇设文法学校一所。"[①] 这也可以看作美国义务教育的开端。

按照学校的分类,当时已经有初等教育和中等教育层次。前者以识字读写班为主,一些能够识字的主妇在家庭中帮助邻居儿童识字与读写,使用"祈祷文"作为教材。后来出现了《新英格兰初级读本》,成为当时最流行的课本,直到 19 世纪还在用[②]。在读文识字的过程中,灌输宗教思想是教育的一个重要方面。此外,在一些市镇学校里也教授简单的算术。拉丁文法学校是中等教育的主要形式,它来自英国的博雅教育(liberal education)传统,学生学习拉丁语、希腊语,有的还要学习希伯来语;上拉丁文法学校的目的是升入大学继续学习,这也是欧洲大陆的传统。17 世纪 40 年代开始出现以教授英文为主的"英文文法学校",同时传授一些实用知识如商用数学、会计、函文和地理、历史、几何以及对外交往使用的外语(如法语),拉丁文和希腊文的比重减少或取消。这显示了美国教育历史中注重实用的倾向。

除了上述学校教育外,家庭教育和教会学校也是殖民地时期教育

---

① 滕大春:《美国教育史(第二版)》,人民教育出版社,2001 年,第 47 页。

② [美]韦恩·厄本、杰宁斯·瓦格纳:《美国教育——一部历史档案(第三版)》,周晟、谢爱磊译,中国人民大学出版社,2009 年,第 62 页。

的重要组成部分。美国早期一些政治家如华盛顿、杰斐逊、麦迪逊和门罗就曾在教会学校学习过[①]。

上述学校既有公立也有私立。殖民地教育体制并不统一，各个地方各自为政，但都有相应的教育体制。

1636 年当局决定在马萨诸塞州的坎布里奇成立一个学院。两年后得到了一个毕业于剑桥大学的学生约翰·哈佛（John Harvard）的捐赠，遂命名为"哈佛学院"，成为北美第一所高等学府。半个世纪后威廉与玛丽学院成立（1693），随后是耶鲁学院（1701），之后有新泽西学院（后来的普林斯顿大学，1746），国王学院（后来的哥伦比亚大学，1754 年），费城学院（后来的宾夕法尼亚大学，1755），罗德岛学院（后来的布朗大学，1764），女王学院（现今的新泽西州立-罗德格斯大学，1766）和达特茅斯学院（1769）。这九所美国独立前成立的大学开启了美国高等教育的先河。在课程设置上，传承欧洲大学的神学教育传统，同时也有文艺复兴后人文学科，教授修辞、文法、逻辑、几何、天文、伦理等。学校初建时，规模都很小。哈佛至 1640 年有学生 20 人，至独立战争前毕业学生才 40 人。但无论如何，这些大学的建立预示了日后美国教育蓬勃发展的先兆。

3. 建国后的教育情况

1789 年 3 月美国确立了宪法，随后通过了人权法案，其中第十条规定，凡是不属于联邦政府的权力属于州政府，教育属于后者。由此，确定教育分权制度。此前，在州宪法中，一些地方已经重点强调了教育之于国家的重要性。马萨诸塞州宪法规定，各乡区由议会设置学校，公款支付教师工作，大学则应鼓励传授有用知识[②]。其他各州先后也有类似内容的法律出台以支持教育的发展，这已成为地方政府的职责。一些政治家如杰斐逊极力推动教育法规的制定和执行，呼吁推行免费的初等教育，并要求把教育覆盖至普通人，因为"普通人，

---

① ［美］韦恩·厄本、杰宁斯·瓦格纳：《美国教育——一部历史档案（第三版）》，周晟、谢爱磊译，中国人民大学出版社，2009 年，第 35 页。

② 滕大春：《美国教育史（第二版）》，人民教育出版社，2001 年，第 139 页。

才是我们自由的最明确的保障"①。杰斐逊对于民主社会与教育关系的关注也成为这个时期美国教育发展的主线。

19 世纪 30 年代公共教育运动广泛开展，推动了免费教育和强制教育的发展，此外很多有识之士强调非教派的教育，即教育与宗教的分离。在此形势下，各地大兴公立学校。纽约市于 1832 年开始实行免费制度，此后的一段时间内特拉华、宾夕法尼亚、马萨诸塞等地也开始实行免费教育。但这个过程并非一帆风顺，迟至 19 世纪 60 年代，加利福尼亚、印第安纳、密歇根、康涅狄格、罗德岛等地尚未施行免费制度②。

免费教育并不能直接推动教育的发展。很多贫困家庭的孩子被送往工厂做工，挣钱糊口要比上学更加重要。面临这种情况，一些地方政府出台义务教育法规，强制儿童和青少年就学。1851 年马萨诸塞州通过了强制教育法律。之后，其他一些地方也开始仿效，但直到第一次世界大战后，全国才普遍实行。

这个时期，初等教育课程开始改革，尤其是重视使用具有美国文化特色的课本，如《美国历史课本》《初级读音课本》，后者由被誉为"美国教育之父"的韦伯斯特（Noah Webster）编撰。此书教授如何拼写、发音和阅读，是这个时期最畅销的书籍，至 1837 年销售 1500 万册，到 1890 年则上升到 6000 万册③。19 世纪上半叶美国思想家爱默生大声呼吁美国文化独立，韦伯斯特同时也倡导语言独立，这都反映在了当时的学校教育中。初等教育改革的另外一个方面是分班制的设立。建国初期美国一些初等学校往往不分年龄，100 多个孩子挤在一个教室上学。19 世纪 20 年代一些大城市开始实施分级授课，如初级（2 年）、中级（2 年）、高级（2 年），或初级（2 年）、中级（2 年）、文法级（3 年）、中学级（4 年）等。按班授课制也相应产生④。

---

① [美]韦恩·厄本、杰宁斯·瓦格纳：《美国教育——一部历史档案（第三版）》，周晟、谢爱磊译，中国人民大学出版社，2009 年，第 99 页，第 101 页。

② 滕大春：《美国教育史（第二版）》，人民教育出版社，2001 年，第 186 页。

③ 见 Wikipedia Noah Webster, https://en.wikipedia.org/wiki/Noah_Webster,2019-03-12.

④ 滕大春《美国教育史（第二版）》人民教育出版社，2001 年，第 189 页。另，参见 Wikipedia Noah Webster, https://en.wikipedia.org/wiki/ Education_in_theUS, 2019-03-12.

殖民地时期有些文法学校开始兴盛，教授的不仅有英语还包括自然学科。上文法学校不只是为升入大学做准备，更主要的是帮助就业，一些文法学校招揽很多学生，从中牟利，成为学校企业。19 世纪二三十年代，美国城市迅速工业化，急需各种人才，但现有的学校体系不能满足发展的需求。为解决这个问题，政府有必要开办较高水平的学校。于是，1821 年在波士顿诞生了公立中学，1836 年创立、1838 年开学的费城中心中学显现了比较完备的学校形态，拥有大批教学设备包括观象台和望远镜等。此校设有修业四年的基本科，科目包括英语、法语、地理、历史、数学、机械学和物理学、道德学和基督教教义等。另外，还有修业四年的古典科，科目有拉丁语和希腊语，以及修业两年的简易科，为升入大学做准备[①]。公立中心学校产生了社会影响，很多文法学校纷纷转向，变成了公立中学。公立中学的开设顺应了当时美国社会对平民教育的要求，这是杰克逊时代（安德鲁·杰克逊总统（1829—1837）一个突出特征，也体现了进一步走向民主社会的趋势。

建国前的 9 所大学原为私立大学，在发展中，经历了转为公立大学的过程，但最终仍然保持了私立性质。如哈佛大学在 1810 年改为州政府拨款，但经过 50 年的斗争，最终于 1865 年与政府脱离了关系。

建国后各地政府为满足发展的需求，开始筹建州立大学。州立大学的设想先在南部开始。早在 1776 年，弗吉尼亚州宪法中就规定要建公立大学，后因故推迟成立。1795 年北卡罗来纳州成立州立大学，之后佐治亚、南卡罗来纳、田纳西、印第安纳、阿拉巴马等州纷纷效仿。到 1860 年前，美国大学院校已达 182 所，其中州立大学 66 所[②]。州立大学设置校董会，决定办学方针。很多州立大学以学以致用作为办学方向，注重实用知识和科学知识。

这个时期美国大学还开始了专业学位的教育，如哈佛大学于 1782 年建立医学院，耶鲁医学院建于 1813 年。马里兰大学于 1812

[①] 滕大春：《美国教育史（第二版）》，人民教育出版社，2001 年，第 201 页。

[②] 滕大春：《美国教育史（第二版）》，人民教育出版社，2001 年，第 207 页。

年创建法律专业，哈佛大学于 1817 年设置法学院。传统上，大学只授予文学士学位。耶鲁大学 1847 年成立理学院。此后，一些大学如哈佛大学、密歇根大学、威斯康星大学等开始授予理学士学位[①]。大学课程逐渐多样化和丰富化，从以往的道德哲学和自然哲学中分化成政治学、经济学、法律学、历史学、物理学、生物学、气象学、化学、天文学等学科。

1832 年第一所师范学校在东北部的佛蒙特开办[②]，开启教师培训事业。到南北战争结束的 1865 年，州立师范学校已有 22 所，可见社会对教师培训事业还是非常重视。

4. 南北战争后的教育发展

南北战争后，美国进入工业大发展时期。至 19 世纪末，工业产值已跃居世界首位，占世界总产量三分之一[③]。教育也进入快速发展时期。初等教育开始走向普及化，中学走向大众化，"赠地"大学给高等学府带来发展机遇。同时，各个层次的教育也都进行了学习方式和课程设置的改革。社会发展也给包括黑人和印第安人的少数族裔教育带来了新的生机。

内战前开始的强制义务教育在战后得到了广泛实行，到 1890 年，27 州通过了义务教育法[④]。儿童入学率上升，1860 年至 1890 年间，5—19 岁儿童入学率从 49% 上升到 64%，同时，文盲人口比例从 20% 下降到 13%[⑤]。义务教育显然发挥了作用。小学免费教育在各州成为通例。但是，在全国范围内，教育状况仍很不平衡，很多学校教师数量极少，1933 年的一个调查显示，全国一教室一教师的学校多达 16

---

① 滕大春：《美国教育史（第二版）》，人民教育出版社，2001 年，第 211 页。

② 滕大春：《美国教育史（第二版）》，人民教育出版社，2001 年，第 217 页。也见 Wikipedia Education in the US, https://en.wikipedia.org/ wiki/Education_in_theUS, 2019-03-12.

③ 丁则民：《美国通史》第三卷，人民出版社，2008 年，第 84 页。

④ [美]韦恩·厄本、杰宁斯·瓦格纳：《美国教育——一部历史档案（第三版）》，周晟、谢爱磊译，中国人民大学出版社，2009 年，第 238 页。

⑤ [美]韦恩·厄本、杰宁斯·瓦格纳：《美国教育——一部历史档案（第三版）》，周晟、谢爱磊译，中国人民大学出版社，2009 年，第 240 页。

万所①。另一方面，教学中死读书和背书现象有所改变，通过形象的方式教授内容在很多学校逐步成为主流方式。而在一些新型的城市学校中，考试成为把握学生学习程度的必要方式。

中学的大众化让更多的家庭可以送子女入学。但是，这个情况也很不平衡。中学需要收费，费用逐年增加，对贫困家庭造成压力，而富有家庭则可以选择进入条件好的私立中学。学校水平参差不齐，为使大学入学有一个标准可依，密歇根州首先在 1871 年进行中学的认证，此后其他地方也予仿效②，此举对中学教育有一定影响。此外，一些地方发起中学课程教学目标变革运动，诉诸"4H"方向，即发展和提升双手(Hand)、头脑（Head）、心灵（Heart）、健康（Health）的能力和层次。朝着这个方向前进的还有加强在教学过程中对与现实生活相关的实际能力的培养，如农业技术、商业能力、教学能力等。一些学校开始设置农业科、商学科和师范科，中学的职业培训性质愈加凸显，这也是社会发展所需的结果。在分州管理的体制下，美国各地中小学学制很不相同。有些地方分为（在小学阶段）初级三年、中级三年、高级三年，另加四年中学；而另有地方则是（小学阶段）初级三年、中级两年、中间级三年，再加中学四年。到了 19 世纪 90 年代左右，大多数学校实行了"八四制"，即小学八年、中学四年。至 1908 年，经过一些教育人士的呼吁，一些地方开始改为"六三三制"，即小学六年、初中三年、高中三年。第一次世界大战后，"八四制"和"六三三制"逐渐成为美国学校广泛采用的学制③。

与其他国家实施的政府管理教育的情况不同，美国教育方针的提出有些来自教育专业组织。1892 年美国教育协会组成中学课程研究委员会，由哈佛大学校长艾略特(Charles W. Eliot) 领头，提出将当时的中学面向生活的目标转变为面向大学，因为美国未来的设想是所有中学毕业生皆可升入大学。按照这个目标，设定目标明确、一致的中学课程科目划分，分为语言类包括拉丁文、希腊文、英文、法文、

---

① 滕大春：《美国教育史（第二版）》，人民教育出版社，2001 年，第 349 页。

② 滕大春：《美国教育史（第二版）》，人民教育出版社，2001 年，第 360 页。

③ 滕大春：《美国教育史（第二版）》，人民教育出版社，2001 年，第 363 页。

德文，数学类包括代数、几何和三角，历史类、博物类包括天文、气象、植物、动物、生理、地质和人类学，科学类包括物理和化学[①]。这个目标的精神沿袭了欧洲的博雅教育的传统，强调"智性"训练[②]。但是，事实上，这个目标与美国社会对职业的要求相矛盾。1918 年另一教学改革委员会递交《中等教育基本原则》的报告，提出重视对学生在知识、兴趣、理想、习惯和能力方面的发展，并确定 7 个方面，包括保持身体健康的习惯、培养文字表达和读写算能力、成为善良的家庭成员的倾向、获得职业工作的能力、胜任合格公民的能力、利用闲暇时间的能力、具备良好道德品质等[③]。这个原则对于中学教育的全面发展有很大帮助。长期以来，美国中学课程没有统一规定，设置多样化。这个时期，一些中学开始归类课程科目，设置核心课程和围绕这些课程的"卫星课程"，以利于学生确定必修课程和选修其他相关课程。这也为日后大学的学习做好了准备。

19 世纪后半期，美国高等教育因为国会通过的《莫里尔法案》（*Morrill Land Act*）（1862 年通过，1890 年扩大限度）迎来了一次发展机缘。此法案通过出售和租赁联邦土地资助高校农工专业的发展。一大批史称"赠地大学"（Land-Grant Colleges）在法案通过后建立，极大地满足了农业和机械业对人才的需求，一些原本已经存在的大学也借机找到了发展路径。除个别学校以外，大多数"赠地大学"都是公立大学。1890 年扩大限度后的法案把资助对象给予了内战前南方的一些州，但要求被资助大学招生不能有种族歧视，一些专门针对黑人的大学也因此诞生[④]。

1876 年约翰斯·霍普金斯大学成立。这标志着美国大学向德国大学学习，朝着研究型大学迈开了步子。约翰斯·霍普金斯大学以学术研究为己任，重点放在研究生教育和培养上，从 1876 年到 1926

---

① 滕大春：《美国教育史（第二版）》，人民教育出版社，2001 年，第 366 页。

② Stephen Preskill: "Educating for Democracy: Charles W. Eliot and the Differentiated Curriculum," https://onlinelibrary.wiley.com/doi/full/10.1111/j.1741-5446.1989.00351.x,2019-03-10.

③ 滕大春：《美国教育史（第二版）》，人民教育出版社，2001 年，第 367 页。

④ 见 Wikipedia Morrill Land-Grant Act, https://en.wikipedia.org/wiki/Morrill_Land_Grant_Acts, 2019-03-12.

年，全国 1000 名卓越的科学家中，有 243 人毕业于该校[①]。哈佛大学、康奈尔大学等随后跟上，一些德国大学流行的讲座制和讨论班（seminar）等教学方式，开始引入美国大学。与此同时，高校的规模不断扩大，一些系上升为学院，形成文学院、理学院、法学院、工学院、农学院等体制。更重要的是从德国大学引进的选课制给美国大学带来了新气象。时任哈佛大学校长艾略特于 1872 年开始大力推进选课制，甚至取消大部分必修课，其激进做法带来了争议。之后，出现折中办法，规定核心必修课程，划分专业，系统学习[②]。在 19 世纪以前，女性很难进入高校。19 世纪后，出现了一些女子学院，数量逐步增加，至 1860 年有 61 所。南北战争后，男女同校渐成风气，加利福尼亚州立大学 1870 年建校时就实行了男女兼收政策[③]。当时，私人捐赠大学数目大量增加，约翰斯·霍普金斯大学因获取企业家约翰斯·霍普金斯 700 万美元的捐赠得以成立，并以其姓名命名[④]。从 19 世纪 90 年代到 20 世纪 40 年代间，私人捐赠经费约增加 24 倍[⑤]，可见美国社会对教育的重视。

南北战争前黑人基本上被剥夺了受教育权利，有少数黑人通过学徒方式获得了一些技艺，另有少数者在主人的教导下学会了阅读。南北战争后一些黑人名流如布克·T. 华盛顿（Booker T. Washington）和杜波伊斯（W. E. B. Du Bois）等极力为黑人赢得受教育权利而奋斗，前者建立了一所专门面向黑人的职业大学，后者进入哈佛大学，成为该校第一个获得博士学位的黑人。但总体而言，黑人要获得全部的教育机会还需斗争很长时间。印第安人的受教育过程往往伴随着血泪，一些白人通过办学试图改变印第安人的文化，很多印第安儿童

---

① 滕大春：《美国教育史（第二版）》，人民教育出版社，2001 年，第 386 页。
② ［美］韦恩·厄本、杰宁斯·瓦格纳：《美国教育——一部历史档案（第三版）》，周晟、谢爱磊译，中国人民大学出版社，2009 年，第 251 页。
③ 滕大春：《美国教育史（第二版）》，人民教育出版社，2001 年，第 391-392 页。
④ 见 Wikipedia Johns Hopkins University, https://en.wikipedia.org/wiki/Johns_Hopkins, 2019-03-12.
⑤ 滕大春：《美国教育史（第二版）》，人民教育出版社，2001 年，第 389 页。

成为被动的"开化"教育的接受者,在心理和文化上受到显著影响①。

5. 进步时代的教育改革

19世纪的最后20年到20世纪的前20年,美国进入了史称"进步主义"的时期②。这个时期,美国工业化的迅猛发展也引起了一系列社会矛盾,贫富差距加大,垄断企业和金融寡头控制社会,罢工浪潮迭起。面对这些情况,美国政府应势而为,进行了一系列改革,目的是关照民生、遏制大资本的蔓延,制定相关法规和法律。在教育方面,因为农村人口转向城市以及新移民的加入,学校人数增加,教学难度也随之增加。管理方式也同时开始变化,一些城市的教育委员会有了更多的责权,可以打破学区分割局面,统一管理。

进步主义教育思潮最重要的体现是教育理念和目的的更新。以儿童为中心、以培养有健康心理和体质的合格公民为目的、以促进社会的民主化过程为理想的教育思想深刻影响了进步主义教育运动的开展。具体而言,在教学方法上,出现了教学设计理念,明确设定目标、制定计划、开展评判等步骤③。进步主义教育思潮吸收了发展心理学的思想,尤其是一些有着深刻教育、心理以及哲学思想的思想家和行动者发挥了极其重要的作用。最突出的是思想家和教育先行者杜威(John Dewey),早在1896年,他就在芝加哥创办实验学校,推广其"做中学"的教育理念,强调儿童中心论的教育思想,从尊重儿童天赋的角度出发,把教育视为生活与生长的过程。杜威的目的之一是培养儿童的好奇心和想象力以及探索精神,在他看来,这是符合科学精神的。在1916年出版的《民主与教育》中,他指出"迄今为止,为有效地进行有目的的思考,人类所发明的最好的工具就是科学精神"④。科学思考还意味着要参与到认知过程中,自由探究、容纳不

---

① [美]韦恩·厄本、杰宁斯·瓦格纳:《美国教育——一部历史档案(第三版)》,周晟、谢爱磊译,中国人民大学出版社,2009年,第235页。

② 资中筠:《20世纪的美国》,生活·读书·新知三联书店,2007年,第52页。

③ [美]韦恩·厄本、杰宁斯·瓦格纳:《美国教育——一部历史档案(第三版)》,周晟、谢爱磊译,中国人民大学出版社,2009年,第335页。

④ [美]罗伯特·威斯布鲁克:《杜威与美国民主》,王红欣译,北京大学出版社,2010年,第169页。

同观点、自由交流，这些都会对民主社会的形成有所贡献①。在一些学校中，兴起个别学习制，允许学生按照自己的程度学习，学生可以自由支配时间，教师检查测试把关。学习慢者，可以延长修业时间，此外，还引进杜威推崇的"问题法"，由学生提出问题并解决问题，从而区别以前的灌输法。

进步主义教育思潮对美国的教育发展产生很大的影响，有些思想和做法至今依然是美国学校教学中的主流行为。但是，另一方面，也引起很多争议，被指责为是懒惰教学、导致教学管理的松散和自娱自乐等不良结果。反其道而行的是"要素主义"和"永恒主义"的教育思想，即确定一些不能变动的课程，以学习人类发展过程中的永恒真理，这显然是针对进步主义教育思潮中的实用倾向。20世纪20年代末，赫钦斯（Robert Maynard Hutchins）就任芝加哥大学校长，推行以博雅教育（liberal education）为核心的通识课体系，二年级的所有学生都要修一些学校规定的通识课，用历史上伟大思想家的学识塑形学生的头脑。这也对后来的美国教育，尤其是对高等教育产生了很大影响。

6. 大萧条时期、二战及战后美国教育历程

发生于1929年的经济危机让美国进入"大萧条"时期，公共教育经费削减、学校设施关闭成为对教育的最直接影响。另一方面，美国教育协会等组织努力帮助学校解决财政危机。进步主义教育思想的进一步落实导致对大学入学标准改变的讨论，一些著名的大学为来自一些实验中学的学生改变了入学标准，表明对进步主义教育实验的支持。二战期间，妇女入职机会增多，但同工不同酬现象依旧严重。女性教师要求获得与男性教师同等报酬的呼声增加，类似的呼吁是要求中小学教师工资同等，这反映了教师工会的力量。

1944年国会通过《退伍军人权利法案》（*G.I.Bill*，俗称"G.I.法案"），国会提供资助，让大批复员军人有机会进入学校，这一方面赋

---

① ［美］罗伯特·威斯布鲁克：《杜威与美国民主》，王红欣译，北京大学出版社，2010年，第177页。

予了教育平等新的意义，另一方面让大众教育落到了实处，也给美国高等教育带来了很大影响。

二战后新一轮教育改革试图进一步突破中学作为大学预科的课程设置，以满足学生适应社会生活的需要为标准，制定适应性课程，开设商业算术和商务英语等与社会需求对接的课程，这使得传统的学术科目出现了衰弱趋势。1910 年有 83.3%的中学生学习一门外语，1955 年下降到了 20.6%[①]。实际上，这也是美国人头脑里非常强势的实用主义影响的结果。但很快这种课程改革遭遇到了激烈的批评，被称为是反智主义的表现，批评者的目的是捍卫学术传统，确立学校中智力训练的地位。1955 年进步主义教育协会解散，《进步主义教育》停刊，表面上这宣告了进步主义教育的终结，但实际上也从另一个方面表明其已经获得的成功，因为影响已经广泛深入，不用再以运动的方式存在。

1957 年苏联发射了人类历史上第一颗人造卫星，给美国带来了强烈的震撼。一些人士在讨论与苏联的差距时归咎于美国教育的落后，有人指出与苏联同龄人相比，美国青少年在阅读、写作和数学解题上存在惊人的差距[②]。更有学者调查发现，当时与苏联相比，美国缺乏 13.5 万名教师，15.9 万间教室[③]。1958 年《国防教育法》获得通过，尽管与人民的期待有距离，但该法规定向大学生实施资助，本科阶段以贷款的形式，研究生以奖学金的形式，此外还提供财政资助，帮助各地改善数学、外语，以及可以提高美国学生国际竞争力的科目的教学质量。这一立法开创了联邦政府资助教育的先河，具有深远的影响。

20 世纪 50 年代见证了美国学校消除种族隔离法律的诞生。1954 年"布朗诉教育委员会"案在最高法院得到审定，判决书认定"隔离

① [美]韦恩·厄本、杰宁斯·瓦格纳：《美国教育——一部历史档案（第三版）》，周晟、谢爱磊译，中国人民大学出版社，2009 年，第 397-398 页。

② [美]韦恩·厄本、杰宁斯·瓦格纳：《美国教育——一部历史档案（第三版）》，周晟、谢爱磊译，中国人民大学出版社，2009 年，第 404 页。

③ 贺国庆、何振海等：《战后美国教育史》，上海交通大学出版社，2014 年，第 13 页。

但平等"这个自内战后在美国南方普遍存在且深刻影响学校教育的现象在公共教育领域无法成立。此后,公立学校中的种族隔离现象被视为违法,这是美国教育平等历史上的重大事件,大大改变了教育过程中一直存在的种族歧视现象。1958 年发生了阿肯色州小石城中心中学的黑人学生入学事件,当地政府州长阻止 9 个黑人学生入学,联邦政府派军队强硬实施入学,进一步推动了种族隔离现象的消除,到 60 年代后期南方各个学区纷纷向联邦教育署递交废除种族隔离的计划。

进入 20 世纪 60 年代后,民主党约翰逊政府启动"伟大社会"计划,试图全方面改变美国部分地区的贫穷问题,以及其他包括教育方面在内的社会问题。1964 年通过的《民权法案》加速了种族合校的进程。1965 年出台《初等和中等教育法》,资助失去受教育权利的儿童,1965 年通过的《高等教育法》为贫困大学生提供联邦奖学金和低息贷款,使得 100 万贫困大学生得以深造。约翰逊政府把对教育的投入从 4.4%提高到 8.8%[1]。

战后美国高校研究生教育也经历了快速发展时期。研究生招生人数有很大增长。1955 年有研究生 25 万,1965 年达到 58 万,1968 年是 75 万,至 1970 年已有 85 万。至 1965 年,43%的研究生都获得一定数量的奖助学金。研究生院超过本科学院,成为美国高校的主要教学和研究机构[2]。至 20 世纪 70 年代末,研究性大学已达 92 所。联邦政府同时也加大了对科研的投入,1965 年的科研经费达 150 亿美元,其中高校研究经费 24 亿美元,是 1940 年的 89 倍[3]。因此高校承担的研究项目也有很大增长。此外,社区学院发展也很快,到 70 年代末,社区学院在美国成为中等教育后职业教育的主要基地。

1979 年卡特政府设置了教育部。19 世纪上半叶杰克逊总统时期,曾设置过教育部,但很快改为办公室,后来上升为办公署,但很长时间只是各种政府机构的下属,非独立单位。教育部的成立显示了联邦

---

① 贺国庆、何振海等:《战后美国教育史》,上海交通大学出版社,2014 年,第 21 页。
② 贺国庆、何振海等:《战后美国教育史》,上海交通大学出版社,2014 年,第 24 页。
③ 贺国庆、何振海等:《战后美国教育史》,上海交通大学出版社,2014 年,第 25 页。

层次对教育管理和投入的不断延续[①]。

7. 20世纪80年代—90年代的教育政策与改革

自20世纪80年代里根政府开始，每届联邦政府都会推出有关教育政策更新的举措，尤其是上升到国家的高度赋予教育的重要性，试图与美国在世界上的地位相匹配。这些措施的推出都对美国教育的发展产生了很大影响。

1983年里根政府的教育部主持了一项调查，出台了一份名为《国家处在危机之中：教育改革的必要性》的报告，认为美国在教育上的对手不是苏联而是日本、韩国和德国这些同盟国家，这些国家的学生在数学、阅读和科学等课程中都要比美国学生更加强势，由此会严重影响美国在国际上的竞争力。与此同时，联邦政府层面"国家优异教育委员会"成立，对一直以来受进步主义影响的教育思想进行反拨，斥其为"纵容儿童"的教学策略，要求恢复基本教学科目，强调学校纪律，并着手进行系列改革。表现在确定基础科目，提高课程标准和毕业标准，引入标准考试，增加教育经费和增加教师薪酬。这对提升美国中小学教育起到了一定作用，但因为里根政府的保守立场，联邦政府并没有增加多少教育投入，而地方政府迫于经费紧张也常常捉襟见肘。这次改革很多地方并不到位，但对后来的各项教育措施的推出有一定影响。

里根继任者老布什任内一大功绩是在1991年推出《美国2000年的教育战略》这一面对未来的教育计划，同样也是从维持美国国家实力及国际地位的高度来强调教育的重要性。此战略确定到2000年的六大目标，其中包括中学毕业率达到90%，4、8、12年级毕业时英语、数学、自然科学、历史和地理等具有挑战性的科目必须合格，美国学生在自然科学和数学方面的成绩须在国际上居首位。美国每所学校都远离毒品和暴力，学校为学生提供有序、合适的学习环境[②]。之后，克林顿政府推出《2000年的目标》的教育政策，但基本上延续

① 见 An Overview of the US Department of Education, https://www2.ed.gov/about/overview/focus/what.html，2019-03-12。

② 见 America 2000: A National Education Strategy, http://www.capenet.org/pdf/Outlook171.pdf，2019-03-12。

了老布什政府的方针，只是更加强调重视师范和教师教育，同时鼓励通过标准化考试测试成绩，用量化标准评价学校和学区，这自然也是为了达到提高美国学生在国际上的竞争力的目标。有研究认为到千禧年之前，美国学生的学习面貌也有很大改善，但离目标达到还有不少距离，有些目标如校园远离毒品反而倒退，教师质量也堪忧。

在 70 年代，哈佛大学等校针对本科招生规模扩大、质量下降等问题推出"核心课程"体系，要求学生在 8 个领域都要选一门课方可毕业。进入 80 年代后，美国一些研究型大学本科生成绩不佳、专业设置不合理、评价标准低、职业目标追求过多、参与研究机会少等问题更加严重，1984 年一个研究小组推出《投身学习，发挥美国高等教育的潜力》报告，指出上述问题，并提出系列改革方案包括设置两年通识课学习、提高评价标准，严格要求，促使学生全身心投入学习。1987 年卡内基教学促进会发布《学院——美国本科生教育的经验》的报告，也指出了类似问题，同时更加明确地批评大学教师中存在的教学与科研分割的问题，重科研、轻教学是导致本科教学质量滑坡的一个重要原因，报告建议把教学质量纳入教师学术评价体系，确定教学是学术的一个重要衡量标准。1998 年该基金会再次推出一份关于本科教育的报告《重建本科生教育：美国研究型大学发展蓝图》，再次提出重视科研、轻视教学的问题，指出要在两者间建立一种互惠关系，维持良性互动，并建议本科生教育要建立以研究为目的的教学目标，理科生要参加科研，文科生要有接触原始资料的机会，在一年级开设讨论课，实行辅导制，消除学习障碍等改革措施。在改革的氛围下，从 20 世纪 80 年代到 90 年代，很多研究型大学着手进行本科教学改革，取得了诸多成绩。

20 世纪 90 年代在传统的公立学校之外出现了特许学校，这是指教授团体、社会团体包括企业以及个人经过授权认证后开办的新型公立中小学，自 1992 年第一所学校开办后，特许学校数量不断增加，至 1999 年增加到 1484 所[①]。联邦政府为特许学校的发展提供了资助，

---

① 贺国庆、何振海等：《战后美国教育史》，上海交通大学出版社，2014 年，第 82 页。

特许学校承担独立的运行责任，拥有更多的自主权。一些特许学校的学生成绩明显高于公立学校，但并不全部如此。有一些特许学校（Charter Schools）少数族裔和低收入家庭的学生比例较高。

20世纪90年代后，营利性大学发展迅速，至世纪之交，12家上市公司型营利教育公司在校学生超80万人[1]。营利性大学呈多样化发展，既有两年制，也有四年制，即可授予副学士学位，也可授予硕士甚至博士学位。营利性大学增加了入学高校的机会，也活跃了经济发展，同时也推动了终身学习的理念。

8. 21世纪的美国教育发展

小布什总统在2002年1月签署了《不让一个孩子掉队》的教育法案，最终目标是到2014年，美国所有的中小学都能够在阅读、数学和科学课程学习中达到所在年级的统一的学业标准[2]，为了达到这个目标，法案强调要强化标准化考试，加强制度化，作为考察公立学校教育的手段。所有的公立学校都必须接受考试制度，全国并没有统一的考试，各州可以实行自己的标准，以取代老布什时代以来的自愿参加考试的原则。考核不通过的学校要被处罚，直至合格。连续两年未合格的学生，其家长也会受到处罚，如免除择校机会等。显然，联邦政府希望通过严格考试制度提高美国中小学学生的学习成绩，应该说有一定效果，但也招来"为考试而教"的指责。如同前几届政府，奥巴马政府也显现了对教育的特别重视，2009年推出"冲顶赛跑"项目，以奖励优异为导向，区别于小布什政府的惩罚后进，由此鼓励竞争。奥巴马在2009年国情咨文讲话中提出，到2020年美国要重新成为在世界上大学生毕业比例最高的国家。此外，政府给贫困家庭给予资助，符合条件者免除上学贷款，避免任何一个家庭因为上学陷入破产的境遇。奥巴马政府把教育放在发展的重要位置上，是因为看到了美国教育同其他发达国家相比出现了很多问题，有些还很严重。在工业化程度最高的40个国家中，美国学生的数学成绩排名第35位，

---

[1] 贺国庆、何振海等：《战后美国教育史》，上海交通大学出版社，2014年，第109页。
[2] 贺国庆、何振海等：《战后美国教育史》，上海交通大学出版社，2014年，第125页。

科学成绩排名第 31 位，高中毕业率从 20 世纪 70 年代的第一位滑落至 20 多位，大学入学率也从曾经的世界首位降到第 15 位[①]。这些都给政府带来了深深的忧患意识。2015 年奥巴马第二届任上，国会通过《每个学生都要成功》法案，以取代小布什的《不让一个孩子掉队》法案，但从内容而言，还是持续强调标准化考试的重要性。不同的是把教育的权力更多地下放到了州政府，这是自 20 世纪 80 年代以来第一次下放教育权力。但是联邦政府教育部依然要从政策实施情况，尤其是学校绩效上进行管理。这表明无论是在哪个层面的负责制，教育在美国总是占据重要的位置。

特朗普政府上台后，出于保守立场，削减了联邦教育经费。在最新的 2020 年度财政预算中，相比于 2019 年，教育部的预算经费将削减 70 亿美元，尽管国会有可能不会通过这个预算，教育经费下降却已是事实[②]。但是另一方面，整个社会对教育重视的氛围并没有改变。

根据传统，美国国会委托全国教育统计中心发布年度教育状况报告（有些数据则是涉及过往的情况），涵盖从幼儿园到大学的各个层次，就入学率、毕业率、科目学习成绩评估、学费变化情况、学校财政状况、校园安全等各个方面进行数据统计。根据 2018 年的报告，小学四年级学生的阅读水平是 222 分值，高于 1992 年的 217 分值，但与 2015 年相比，没有明显变化。类似的情况发生在初中 8 年级的学生身上，数学科目的情况也是如此；在公立中学毕业率方面，2015 年达到 84%，是自 2010 年统计以来最高的，亚裔学生毕业率最高（91%），其后是白人（88%），西班牙裔人（79%），非洲裔美国人（76%），本土印第安人（72%）。大学入学率在 2000 年是 35%，到 2016 年则上升到 41%，对白人而言上升了 3 个百分点，黑人是 6 个百分点，西班牙裔人则是 17 个百分点[③]。从这些数据看，少数族裔的

[①] 贺国庆、何振海等：《战后美国教育史》，上海交通大学出版社，2014 年，第 136 页。

[②] 见 "The Trump Administration Really Wants to Cut Education Funding, but the Congress Does not", Atlantic, https://www.theatlantic.com/education/archive/2019-03-12.

[③] 见 Condition of Education 2018, https://nces.ed.gov/pubs2018/ 2018144_Highlights.pdf, 2019-3,15.

教育情况还是有一定程度的改善。这种全方位的统计本身也说明了美国社会对教育的重视。

二、教育理念与政策

1. 著名教育理念举例

（1）杜威教育思想与进步主义教育运动

20 世纪初，美国教育界掀起了一股理念革新的浪潮。随着民主化进程的深入发展，以约翰·杜威为代表的教育家认为教育应适应民主主义的需要，提出"教育即成长""教育是生活之必需""为就业而教育"等观点，并认为教学应以学生兴趣为主，传统课堂中刻板的单向知识传输的模式是美国教育进步的桎梏[①]。

杜威认为，教育与民主的关系是相辅相成、互相促进的。传统的教学趋向于将学生当作一个"集合体"来看待，教育者用整齐划一的标准来衡量每位学生，压制了学生的创造性[②]。与之相反，民主社会中的教学模式应该要充分尊重学生的个性（individuality），将每位学生作为独立的个体来对待，正视孩子之间的差异性，依据儿童的兴趣因材施教。与民主的政治概念相符合，教育中的民主理念表现为将每位受教育者作为一个"有灵魂、有道德、有理智的存在"，允许并鼓励学生成为独一无二的个体，而不是将统一化的标准和教学方法强加到学生身上[③]。杜威所倡导的个性化教育，以发展学生的个性为宗旨，让学生在学习的过程中体会民主主义的三大理念：平等、自由和博爱。为了实现教育的民主化，则需要在教师教学方式和教育管理中贯彻民主。包括教室应该设计成"工作坊"或"实验室"的样子，有利于学生探讨问题，培养学生的创新性思维和合作意识。而为了促进学生思想上的自由，就必须赋予教师参与制定教育政策的权利，在思想和行

---

① ［美］约翰·杜威：《民主与教育》，薛绚译，译林出版社，2014 年，第 1、38、277 页。

② 杜祖贻：《杜威论教育与民主主义》，人民教育出版社，2003 年，第 57 页。

③ 杜祖贻：《杜威论教育与民主主义》，人民教育出版社，2003 年，第 54 页。

动上独立，摆脱统治阶级对学校的操控和束缚[1]。

对于教育的目的，杜威指出，教育应该以培养理智为依归。所谓理智，就是反省思维习惯的培养[2]。这种习惯不同于传统意义上的对某些重复性的事物司空见惯，而是一种持续的成长，能够促使人们通过探究、反思等理智手段来掌握知识和发明创新。而教育的意义就在于发展学生的这种可塑性，即"学会多样新颖控制模式的能力"[3]。如果把握好这一目标，教育不仅能对学生个体的成长起到积极作用，还能推动创新型的现代民主社会的构建。

学科构建上，杜威反对传统的"通才教育"，即"悠闲、纯粹思考的知识"；同时他也不赞成过分注重个人教养的"文化教育"，此二者都与社会上人才市场的需求相脱节。他认为，"学校即社会"，也就是说，学校不仅是传播知识的象牙塔，而应该提供一个粗具雏形的小社会，通过各种集体活动帮助学生培养合作意识，掌握与人沟通的社会技巧，使学生将来更好地适应和融入社会[4]。杜威提出"为就业而教育"的理念，倡导根据学生的兴趣和需求，帮助学生选取未来的职业方向，使教育适应日新月异的社会环境，开发学生"务实而有管理能力的智能"[5]。

在课程设置上，杜威主张课程的设立应以儿童为中心。他认为，儿童的学习动机来源于个人的兴趣和学习热情，而非外部的奖惩机制。因此，教学过程应该以学生的兴趣为导向，让学生了解一切知识都有其"社会本源"，能够被运用到现实生活中，知识和社会是紧密联系的，学习的知识对个人生活和融入社会都有积极作用[6]。

19世纪与20世纪之交，以杜威的教育思想为指导的美国的进步主义教育运动风起云涌。美国许多院校纷纷实践进步主义教育理念，改组课程以适应学生的需要，并在一定程度上实行个性化教学；除此

---

[1] 杜祖贻：《杜威论教育与民主主义》，人民教育出版社，2003年，第52-71页。

[2] 杜祖贻：《杜威论教育与民主主义》，人民教育出版社，2003年，第47页。

[3] ［美］约翰·杜威：《民主与教育》，薛绚译，译林出版社，2014年，第42-48页。

[4] 赵祥麟、王承绪：《杜威教育论著选》，华东师范大学出版社，1981年，第200页。

[5] ［美］约翰·杜威：《民主与教育》，薛绚译，译林出版社，2014年，第277-288页。

[6] ［美］乔尔·斯普林：《美国教育》，张弛、张斌贤译，安徽教育出版社，2010年，第326-327页。

之外，鼓励学生参与校外社会实践，为学生今后的职业规划做好准备。进步主义在社会服务理想和科学人文知识之间架构起了一座桥梁，将杜威等教育家的实用主义教育哲学付诸实践①。

进步主义教育运动在美国的影响广泛而深远，重视学生的个性和兴趣，培养学生的创造力和民主意识，并促进学校教育与社会生活的接轨，是美国在教育领域对课程设计、教学方法的主动探索。然而，由于进步主义者过分强调儿童的兴趣，在一定程度上剥夺了教师的主动权和主导地位，加之课程和学科建构的不完善，使得声势浩大的进步主义教育运动受到多方诟病。然而，其中的民主理念与革新精神值得发扬，是美国在教育领域走向现代化迈出的重要一步②。

（2）卓越教育观

1983 年里根时期由美国国家优异教育委员会出台的《国家处在危机中：教育改革的必要性》所提出的卓越教育观（又称优异教育观），标志着美国的教育目标从追求平等到追求卓越的转变。该报告认为，平等和卓越是美国教育的两大重心，不能偏向或忽视任何一方。针对美国教育领域对"平庸性"（mediocrity）的逐渐适应，委员会倡导个体学习者在学习和工作上追求卓越、学校在帮助学生达到期望目标、社会采用各项有助于美国成就教育卓越的政策。此外，报告提出教育的目标不仅要提升个人的素质，更要建立学习型社会，促进公民终身学习的习惯养成，以适应世界之变。当今的科技革命，为美国带来了"科技性或结构性失业"问题，如何以更好的姿态应对时代变迁，将挑战化为机遇，有赖于美国教育的发展③。

然而无论如何，这份报告所体现的卓越教育观是对美国教育发展理念的重要导向。早在 1957 年，教育家贝斯特就优异与平庸之间的矛盾提出了看法。他认为过分追求机会均等很可能压制优秀学生智能的充分发展，导致教育领域为照顾后进生而产生"崇拜平庸"的倾向，这一倾向很可能使"全民教育制度"付出巨大的代价④。

---

① 陈瑶：《美国教育学科构建的开端》，浙江教育出版社，2015 年，第 285 页。
② 颜世军、宋颖军：《论美国教育》，吉林教育出版社，2012 年，第 55-57 页。
③ 林宝山：《美国教育制度及改革动向》，五南图书出版公司，1999 年，第 131-152 页。
④ ［美］贝斯特：《优秀与平庸》，载《美国教育改革》，人民教育出版社，1990 年，第 97-108 页。

　　然而一些批评者对这份报告表示怀疑，认为政府夸大了考试成绩的作用，而没有多角度地看待和衡量学生的学业表现和学校的教学质量。此外，政府所说的危机背后原因很复杂，不仅仅是考试成绩不理想或教学水平的下滑，还有经济和社会生活层面上的因素，这些更为深刻的因素对现有的学校管理、课程设计和教学方法提出了新的要求[①]。

　　即使这份报告中有政府过分消极的担忧，但体现了美国追求卓越教育的信念。身为当今经济和科技强国，美国的教育问题对未来综合国力有至关重要的影响。如何在保证社会公正和使教育机会惠及各类群体的同时，提升教育的水平和质量，需要美国在平等和卓越之间不断摸索以取得良好平衡。

　　（3）教育兴国理念

　　随着科技革命席卷全球，如今大国之间综合国力的较量很大程度上取决于一个国家的科技实力和经济发展，而这两者的永续动力来源于教育事业的兴盛。《国家处在危机之中》这一报告通过对比美国和其他发达国家，列举了美国在教育领域诸多令人担忧的现状，如青年文盲率高，教师素质偏低等。许多美国人重新审视一度引以为豪的教育质量，拉开了美国现当代教育改革的序幕。20 世纪与 21 世纪之交，科技的迅猛发展推动着经济的转型，因而劳动力市场所需要的人才和技术也相应发生变化。在 2002 年，联邦政府教育部成立了"21 世纪技能合作组织"（Partnership for 21st Century Skills），该组织在 2007 年更新了《21 世纪技能框架》，提出了数字化社会所需要的工作技能如分析推理、复杂问题解决和团队合作能力等，进一步体现了美国的教育兴国理念。

　　该框架对于核心课程的改革、教师专业的发展都提出了指导性建议；此外，对于受教育者所应掌握的技术和能力也提出了殷切的期望，包括创造性和创新能力，批判性思维和问题解决能力，交流与合作能力，信息、媒体、技术技能以及生活与职业技能[②]。可以看出，框架

---

　　① ［美］韦恩·厄本、杰宁斯·瓦格纳：《美国教育——一部历史档案（第三版）》，周晟、谢爱磊译，中国人民大学出版社，2009 年，第 486-491 页。

　　② 史静寰等：《当代美国教育》，社会科学文献出版社，2012 年，第 158-167 页。

中所强调的技能与科技发展和社会就业紧密结合。这既是杜威倡导的"为就业而教育"的实用主义教育理念的体现，也反映了美国政府通过教育发展进一步加强国力的愿望。

2. 政策：教育与机会平等

对于平等的追求，从美国《独立宣言》中就可以看出。然而，即使美国对教育机会的平等付出了多年的努力，与完全实现教育机会均等化的目标仍有不小的距离。

（1）社会阶层

教育机会的不平等首先体现在社会阶层上。富人与穷人聚居区的教育资源有显著差异。在富人聚居区，学校的师资力量和教学设备都远远优于贫困地区，学生的人均经费也远高于贫困地区。这种情况下，富人学区学校的考试成绩和大学入学率都远高于普通或贫困学区也就不足为奇了。这不仅哄抬了富人学区的房价，更重要的是，在经费短缺的学校，犯罪率和辍学率普遍较高。换句话说，家境较好的孩子，家长在教育上的资金投入更大，能得到更多的教育资源，所在的学区氛围也较好；此外，上层家庭的父母由于有良好的教育背景，更有利于培养孩子良好的学习习惯，鼓励孩子的思考探究和创新精神。反之，家境贫寒的孩子，由于家庭所能提供的教育经费本身不足，身边的犯罪和逃学现象屡见不鲜，加之劳工阶层的父母在培育儿童成才方面缺少经验，使得他们很难学业有成，从表1中几个典型学区之间的学校均分和房价对比可见一斑。

表1 斯卡斯戴尔、布朗克斯维尔和维侬山三社区学校考试成绩与房价

学区	大学录取比例	全美优等生奖学金获取人数	SAT数学均分	SAT语言均分	居民中具有大学及以上学历的比例	平均家庭收入	平均家庭消费总支出	生活成本指数	独幢房屋售价指数
斯卡斯戴尔	97%	33	666	620	77.66%	$126,777	$120,319	325	1399
布朗克斯维尔	99%	6	630	611	75.94%	$104,619	$102,670	277	1677
维侬山	43%	0	444	429	26.39%	$63,609	$44,990	121	323

资料来源：本表改编自乔尔·斯普林：《美国教育》，安徽教育出版社，2010年，第55页。以上三处均位于纽约州（编者注）。

经济学家萨缪·鲍尔斯（Samuel Bowles）和赫伯特·金迪斯（Herbert Gintis）对此提出"社会再制"（Social reproduction）的论断，即学校教育是对社会阶层的复制，是"家庭背景转化为职业机会和收入机会的媒介"。虽然这一观点忽略了学生的主观能动性，但原生家庭的确对学生的个人发展有着不小的影响[①]。

（2）种族

实现教育机会平等的第二重障碍是种族。"法律面前人人平等"的豪言，在 1895 年普莱西诉弗格森一案中美国最高法院的"隔离但却平等"（separate but equal）的判决下显得苍白无力。然而在 1954 年，著名的"布朗诉教育委员会"一案推翻了这一说法，认为隔离本身就是不平等的。1964 年，国会通过《民权法案》，致力于消除学校中的隔离现象。

除了传统意义上的种族隔离，还有一种教育现象被称作次生的种族隔离（second-generation segregation），指学校因采用分组和能力编班等行为而间接导致的种族隔离。

美国对于种族差异产生的教育不平等做出了许多积极尝试，例如全美幼儿教育协会（National Association for the Education of Young Children）推行的"反偏见课程：促进幼儿发展的工具"（Anti-Bias Curriculum：Tools for Empowering Young Children），通过教育者"有意识地介入来抑制儿童歧视观念和行为的发展"，减少种族偏见。另一个有益的尝试是"宽容教育计划"（Teaching Tolerance Project），旨在为学校提供"促进白人和非白人之间超越种族和超越文化的相互理解"的教学资源[②]。一些南方中小城市和农村地区的学校，消除种族隔离的努力还算比较成功，主要原因在于校方对种族问题的关注和积极应对，以及黑人与白人学生比例的制定[③]。

虽然这些致力于打破种族隔阂和不平等的探索值得肯定，但由于

---

① ［美］乔尔·斯普林：《美国教育》，张弛、张斌贤译，安徽教育出版社，2010 年，第50~74 页。

② ［美］乔尔·斯普林：《美国教育》，张弛、张斌贤译，安徽教育出版社，2010 年，第94~95 页。

③ ［美］韦恩·厄本、杰宁斯·瓦格纳：《美国教育——一部历史档案（第三版）》，周晟、谢爱磊译，中国人民大学出版社，2009 年，第 526~527 页。

种族和社会阶层之间具有千丝万缕的联系,不同种族的贫困人口比例相差巨大,其中白人比例最小,黑人和西班牙裔的比例较高,加之黑人和白人聚居区的学校质量差异,加剧了黑人与白人之间教育权利的不平等。社会阶层对学生教育的重大影响在前文已提及,因此种族差异带来的问题不仅是文化背景上的,还有经济、社会上的。教育上的种族不平等其实是社会大环境的缩影。要想真正赋予不同族裔的学生以平等的教育机会,根本在于社会对种族问题的恰当处理和妥善解决。

（3）性别

不同性别在教育上的机会不平等主要体现在以下几个方面:妨碍女性接受高等教育和专业教育的歧视性配额;妨碍女生获取助学贷款和奖学金的歧视性措施;课堂上对男女生与老师互动上的差别对待;教材中男性至上的内容和标准化考试中偏向男生的考题设计。全美妇女协会（National Organization for Women）教育领域上的性别歧视现象进行了相关调查,发现女生在学习上的自信心比男生低,即使平时成绩优于男生,但在重要考试中的结果却不尽如人意。女生在文史和艺术类的课程中表现较好,但在科学技术类课程中与男生仍有差距,这在当下科技发展迅猛的时代显然是个劣势[1]。

针对教育领域中性别问题的解决方案,最值得一提的是男女分校或分班教育,促使老师充分关注女生并实施更有针对性的教学方法,以打破教育中"男性至上"主义的桎梏。然而,有些批评家指出,男女分校或分班实际上是布朗案件反对的"隔离但却平等"的做法,虽然更好地满足了女性的个性化教育需求,有助于女性在学业上取得更大成就,但对根除男性至上主义的固有观念却影响甚微。女性要想在学术领域取得更大的主动权和话语权,除了通过自身的努力和成就来争取,还有赖于社会对性别问题的关注和重视。

（4）残障

1975 年通过的《全体残障儿童教育法案》（*Education for All*

---

① ［美］乔尔·斯普林：《美国教育》,张弛、张斌贤译,安徽教育出版社,2010 年,第 98-105 页。

Handicapped Children Act）在 1990 年更名为《残疾人教育法》（*Individuals with Disabilities Education Act*），致力于为全美残疾学术提供平等的教育机会。此外，国会还敦促地方学校和监护人为每位残疾儿童设计个别化教育方案（IEP），希冀家长和教育管理者和工作者共同努力，关爱残疾儿童的成长。

"全纳"（inclusion）的概念来自《全体残障儿童教育法案》中所倡导的将残疾儿童纳入常规班级的理念。该法案认为，将残障儿童特殊对待如同种族隔离，切断了残疾儿童与外界的联系，不利于他们的心理成长和适应社会能力的发展，也剥夺了他们使用常规班级相应的教育资源的机会。《不让一个孩子掉队》法案要求将"具有最严重认知残疾的学生纳入州考试体系当中"，以促进教师担起对残疾学生的责任，给予他们更细致的关心和更实质性的帮助。被纳入评价和问责体系中后，残疾学生学业表现和社交、运动等技能也有显著提高①。

然而，"全纳"教育理念的实施具有操作上的难度。由于缺乏相应的资金支持，鲜有教师能够取得相关的特殊教育培训，美好的出发点反而形成了教学负担。小布什总统的优质特殊教育委员会给出一项提议，即利用联邦在特殊教育上的拨款，为求学困难的残疾儿童家庭提供"教育券"，为转学提供便利。但总而言之，"全纳"的成功实践关键在于对特殊教育教师的培养和相关人才储备，以及充足的资金支持②。

值得深思的是，20 世纪 60 年代出台的《肯定性行动计划》（*Affirmative Action Program*），对少数族裔、妇女等弱势群体在就业、教育等方面给予一定的优惠和照顾，为边缘化人群带来了佳音。然而，不少美国民众反映，这一计划将会导致反向歧视，同等条件下由于政府优惠政策，社会上原本的弱势群体反而获得了更多的机会③。因此，教育机会的平等尺寸应该如何把握，值得美国政府和民众在未来继续探索。

---

① ［美］乔尔·斯普林：《美国教育》，张弛、张斌贤译，安徽教育出版社，2010 年，第 106-111 页。
② ［美］乔尔·斯普林：《美国教育》，张弛、张斌贤译，安徽教育出版社，2010 年，第 112-116 页。
③ 祝贺：《美国公共学校种族隔离的终结》，浙江教育出版社，2015 年，第 225-226 页。

3. 政策：多元化教育

（1）非主流文化与文化多元教育

美国是一个移民国家。自殖民地时期起，一批英国清教徒开始移民美洲，其后代乃是今天的欧裔美国人。而后的非洲裔、亚裔和拉美裔劳动力以及各类技术和资产移民，使得美国成为一个文化大熔炉。来自不同国家和地区的移民，以自身的语言、文化和社会背景，为美国的多元文化不断增色添彩。

美国的"主流文化"（dominant culture）指的是欧裔美国人的文化；相较而言，"非主流文化"（dominated culture）则指属于被征服的印第安土著人、非裔、亚裔和拉美裔人的文化[①]。

由于欧裔美国人自殖民地时期以来在美国占据统治地位，对于其他民族采取经济、政治和文化上的压迫，因此，非主流文化的消极面总是被一味强调，而积极面却难以得到认可和欣赏。例如非主流文化的"文化缺陷"（deficiencies）、"文化消极面"（cultural negatives）等概念总是被反复提及甚至被夸大。这样的文化不平等直接导致了少数族裔遭受到不平等的"同化"（assimilation）。不同于主客体之间相对平等的文化"适应"（acculturation），文化"同化"意味着强行灌输与被动接受，少数族裔没有选择的余地，主流文化群体推行着类似于文化专制的政策，将主流文化强加于非主流文化群体身上[②]。

与当今许多人所倡导的"认同政治"（identity politics）相一致，文化多元主义（cultural pluralism）也体现了对不同文化的尊重和保护，不同民俗和生活方式的和谐共处与共同繁荣。美国的少数族裔和主流文化群体中的有识之士也纷纷为文化共生做出努力。尊重差异，传承文化体现着美国所信奉的"自由""平等"的民主价值观。只有允许并鼓励每个移民群体保留自己的语言、习俗、信仰、审美等文化，才能为美国的多民族文化不断注入新的活力。

实行多元文化教育的手段包括家庭补贴、福利项目以及其他以资

---

① [美]乔尔·斯普林：《美国教育》，张弛、张斌贤译，安徽教育出版社，2010年，第158页。
② 颜世军、宋颖军：《论美国教育》，吉林教育出版社，2012年，第94页。

金援助为主要形式的项目。近来，还出现了一种以"充权"（empowerment）为目的的教育理念，指的是将非主流文化穿插到教学中，为少数族裔者"充权"，赋予他们拥有主动权和能力的崭新形象。这对减少种族偏见，寻求文化的自我认同，保持文化多元性具有重要意义。著名的实践案例包括少数族裔中心学校的建立（主要是非洲裔和西班牙裔）所体现的种族中心主义教育（ethnocentric education），对帮助少数族裔学生重建文化自信起到了关键作用[①]。

（2）双语教育与二元文化教育

双语教育指的是通过教育帮助学生掌握并熟练运用两种语言，是一种"向母语为非英语的人员教授英语的同时，又保护少数族裔语言的途径"，主要包括"维护式双语"（maintenance bilingual）、"过渡性双语"（transitional bilingual）和"双向性双语"（two-way bilingual）几种形式。"维护式双语"旨在教学生英语的同时，维护其母语的读写能力；"过渡性双语"指的是学生掌握英语前，教师用母语授课，而掌握英语后，则统一用英语授课；"双向性双语"的课堂中教师用英语和另一种语言上课，目的在于让母语为英语的学生学习外语，让母语为非英语的学生学习英语[②]。

与双语教育不同的是，把英语作为第二语言（English as Second Language，ESL）的英语课程，其目的在于帮助学生掌握英语后，教师能用英语进行教学。最典型的例子是小布什总统任期间出台的《英语习得法》，认为美国学校应该使用英语教学，而不应该使用双语教育的方式。它的优势在于帮助少数族裔学生克服语言上的障碍，更自如地进行学习和日常交际，但缺陷在于对非主流文化的保护意识欠缺。

二元文化教育提供了另一种思路，也就是使少数族裔在保持自身文化认同的同时，又能适应主流文化的环境。典例是教育家米克·费杜罗（Mike Fedullo）对印第安学生推行二元文化教育的主张。她在将主流文化引入印第安学生课堂的同时，也不断鼓励学生用英语进行

---

① [美]乔尔·斯普林：《美国教育》，张弛、张斌贤译，安徽教育出版社，2010年，第162-168页。

② [美]乔尔·斯普林：《美国教育》，张弛、张斌贤译，安徽教育出版社，2010年，第169-170页。

印第安文化题材的创作。如此一来，学生们既锻炼了英语能力，又传承了本土文化。除了文学方面，费杜罗还积极地帮助学生融入主流社会生活方式，比如通过带领学生去餐厅就餐，教会学生相关礼仪，告诉学生们印第安人的礼节本身并无过错，只是不同的社交场合需要运用不同的方式去应对①。二元文化教育既避免了主流文化对非主流文化的吞噬，有利于促进文化多元性，同时又帮助少数族裔的学生更好地融入美国文化圈，适应社会生活。

（3）全球化背景下的文化权利保护

即使多元文化教育的出发点值得赞赏，操作起来也具有难度。客观因素比如移民学生的数量与师资力量的不匹配，复杂的文化冲突和历史背景以及资金的不足等，加之来自保守派欧裔美国人文化至上理念根深蒂固等主观因素，都导致普及多元文化教育困难重重。美国作为当今世界强国，吸引众多移民和海外学生，更应该肩负起保护多元文化的责任，能够秉持"公共服务的原则以及服务不同个体和群体特定需求的原则"②。随着少数族裔群体保护自身文化的意识不断增强，以及主流文化圈中的进步人士对非主流文化逐渐宽容和接纳，希望未来美国能在全球化日益显著的时代为保护文化多元性付出更多努力。

4. 政策实施举例（I）：地方控制、特许学校及商业主义

（1）地方控制

如同政治上的代议制，美国的教育领域也实行间接民主。美国公民选出代表组成学校董事会，以此实施对公立学校的掌控。但由于学校董事会实行托管人代表制，公众很难参与公立学校教育政策的制定。一些批评人士指出，以学校董事会为典型的教育官僚阻碍了美国教育进步。除了饱受争议的公立学校、私立学校和教会学校，当今的美国家长们还有家庭学校、特许学校和营利性学校等可供选择。

（2）家庭学校

家庭学校，顾名思义，就是让孩子在家里而不是在学校接受教育。

---

① [美]乔尔·斯普林：《美国教育》，张弛、张斌贤译，安徽教育出版社，2010年，第175-176页。

② [美]韦恩·厄本、杰宁斯·瓦格纳：《美国教育——一部历史档案（第三版）》，周晟、谢爱磊译，中国人民大学出版社，2009年，第533-534页。

它在全球范围内的兴起反映了家长们对公立学校的不信任。美国许多选择家庭教育的家长们是虔诚的宗教人士,他们对公立学校所传导的价值观表示怀疑,认为严重缺失了道德和宗教教义的相关教育;另一部分家长属于先进派人士,他们否定了公立学校墨守成规的教育方式和内容,认为许多公立学校的保守与传统无法适应当今现代化社会的需求。

但社会上对此也有不少质疑的声音,最突出的就是家长是否具备足够的能力来教育孩子,以及家庭学校的合法性问题。孩子们的能力是否得到全面发展很难用单一标准去评判,然而对法律保护的争取不仅在美国,在其他如德国、日本等国也都屡见不鲜。家庭学校的出现和风靡体现了人们对传统公立学校教育的积极反思和对教育方式和内容的主动探索①。

（3）特许学校

特许学校意指向各州行政教育部门提出申请获批后,能脱离教育管理机构的控制在当地办学,将新颖独特的教学方式和教育管理模式付诸实践。布鲁斯·富勒（Bruce Fuller）是一位研究特许学校的专家，他指出，特许学校运动是一次"激进的分权尝试"（radical decentralization）。换句话说，特许学校的支持者对教育官僚将教育条文法规强加至家长和学生身上的做法进行了深刻的反思，对体现着浓重政治色彩的高度集权化教育现象提出了另一种尝试，以获取更大的教育自主权②。

然而，特许学校的实践是否具有普遍适用价值，关键还要看能否提高学生的学业表现，尤其是少数族裔和贫困生等边缘化群体。美国教师联盟所提供的调查结果显示：在2000—2001学年，得克萨斯州的特许学校中，不合格学校占比40%，而其他公立学校仅占2%③。由此观之，特许学校对学术成就的提高并没有显著作用。因此，许多

① ［美］乔尔·斯普林:《美国教育》,张弛、张斌贤译,安徽教育出版社,2010年,第189-193页。
② ［美］韦恩·厄本、杰宁斯·瓦格纳:《美国教育——一部历史档案（第三版）》,周晟、谢爱磊译,中国人民大学出版社,2009年,第509-512页。
③ 数据来自美国教师联盟，网址：www.aft.org/edissues/downloads/charterreport02.pdf.

美国人也对特许学校运动提出了质疑,所争取的自主权和获得的政府经费资助是否能达到最初的设想与目标。

（4）营利性学校与学校中的商业主义

教育既是文化事业,也是文化产业。随着特许学校的兴起,许多营利性企业向州政府提出申请以申办特许学校,其中最著名的要数爱迪生学校公司。由于充足的资金支持,爱迪生公司规模巨大,分校众多,截至 1998 年,在全国已有 51 所学校,学生数量达到 2.3 万人。此外,还创建了爱迪生私人基金会,为签约的学校提供资金支持。在这家营利性学校,教师能与校长分享利润,使得教师成为学校经济利益的直接受益者。然而,有许多师生抱怨其过分标准化的课程设计和日程安排。营利性学校是否将整齐划一的课程标准作为其发展方向,关乎其未来的生存和发展空间[①]。

美国学校的商业化,主要体现在商业广告的植入,大型餐饮企业资助教育项目,以及信用卡公司进入校园进行理财方面的宣传等等。最典型的例子是必胜客的"读书奖励计划"（Book It!）。完成既定阅读目标的学生能获得特制的徽章和一份必胜客披萨。这一计划既提高了必胜客的受欢迎程度,又促进了学生良好阅读习惯的养成[②]。学校的商业化其实是当今时代背景的体现。在 21 世纪的信息时代,商业运转越来越多地依赖于知识和科技,学校的商业化其实是一个双赢产业,既为企业提高知名度和接受度起到积极的作用,同时又为学校提供相关的资金,促进学校的发展。因此,学校的商业化的潮流是时代变迁的自然结果。与其不经思考加以否定,不如认真分析背后的社会经济原因,顺应时代发展,将学校的商业主义加以引导,这样对教育和商业都能起到良好的影响。

5. 政策实施举例（Ⅱ）：州与国家：考试体系与私人基金会

（1）高利害关系考试

1983 年由美国国家优异教育委员会出台的报告书《国家处在危

[①] [美]乔尔·斯普林:《美国教育》,张弛、张斌贤译,安徽教育出版社,2010 年,第205-214 页。
[②] [美]乔尔·斯普林:《美国教育》,张弛、张斌贤译,安徽教育出版社,2010 年,第214-216 页。

机中：教育改革势在必行》，对美国的教育状况进行了调查，并表示深深的忧虑。报告指出，美国在与法国、联邦德国和日本等发达国家的教育竞争中表现不佳，将直接影响到美国未来的科技进步和经济发展。报告中提出的其中一项可行性建议，就是在各级学校实施可量化的标准，提高录取要求，通过"标准与期望"鞭策美国教育的进步与发展。在报告中，委员会明确提出："分数应该是学生成绩的标志，因此可以作为衡量学生进一步修业的准备程度的证据"[①]。

高利害关系考试，顾名思义，指的是美国采取的考试制度对学生未来的求学和就业机会有很大的影响。它的实施标志着美国借鉴日本等国的教育政策，通过可量化的考试标准达到选拔学生、督促教学管理者工作的作用，从而促进美国教育质量的提升。

然而，高利害关系考试制度是一把双刃剑，带来的负面影响也不容忽视。最直接的影响是教育日趋应试化，导致了学生课业负担加重，各种营利性的补习机构应运而生，学校一味追求考试成绩的达标而忽视了学生的全面发展。更有批评人士指出，试题的设计很难做到绝对的公正客观，考试成绩不能完全反映出学生的真实水平。2018 年下半年闹得沸沸扬扬的哈佛招生歧视案也从侧面反映了这个问题。由于美国亚裔学生成绩普遍较好，许多学校为了维护种族多样性，控制亚裔学生比例。因此，许多亚裔认为自己遭遇平权法案的"逆向歧视"。然而，在一些专家学者看来，考试成绩不应作为招生条件的唯一标准，许多学生即使没有常春藤名校的背景，不是尖子生，依然在毕业后取得辉煌的成就，比如前苹果公司总裁乔布斯和著名文学家菲利普·罗斯。一个学生的能力需要从很多方面来衡量，除了考试成绩，还有辩证性和批判性思维、创新思维和能力、道德修养、体育表现和审美品位等综合能力和素养也对学生的发展至关重要。因此，美国高校的招生标准应该更加多元化，哈佛的做法有其合理性[②]。

---

① The National Commission on Excellence in Education. A Nation at Risk: The Imperative for Educational Reform[R]: 1983.

② Max Boot. Why I Changed My Mind about Diversity in Academia [N] The Washington Post, 2018-6-20 (opinions).

高利害关系考试制度的影响甚至延伸至社会经济层面。由于不同学校采用学生的考试结果作为学校教育水平的凭证，间接导致了学区之间的恶性竞争，不同学区之间的优劣差异更加显著。这不仅进一步拉大了各学区的房价差异和贫富分化，导致教育机会愈加不平等；更严重的是，由于不同种族的家庭收入存在差异，黑人和拉美裔人家庭普遍较为贫困，学区间发展的不平衡加剧了种族上的隔离现象。

另一个令人意想不到的结果，是标准化考试制度带来的舞弊行为。由于各州和各校需要用考试成绩来证明自己，不少教育管理人员被指控通过帮助学生作弊等行为以宣扬自己所创下的教育神话。[①]高利害关系考试制度若不加以正确引导，不仅导致教育机会的不均等，而且将出现教育领域的道德滑坡。自实行至今，该制度所暴露出的种种问题，有赖于美国政府和民众的群策群力，出台相应政策和法规，趋利避害。

（2）私人基金会

美国的私人基金会一般由企业大亨或金融巨鳄通过慈善的形式所成立。如同前文所提到的营利性学校，私人基金会拥有雄厚的资金背景，能够为学校的科研工作和各类组织活动提供大量经费资助。由此一来，私人基金会逐渐形成一股"隐形的权力"，通过一双看不见的手，影响甚至操控美国各级学校的科研动态以及社会项目和方针政策的走向。私人基金会在教育政策和教学实践中有着举足轻重的影响力，还表现在国家行政部门常常主动与私人基金会合作。据艾伦·康德利夫·拉格曼（Ellen Condliffe Lagemann）对私人基金会的研究，"联邦政府常常也会邀请公司参与决策，或者采纳由卡内基（公司名称）资助的团体所提出的反对意见"。私人基金会在美国教育的话语权，其实是州政府和联邦政府对教育领域的掌控手段，是资金支持与政治权力的交易和互利[②]。

无论是高利害关系考试制度还是私人基金会，都反映出州与国家对教育事业的参与和介入。政府对教育的管控有利有弊，如何把握好其中

---

① ［美］乔尔·斯普林：《美国教育》，张弛、张斌贤译，安徽教育出版社，2010年，第228-242页。

② ［美］乔尔·斯普林：《美国教育》，张弛、张斌贤译，安徽教育出版社，2010年，第248-255页。

的尺寸，并扭转所出现的消极局面，关乎到美国教育的发展前景。

三、学制体制

美国有着完整而独特的教育体系，即 K-12 教育体系。"K-12"中的"K"代表 Kindergarten（幼儿园），"12"代表 12 年级（相当于我国的高三）。"K-12"是指从幼儿园到 12 年级的教育，因此也被国际上用作对基础教育阶段的通称。该阶段为美国的义务教育阶段，从整体上说分为三个递进部分：学前教育（幼儿园）、初等教育（小学）、中等教育（初中和高中）。但由于美国现行的是地方分权制的教育行政管理机制，各州或者学区对于每个阶段的具体划分情况不一，例如：同时存在五、三、四制；六、三、三制；六、六制；四、四、四制等学制。与此同时，美国的基础教育也分为公立学校教育、私立学校教育和家庭学校教育几种主要形式。在年满 18 岁完成了基础教育阶段之后，学生可以根据自身需要来选择是否继续接收高等教育，进入大学深造。

1. 教育行政管理机制

一个国家的教育制度往往受多种因素的影响而形成，其中包括了政治体制、历史背景、社会以及宗教等。由于美国采用的是三权分立的联邦制政体，中央与地方各级高度分权，联邦政府只具备宪法所明确规定的权限，其他未被明确规定的权力，比如教育权，都属于各州政府的权责。在过去，联邦政府极少干预各地方政府对于当地教育制度的管理。"但是近几十年来，联邦政府却开始逐渐参与教育活动，使得地方教育行政权受到影响。"[1]因此，美国的教育行政机制就形成了联邦政府、各州政府以及地方政府的三级形态。

2. 联邦教育行政的运作

美国教育部（United States Department of Education，缩写：ED），是当今联邦政府所有部门中最小的内阁层级部门，其前身为美国联邦

---

[1] 林宝山：《美国教育制度及改革动向》，五南国书出版公司，1992年，第7页。

教育局，成立于 1867 年。彼时的教育局是一个非内阁成员的独立的政府机构，它的职能与如今的教育部相比存在很大差异，只限于在全国范围内收集和整理学校机构、管理、体制和教学方面的信息，然后将所得信息提供给政府机构和公众，介绍各地教育实践的成果和创新的范例，以便进一步推动国家教育事业的发展，基本不具备行政指挥的职能。

作为内阁层级部门的联邦教育部是在吉米·卡特总统任职期间建立起来的。当时，国会认为美国有一些教育事务是地方政府和学区所不能单独完成的，需要全国范围内的协调和统筹，如智障人群教育、残疾人教育、扫盲教育以及教育贷款等，有必要成立内阁一级的教育部。因此，新生的教育部应《教育部门组织条例》（*Department of Education Organization Act，Public Law 96-88*）的要求而成立，由卡特总统于 1979 年 10 月 17 日签署生效，并于次年 5 月 4 日开始运行。

1981 年，罗纳德·里根当选总统。此时的联邦教育部存在还不到一年，然而里根却认为在美国联邦政府中没有必要设立教育部。因此，他向国会提议取消教育部这个机构，将教育部当时的 7700 名雇员减少至 1000 人，终止一批教育项目并将一部分教育项目转交给其他部门承办。然而，里根的这一提议并没有被国会接受，教育部也得以继续存在。尽管如此，由于里根的态度，教育部的工作还是受到一定的影响：雇员削减了三分之一以上，项目和经费也相对减少，其权力也受到了极大的限制。

近年来，美国教育部作为联邦政府的内阁层级部门主要通过以下一系列举措逐渐涉入各州的教育管理，影响着地方的教育决策。首先，国会通过立法来对教育进行引导性管理。1991 年老布什总统签署了具有法令效应的《美国 2000 年的教育战略》，1994 年政府以法令的形式颁布《2000 年的目标》，2002 年 1 月小布什总统颁布《不让一个孩子掉队》法案（*No Child Left Behind Act*），2002 年美国教育部公布《美国教育部 2002—2007 年教育战略规划》等。需要注意的是，联邦政府即使制定教育法规或政策，也没有强制性，只有指导性，联邦政府会拿出资金来资助愿意实施这些法规的地方政府。其次，最高法院对教育案例的判决与解释也是联邦政府影响地方教育管理的一大方式，比如，"近年来，有关种族或性别歧视的教育案例都影响到全美各地的教育政策和学校行政措施。"[①] 再次，联邦政府也会以教育补贴的形式来辅助某些特定的教育计划，这些经费一般伴随着教育法案的颁布而下拨，也从一定程度上削弱了州及地方的教育控制权。

3. 州教育行政的运作

根据美国宪法的规定，各州政府可自行制定法规作为该州教育行政的最高准则，并据此展开各项教育措施。州教育董事会（State Board of Education）和州教育局（State Department of Education）是构成各州教育行政组织系统的两大部门。其中，州教育董事会的主要职责在于制定本州内各级各类学校的教育法规以及政策，为各地方学区（School District）中的教育董事会（Board of Education）所遵循；而州教育局则是执行州教育董事会所做决策的行政单位，主要负责本州各级各类学校的课程设置、毕业规定、教师资格认定、学校经费发放以及设备资金资助等。

4. 地方教育行政的运作

在美国，地方教育行政拥有极大的自主权，其组织结构由地方学区、地方学区教育董事会和地方教育局组成。首先，美国的地方教育行政采取的是学区制，地方学区的划分大致有两种形态。第一种类型是与普通行政区合一，第二种则是专门为地方教育而划分的学区，通常被称为独立学区（Independent School District，简称ISD）。美国法律规定，任何居住在某一学区内的孩子，都享有免费就读于该区公立幼儿园、小学和中学的权利。此外，地方学区教育董事会是美国地方教育行政的最高决策单位，主要职责在于建立与管理公立学校体系，主要权力有：选派教育行政官员，如教育局局长（superintendent）；制定教育政策；制定教育财政预算；寻求各项资源；订立教育人事规

---

① 林宝山：《美国教育制度及改革动向》，五南图书出版公司，1992年，第12页。

章；评估学校绩效等。最后，地方教育局（Office of Superintendent 或 Central Office）主要负责执行董事会所做出的各项决策与事宜。

5. 教师职业与行业组织

（1）资格认证

美国的基础教育强调大众教育，其宗旨是为每一个学生提供优质教育，因此，必须有一个强有力的教师队伍作保障。在美国，教师以专业被聘者的身份出现，教师证书制度自 19 世纪后期开始实行。根据联邦宪法规定，各州对自己的教育负责，所以，中小学教师的资格认证也由各州教育局根据本州相关法律来进行规定和认证，证书大体上分为：幼儿园和初级小学教师证书、小学教师证书、初中教师证书和高中教师证书、专科教师证书、特殊教育教师证书、职业技术教育教师证书等。"各州颁发的教师资格证书的形式虽然有所不同，但基本都包含了颁发机构、教师姓名、任教学科、任教年限等基本信息。"[1]一般来说，获得教师资格证书要经历如下程序：取得正规大学的学士学位→修完正规大学教育学院的教师教育专业课程→通过州设立的基本技能考试和学科专业知识考试→经过相关机构审批→取得教师资格证书。需要特别说明的是，新教师的资格证书都有一定的有效期（一般为五年），持证人必须在资格证书的有效期内通过进修取得本州教育局所规定课程的学分，并在实际的教学工作中通过考核，其证书才能得到延期，否则将被收回资格证书，取消任教资格。

（2）培养模式及招聘途径

美国的教师教育绝大部分由综合大学的教育学院与相关专业合作完成。各州对教师资格的要求主要包括三个模块的内容，即教师的基本素质、学科专业知识、教育教学知识和能力。不同的大学、不同的州对中小学教师在这三个模块的学分上的规定也有所不同，大致可以分为：教师基本素质占 50%，学科知识占 25%，教育教学知识能力占 25%。例如，威斯康星大学的英语教育大学本科专业课程总要求为 141 个学分，其中教育类课程共 65 个学分，占总学分的 47%，

---

① 赵勇：《美国中小学教师》，北京师范大学出版社，2008年，第18页。

人文基础课为 40 个学分，占 28%；而英语专业课为 36 个学分，仅占总学分的 25%[①]。由此可见，美国的教师教育非常重视教师的基本素质和教学知识能力，而对学科专业知识的要求却相对较低。

美国的中小学教师招聘则由各州的地方学区教育董事会全权负责。教师在应聘时，通常要先提供个人简历以说明自己的教育背景和工作经历，并同时递交学历证书等一系列书面材料。另外，还要提供 2—3 封推荐信，推荐人可以是应聘者所读学校的教授或指导教师，也可以是所在实习学校的辅导教师、工作过的学校的同事或校长。这些推荐信是招聘方极为看重的，认为它们远比个人简历要客观、诚实和公正。然后，招聘方会根据这些书面材料对应聘者进行遴选，确定哪些可以得到面试机会。面试环节在整个招聘过程中是十分重要的。应聘者通常会被问到一些比较开放性的问题，如"你为什么要应聘这个职位""请用一句话描述一下你的教学风格""你认为你的优势在哪里"等，这些问题能够比较准确地发现应聘者深层的教学动机和教育素质。之后，学区总监（Superintendent of School District）会与综合排名第一至第三的候选人面谈，通过随意聊天来发现应聘者是否具有教师的素质，提出录用的最终建议，并书面上报地方学区教育董事会。最后，董事会通过集体商讨做出决定，需要说明的是，地方学区教育董事会依法拥有任命权，因此有权否决学区总监推荐的人选。

（3）职业发展

联邦政府非常重视在岗教师的职业教育和培训，往往会下拨款额用于支持在岗教师的培训。各州政府也非常重视中小学教师的职业发展，规定教师的进修必须是持续进行的，每隔几年就要通过不同形式的进修取得学分。进修培训与教师的职业生涯息息相关，关系到教师的聘用、评估和晋升。

各级政府和教育机构为教师们提供了多样的职业发展形式，如采用指导教师制、举办研讨班或系列讲座、在正规高等院校开设必修课程、开放线上远程进修平台、建立教师专业发展学校等。2002

---

① 赵勇：《美国中小学教师》，北京师范大学出版社，2008年，第25页。

年，由小布什总统签署的《不让一个孩子掉队》法案（*No Child Left Behind Act*，简称 NCLB 法案）更是特别强调教师素质的提高，并提出了"高质量"（highly qualified）这一特殊术语，明确提出在中小学核心学科任教的教师必须是"高质量教师"（Highly Qualified Teachers，简称 HQT）。NCLB 法案中规定了对"高质量教师"的基本要求，即：

- 具有学士学位；
- 州正式资格证明（Full State Certificate），由州政府颁发；
- 每一门教师任教的核心学科的能力证明，由州政府确认①。

与此同时也要求各州和各学区根据自身的不同情况，在联邦政府规定的基础上，制定适合自己需要的高质量教师的标准。

（4）教师教学工作的评估

自 20 世纪 90 年代以来，美国各州和各学区都开始重视对教师的评估工作，从而确认教师已经达到某一特定的知识或者技能水平，也可以用于提高教师对自身工作的认识。因此，教学评估的方式和内容也是多元的。评估方式主要为增值性评价方式（value-added assessment），即以学生成绩的进步来测量教师的教学；以及教师档案评估（teacher portfolio assessment）这种动态综合的评价标准。而评估内容则包括美国教师每学期都要上交的各种材料：教案、个人专业发展计划、教学反思、对学生学习效果的评估、与家长的互动等。

（5）教师权利保障及待遇

要保障学校的教学工作和教师专业发展的顺利进行，保障教师的权利和待遇是不可或缺的。在美国，教师工会就是教师权利保护的坚强后盾，其中两个最具影响力的教师工会组织为：全美教育协会（National Education Association，简称 NEA）和美国教师联合会（American Federation of Teachers，简称 AFT）。教师工会对教师职业的保护是全方位的，从帮助教师起草和签订合同条款、约束雇佣方履行合同承诺，到要求雇佣方遵守解聘程序等各个环节都对教师的

---

① 赵勇：《美国中小学教师》，北京师范大学出版社，2008年，第42页。

职业和生活起着重要的保障作用。此外,美国中小学教师的工资水平在州与州之间、学区与学区之间存在着差异。一般情况下,学历水平和工作年限与工资水平成正比,受教育水平高、教育经验丰富的教师可以享受到较高的工资待遇。而随着教师在相应大学进修,其学历水平不断提高,工资水平也会相应上涨。

第三章　基础教育

一、基础教育总述

美国是世界上最早实行义务教育的国家，它以普及教育为己任，为所有人都提供受教育的机会，其目的是使每个人都能发挥自己的潜力、创造性和批判精神，以实现自己的抱负和幸福。因此，其教育目标、教育理念、教育内容及方法中都体现出很强的包容性。美国的基础教育是指从幼儿园到高中毕业的教育，也就是人们通常所说的K-12。美国管理教育事业的责任，是根据美国宪法修正案第十条的规定"宪法未授予合众国，也未禁止各州行使的权力，分别由各州或由人民保留"，形成以州为主体的、联邦、州、地方共同负责的教育管理体制，是"地方分权模式"的典型。尽管教育是州的法定职责，但许多州把对教育的大部分实际管理权委托给地方教育行政当局即学区来行使，即在基础教育行政管理上主要实行地方分权和学区控制。因而，现有的14891个学区是美国最基本的教育行政单位[①]。学区的划分不从属于一般行政，不一定与一般行政区划分相一致。许多学区是按学生入学地区来划分的，学区规模的大小也不相同。

美国中小学教育经费来源主要有三种渠道：一是联邦政府投资，二是州政府拨款，三是地方政府出资。以1992—1993年度为例，投资比例分别为6.8%、46.8%和46.4%[②]。可见，中小学教育主要是依靠州政府和地方政府的投资，联邦政府所占的投资比例很小。政府拨

[①] 强海燕：《中美加英四国基础教育研究》，人民教育出版社，2005年，第132页。
[②] 强海燕：《中美加英四国基础教育研究》，人民教育出版社，2005年，第133页。

款主要根据学生数量,其中包括低收入家庭的学生人数和接受特殊教育的学生人数来确定(政府向低收入家庭的学生提供在校免费午餐和免费教材,向接受特殊教育的学生提供特殊教学设施和生活服务),同时考虑贫富地区的差别以及当地物价、房产等因素。

美国中小学学制极不统一,且州与州之间、区与区之间的教育标准和要求也非常不同。美国从 19 世纪中叶起,中小学实行单轨制,即所有的孩子都可以根据他们的年龄、能力,进入同样的学校。美国是一个学习化的社会,学习是一个终身的课题,各级各类教育在结构上相互衔接,上下沟通。按照法律规定,美国公民不分男女、宗教信仰、民族、阶级,也不论居住地点和年龄,都有平等受教育的机会,一生都可以选修正式课程或非正式课程①。这种教育单轨制是美国教育区别于欧洲国家教育的一个显著特点。丰富多彩的学制和教育单轨制是美国教育的一个特点。美国中小学的现行学制形成于 20 世纪。中小学教育属于义务教育,起始年龄为 6 岁,共 12 年,这是统一的;但允许六三三制、八四制、六六制、四四四制、五三四制并存,学制是多样的。在美国,小学、初中、高中阶段的划分主要有如下几种:②

　　a 八四制,即八年制小学和四年制中学;

　　b 六六制,即六年制小学和六年制初、高级联合中学;

　　c 四四四制,即四年制小学、四年制中间学校和四年制中学;

　　d 六三三制,即六年制小学、三年制初中和三年制高中;

　　e 五三四制,即五年制小学、三年制中间学校和四年制高中。

---

① 刘根平:《质量与效能:美国创建一流基础教育的启示》,南京师范大学出版社,2004年,第8页.

② 杨慧敏:《美国基础教育》,广东教育出版社,2004年,第13页。

表 2　美国现行学制

类别（Category）		年级（School Grade Level）	年龄（Age）
学前教育（Preschool education）		学前班（Pre-kindergarten）	3—5
义务教育（Compulsory education）			
		幼儿园（Kindergarten）	5—6
小学（Elementary School）		一年级（1st grade）	6—7
		二年级（2nd grade）	7—8
		三年级（3rd grade）	8—9
		四年级（4th grade）	9—10
		五年级（5th grade）	10—11
中学（Middle School）	初中（Junior High School）	六年级（6th grade）	11—12
		七年级（7th grade）	12—13
		八年级（8th grade）	13—14
高中（High School）	高中（Senior High School）	九年级（Freshman/9th grade）	14—15
		十年级（Sophomore/10th grade）	15—16
		十一年级（Junior/11th grade）	16—17
		十二年级（Senior/12th grade）	17—18
高等教育（Higher education）			
大学（College/University）	本科学校（Under- graduate school）	大一（First year: "freshman year"）	18—19
		大二（Second year: "sophomore year"）	19—20
		大三（Third year: "junior year"）	20—21
		大四（Fourth year: "senior year"）	21—22
研究生教育（Graduate school）			22 以上
继续教育（Continuing education）			
职业学校（Vocational school）			18 以上
成人教育（Adult education）			

资料来源：https://en.wikipedia.org/wiki/Education_in_the_United_States

其中，四四四制是二战后出现的一种新学制，将中小学的 12 年均分为三个阶段，即将传统上小学阶段的五六年级和初中阶段的七八年级合为一个阶段，作为传统小学与中学之间的"中间阶段"，设立专门的"中间学校"（middle school）来承担相应的教育任务，这种学校自 20 世纪 70 年代以来，已在各州普遍设置[①]，为的是使开始进入青春期的学生能较好地由小学过渡到中学。20 世纪 40 年代以来，

---

① 柯森：《当代美国中小学课程概观》，中山大学出版社，2005 年，第 11 页。

六三三学制成为美国的主导学制，而现在五三四学制或六二四学制是美国基础教育的主要学制。

美国中小学管理是一种典型的"学校行为主义"模式，即学校作为自我、自律、自为的文化主体享有充分的自主权和发展权。美国没有全国统一的教学大纲和教材，更没有全国统一考试，学校的一切教育行为均表现为学校内在的教育发展要求。教师也可根据自己个性化的方式组织教学活动，根据学生的反馈随时调整自己的教学内容和进度，分层指导、分层要求、因材施教。公立学校的课程设置由州和地方教育当局决定，规定联邦政府无权过问。各级教育皆无全国性的统一的课程设置。当然，联邦政府仍可通过一定方式对课程设置施加影响。

二、义务教育体系

1. 学前教育

学前教育是指幼儿在进入小学 1 年级，也就是 6 岁之前所接受的教育，包括正式的和非正式的教育。6 岁以下的儿童进入幼儿园并不是必需的，此外，不同地区的幼儿园由于经济实力和环境的差异所提供的设施及课程也有所不同。根据学校和地区的不同，全日制学校的私立幼儿园费用从每年 5000 美元到 15000 美元不等。上课时间各不相同，但孩子们通常上午上课几个小时，例如从上午 9:00 到上午 11:30，或者下午上课几个小时，例如从下午 12:45 到下午 3:15，或两者兼而有之。有些学校允许只选择一些上午或下午的课程，从而减少费用。许多日托中心专为在职父母设计，并结合托儿所和（延长）日托，中心开放时间为早上 6:30 至下午 6:00。

此外，美国学前教育机构类型比较多，主要可以分为以下三种：

（1）保育学校：主要招收 2.5—5 岁的儿童，以 3—4 岁为主。主要分为附设于各级公立中学之下的保育学校、独立的保育学校和由联邦政府主办的"开端计划"系统下的保育学校。以半日制为主。其主要职责是保证儿童的生命安全，促进其体智美全面发展，但不进行正规的教学活动。

（2）幼儿园：主要是为进入 1 年级之前的 5 岁儿童设立的教育机构，以半日制为主，具有小学预备教育的性质，多附设于公立小学，属于义务教育范畴，实行免费制。细分又可分为幼儿园和学前预备班，其主要教学目的是为儿童入学做准备。

（3）日托机构：是一种全日制或半日制的幼教机构，设在私人家庭、大学校园或各类社会机构中，招收 0—6 岁的婴幼儿，目的是使每个儿童在体力、情绪、社会性及智力方面得到良好的发展。根据经费来源不同分为家长缴费维持的日托中心和公共经费支持的日托中心。根据教育性质不同分为照管性、综合性、发展性日托中心。根据是否营利分为营利性和非营利性日托中心和学前班。

美国幼儿园的教育计划是非常灵活的。它没有什么学科的安排，但具有学科的内容。基础原则是从做中学习，培养的立足点是放在儿童身体、心理、社会知识、情绪的成长上。2005 年全美幼儿教育协会在《幼儿教育方案标准和认定目标》中进一步明确了"课程标准旨在发展儿童在审美、认知、情感、语言、体能和社会等方面的能力"，并指出学前教育课程内容的 8 个方面：社会情感发展；语言发展；早期读写能力发展；早期数学能力发展；获得有关技术和科学的初步认识；理解自身、社区和世界；对艺术的创造性表达和欣赏；体能和技能发展。

2. 小学教育

美国初等教育的体制是多种多样的，各州学制不同，小学学制一般为六年制、五年制，有的地方还有八年制。小学生的入学年龄，各州虽有不同，但一般是 6 岁入学。美国低年级的小学生上学大多数是不用背书包，它的学习内容与形式同幼儿园并没有太大的区别，所以人们常说美国小学生是玩着上学。小学阶段大多数学校 9 月份开学，6 月中或 6 月底放假，周一到周五上课。

（1）办学宗旨

美国没有统一规定的小学办学宗旨，不过美国视导和课程研究协会提出的现代小学的 6 项任务，具有广泛的影响。这 6 项任务是：

①增进儿童的健康和发展其体格；

②增进儿童的心理健康和发展其人格；

③发展儿童对社会和科学世界的认识；

④发展儿童有效参与民主社会的技能；

⑤发展儿童符合民主生活的价值观；

⑥发展儿童的创造性活动。

由此可知，美国小学教育最重视的是儿童的身体和心理健康；其次也十分重视民主素养的培养；此外还鼓励学生参与创造性活动，培养学生自我学习的习惯，独立思考、自己动手和参与实践的能力。

（2）课程结构

美国小学的课程结构随年级或阶段的上升而增加和多样化。在小学阶段，所设的课程多为共同课程或普通教育课程。小学的共同课程主要有：英语、数学、社会科、科学、艺术、体育等课程，有的学校还开设保健课、家政课、计算机或技术教育等。此外，随着年级的上升，有些学区和学校会根据学生的兴趣和实际情况设立一些细分化的课程，如将艺术课细分为音乐、美术、制陶、舞蹈等，将社会科细分为历史、社会、全球教育、环境教育等方面。由于美国现行小学课程重视培养学生掌握各种基本知识、基本技能，发展学生的思维能力，这样进行综合教学，就不仅可以减少课程设置中的分科数目，同时能使学生所学到的知识不至于零碎，而且许多知识和生活紧密联系，更符合小学阶段儿童的思维发展。美国小学在课程设置、教材选择上虽然各州各行其道，但由于教科书出版商成功地占领了大部分学校市场，课程设置在一定程度上也得到了相对的统一。

（3）教学方式

美国小学至今仍采用"包班制"。一般来说，除音乐、体育是科任之外，其余科目都是由班级教师上课。教师全职服务是指一周上班 40 个小时，连吃中饭在内，通常从早上 8 点到下午 4 点，每位全职教师每周上课时长大约在 28—30 节[①]。每间教室是按学科设置的,一般配有图书、计算机并张贴许多与学科相关的图表照片。美国小学教学形式有班级授课、分组教学、个别教学和部分年级教学等多种形式。但主要还是以班级授课形式为主。一般根据年龄、年级分班。每个班级人数一般在 18—23 人,也有一些学校的班级人数或多于或少于这个数字。较大城市有的小学学生人数会超过 1000 人,一般学区学生人数只有数百人。此外,美国小学教室中央通常是一片空地,地上铺着地毯,小学低年级的孩子常常围坐在地毯上,听老师讲故事,就如同在幼儿园一样,课堂学习是在一种非常轻松愉快的氛围中进行的。小学高年级,孩子们上课是四五个人一组围坐课桌。在课堂上,孩子们可以随时提问,对于孩子们间的各种问题,老师都会耐心回答,学生也可以相互讨论。

(4)教学目标

美国小学阶段的教学目标主要是培养学生阅读、写作和数学的基本技能,为其后续的学习奠定坚实的基础。除此之外,小学教育需要帮助学生初步了解其他科目,逐渐掌握一些基本的生活技能。因此,小学阶段的教学要求比较灵活,教学内容和深度要求也比较低。比如,家庭作业会是要求学生画一张画,或者制作一个手工制品等。美国在学前和小学阶段的教学中非常注重让儿童在游戏中学习。

3. **中学教育**

这里所谈的中学教育主要是指初中、高中教育。美国孩子一般是在十二三岁进入中学,到高中毕业时就是十八九岁。美国中学于每年9月开课,至次年6月上旬结业,为期36周,共分两个学期。每学年包括两个主要假期(暑假和圣诞节假期)和两个小假期(感恩节和复活节假期)。

(1)办学宗旨

关于美国中学教育的宗旨,迄今为止,最有影响并经常被引用的

---

① 刘根平:《质量与效能:美国创建一流基础教育的启示》,南京师范大学出版社,2004年,第16页。

仍然是中等教育改组委员会提出的七大原则[1]：

①保持身心健康；

②掌握基本知识和技能；

③成为家庭有效成员；

④养成就业职能；

⑤胜任公民职责；

⑥善于利用闲暇；

⑦具有道德人格。

（2）课程结构（义务教育课程体系）

美国中小学课程在二战后发生了三次改革：第一次是以杜威进步主义教育思想为主导，批判传统教育的课堂中心、教师中心，提出活动中心、儿童中心的主导；第二次是以结构主义为主导；第三次是推动"高质量教育"的运动，在此影响下，美国基础教育阶段，尤其是中等教育阶段的课程结构再次发生了重大变化，即恢复和确立了学术性学科在课程结构中的主体地位，加强了全国范围内课程结构的统一性，减少了差异性。美国中小学试图通过强化英语、数学、自然科学、历史、地理、外语、艺术等核心课程的方式，提升学生的学业水平。由于美国中小学课程改革实行分级管理，国家、州、学区和学校在内的分级管理部门对中小学课程的设置和改革起着不同作用，表现为国家提出建议、州制定标准、学区决策、学校实施的基本特点。

具体来说，在联邦教育部、非营利机构和研究部门提供建议的基础上，各州教育部门根据本州的实际情况制定自己的课程标准。以纽约州1—4年级为例。小学1—4年级的学生需要接受特定的教育，以达到州小学阶段各科学习标准：①数学，包括算数、科学和科技。②英语，包括以获得信息和理解为目的的听说读写；书面表达、评论分析和评价、对社会互动的理解；词汇拼写和理解、语法和标点的使用。③社会研究，包括地理和美国历史。④外语。⑤生涯发展和职业研究。

---

① 强海燕：《中美加英四国基础教育研究》，人民教育出版社，2005年，第134页。

⑥根据学生需要，开设双语教育或英语作为第二语言的教育。⑦健康教育、体育、家庭、消费科学。

美国中学的课程设置与其教育目标是紧密结合的，美国中学教育所关心的不是要培养出多少精英，而是如何使全体学生受到普遍教育，由此美国的中学多数是综合制中学。综合制中学的教育目的是满足所有在校青少年的需要，即满足天资较差和较高的学生的需要。因此，尽管各州在课程开设方面不尽一致，但 K-12 课程通常会包括下列常规课程作为主体，即国际化教育、语言艺术、阅读、数学、科学、大学先修课程、公民教育、经济、环境教育、外语或世界语、地理、历史或社会研究、多元文化教育、体育、性教育等。美国中学的课程体系，按内容可以分为学术科、普通科和职业科。学术科课程有英语、社会科研究、科学、外语、人文等几个大类，每类课程又分出许多具体的课程。如社会科往往包括历史、地理、社会、经济、人类、心理等多种内容，名称有"现代生活""民主社会""社会问题""政府和管理"等。这些课程主要为升学做准备。普通科课程覆盖义务教育中学阶段必须要学习的内容，主要有语文、数学、体育、健康、美术、音乐、家政、性教育、环境教育、法制教育、安全教育、反吸毒教育等。职业科通常分为 7 类：农业、市场、卫生、工业、商业、技术、家政。有关商业方面的课程如商业实践、会计、簿记等；有关工业方面的课程如印刷、设计、木工等。职业科课程主要实施生计教育，在小学阶段进行的职业了解基础上，进行职业探索和职业选择的准备，使中学生熟悉职业的分类，探索自己感兴趣的职业群，并修习某些职业入门课程，从而为就业做准备[①]。

美国初中课程（6—8 年级）的主修课包括英语、数学、科学、社会科、音乐、体育等。表面上看，科目类别与小学相差不大，课程内容仍属于基础课程，但细分则有：语言综合学习、词汇入门、高级数学、基本技能训练、英文实习、社会学习、科学、危机方面、写作课、学习方法训练课、阅读课、特别教育、艺术课、电脑课、技术课、

---

① 强海燕：《中美加英四国基础教育研究》，人民教育出版社，2005 年，第 163 页。

健康课、食品课、戏剧表演课、体育课、体育实用与开发教育、艺术探索课、乐队课、合唱课、交响乐课、技术选修课、指南课、学生辅导课、外语课（听、说、读、写和文化方面）。

美国高中的课程（9—12年级）类似美国大学，课程分为必修课和选修课，并且开始实行学分制，明确规定学生毕业时要拿到的学分。必修课由学区或州教育局规定，选修课的开设则由学校自己决定。目前美国高中的必修课包括3年数学课、4年英文课、3年社会课、3年科学课（包括化学、物理、生物）、2年外语课和电脑课。上述只是高中的基本课程，其他主修课因学校而异，一般还要包括美国历史、公民、经济、体育、驾驶和性教育等。美国高中课程比初中增加了许多，学校要求学生在高中4年内完成规定的学分，随着年级升高，每学期学分数（即选课数）增加。一般每学期至少6—7门课，完成上一年级学分，方可进入下一年级。如学生提前修满学分，可提前毕业，申请进入大学或在校选修大学课程。一般来说，美国公立学校开设的课程平均在200门左右。当然，学校都有专职辅导人员对学生选课、升学、就业和行为等进行指导并提供有关咨询和信息，调节矛盾等。一般一个年级配备一名辅导主任，负责200多名学生的辅导工作。

（3）教学方式

现在一般的学校仍然是分科教学，实行班级授课制，在注意发挥学生主动性的同时，也强调教师在教学中的主导地位，多采用启发式教育，任何课程都要求学生自己去发掘、编排资料，撰写报告，也就是实施课堂教学与课题研究相结合的形式。美国中学的教学组织形式是灵活多样的，并从单一的班级课向多种教学组织发展。美国中学班级规模也比较小，一般都是18—23人一个班。从初中开始，每个班都有一个主课室。美国学校教师没有自己的办公室，但老师都有自己固定的教室，学生没有固定的教室，而是上什么课就去什么教室，所以学生上课不是老师走进教室，而是学生进老师的教室。在美国学校，学生每天早上到校后，首先要到自己所属班级的主课室（Home room）集中，与班主任（Home room Teacher）见面，班主任则要负责对学生进行考勤，并将考勤结果及时报告给学校的办公室。

此外，教育教学过程中常用的教学方法包括：讲授；教师指导下的发现—聚合学习（类似于我国的启发式教学）；探究—发散性学习；模拟情景游戏。其特点主要为："从做中学"；注重个别差异；鼓励学生提问；充分使用现代化教学手段。以此，教师们通过灵活多样的教学方法训练学生合作学习和发散思维的能力。

（4）教学目标

美国中学的教育目标没有明确规定，但概括起来有两个：一是为部分学生做升学准备；二是帮助那些不准备升学的学生准备就业、选择职业，并为他们进入成年、做尽责的公民和继续学习或达到其他教育目标打下基础。

4. 综合中学简介

美国高中（9 年级或者 10—12 年级）在组织上与初中衔接，其性质是综合学校。绝大部分美国公立学校都是综合中学。在一定程度上，我们可以说"综合中学"是美国中等教育的标志，全国 85%的中学生都在"综合中学"就读。所谓"综合"，包含三层意思。第一，学生的来源是综合多样的，学生来自社会的各个阶层，有各自不同的社会背景。第二，学校的教育内容是综合多样的，主要满足不同才能、不同背景、不同兴趣和志向的人的需要。第三，教育目标是综合的，给所有学生以基础教育（普通教育）；对有志升学的青年提供充足的学术准备；对打算就业的青年，在毕业前提供各种实用的技能训练；为所有学生成为社会公民和家庭成员做准备，使之成为具有健全道德人格、身心全面发展的人。这样的综合中学把中等教育从传统的单纯着重学术科，仅仅为升学做准备的框框里解放了出来，使中学不再是大学的附庸，而是一个完整的机构，它可以自由地为日益复杂的工业化社会和每一个学生服务[①]。

（1）美国中学 AP 课程简介

AP 是英文 Advanced Placement 的缩写，中文一般翻译为"美国大学选修课程"或"美国大学预修课程"。美国实行"大学课程预修

---

① 强海燕：《中美加英四国基础教育研究》，人民教育出版社，2005 年，第 135 页。

制度"始于 1973 年。主要内容是由美国大学理事会（The College Board）向高中年级学生提供大学认可学分的规范的大学课程，课程门类广泛，包括生物、微积分、化学、心理学、社会学和计算机工程等学科领域。学生如果完成课程学业并通过测试，将同时获得高中和大学阶段的学分，学生可以将学分直接转入大学而免修相关课程，既可以节省学费，也可以留出更多时间从事自己喜欢的研究。此外，也使得高中学生提前接触大学课程，避免了高中和大学初级阶段课程的重复。至 2006 年，美国高中的 AP 课程涵盖了 22 个领域的 37 门课程[①]。其中，中文和中国文化于 2003 年列入 AP 计划，2007 年开考。至 2014 年，美国高中已经能够提供 10 多个学科近 40 门课程的服务，开设 AP 课程的高中达 14000 所[②]。

　　（2）美国学校课程中的公民课程简介

　　以多学科为依托开展品格教育（也称道德教育），旨在培养学生的公民意识。这门课的教学目标主要包括：介绍美国政府及其组织结构；学会投票技巧；培养参与意识和了解合格公民的必备条件；培养学生的道德品质。教学内容在各年级的分配重点范围大致是：幼儿园，我和我周围的环境；1 年级，家庭和学校；2 年级，邻居；3 年级，社区；4 年级，本州的历史和地理；5 年级，美国概况；6 年级，世界文化和东西半球；7 年级，世界地理和历史；8 年级，美国的历史及其发展；9 年级，公民和世界文化；10 年级，世界文明史；11 年级，美国史；12 年级，美国政府或其他政府、人文知识和社会问题[③]。

三、基础教育考试评价

　　美国中小学的学生学习评价基本采取等级评价制，如下表。从 20 世纪 90 年代以来，随着美国教育改革的加强，为了追求优质教育，

---

① 王定华：《美国基础教育：观察与研究》，人民教育出版社，2016 年，第 367 页。
② 熊万曦：《美国高中国际文凭课程发展研究》，载《比较教育研究》，2015 年，第 3 期。
③ 闫虹：《美国中小学公民教育》，载《基础教育参考》，2007 年，第 7 期。

提高教育质量,美国各州也要进行统考,以此来对照和改进教学计划。统考的成绩关乎学校、学区的排名,并与教育经费和教师工资挂钩。美国各州统考要求学生在 4 年级、8 年级和 12 年级分别参加 3 次阅读和数学考试。但从 2005 年起,3—8 年级的学生每年都要参加阅读和数学考试。以拉荷亚国家纪念日学校(LA Jolla Country Day School)为例①,学生要参加州教育评价、学区委员会评价和学校评价三种考试。评价年级和科目如下:二三年级测试数学和阅读;四五年级测试数学、写作和问题解决。在评价过程中,如果学生没有通过,老师会为个别的学生设置 I. E. P(个别教育计划),设法为学生实施补救以通过起码的测验。

表 3　等级、级点、分数表

等级	级点	相应分数
优秀	A+	100.0—97.0
	A	96.9—93.0
	A−	92.9—90.0
良好	B+	89.9—87.0
	B	86.9—83.0
	B−	82.9—80.0
一般	C+	79.9—77.0
	C	76.9—73.0
	C−	72.9—70.0
差	D+	69.9—67.0
	D	66.9—63.0
	D−	62.9—60.0
不通过	F	59.9—0.0

资料来源:https://en.wikipedia.org/wiki/Education_in_the_United_States

此外,美国国家教育进展评价(National Assessment of Educational Progress, 简称 NAEP)是美国唯一的全国性的、有代表性和持续性的评价学生学业成就的项目,经美国国会授权,受教育部所属的全国教育统计资料中心管理, 由教育考试中心 (Educational Testing

---

① 刘根平:《质量与效能:美国创建一流基础教育的启示》,南京师范大学出版社,2004 年,第 19 页。

Services，简称 ETS）实施。美国国家教育进展评价涵盖多学科，如数学、阅读、科学、写作、艺术、公民教育、经济、地理、美国历史，2014 年增加了技术工程素养。其中，4、8 年级学生的数学、阅读、科学和写作成绩以周为单位进行公布。在国家评价中，无论是公立还是私立学校都需要被测评。但在各州中，通常只需公立学校参加①。根据《不让一个孩子掉队》法案，美国在全国范围内使用统一测试题目，为全部州和被选的城镇提供统一的衡量标准。美国国家教育进展评价为各类学生提供结果性评价，如学科成绩、学习经历和学校氛围等。尽管美国国家教育进展评价能够对地区进行整体评价，但不能为学生和学校个体提供分数。美国国家教育进展评价通常以 4 年级、8 年级、12 年级学生作为主要样本，或选择 9 岁、13 岁、17 岁学生作为长期跟踪的评价对象。上述年级段和年龄段的选择，主要是考虑到这些时期是学生学业关键性的转折点。

由于美国大学没有一个统一的入学考试，高中毕业生升大学都是参加 SAT（Scholastic Assessment Test，标准学业考试）和 ACT（American College Testing Assessment，美国大学入学考试）两种标准考试，这两种考试都是由美国著名考试公司经营的全国统考，并非美国联邦教育部主持的考试。虽然这两种考试成绩都被所有大学认可，但不作为录取的唯一标准。录取还要参考学生高中期间的各科成绩，考虑学生必修和选修过的课程，以及学生参与课外活动的情况和学校的推荐信，部分学校还要进行面试。

四、公立制学校

1. 历史沿革

美国政府支持的全民免费公立教育从独立战争前就开始建立。自 1750 年由教区建立的教区学校在美国出现起，美国公立教育系统已

---

① 刘根平：《质量与效能：美国创建一流基础教育的启示》，南京师范大学出版社，2004年，第 184 页。

经有约 270 年的历史。

独立战争结束后，新独立的美国面临艰巨的挑战，托马斯·杰斐逊提出建立新的教育体系并用税金来资助它，起初建议未被采纳；直到 19 世纪 40 年代，"美国公共教育之父"霍瑞斯·曼等人为了加强不同民族、不同背景的人们之间的民主联系，使社会更加公正平等，而致力于为全国每个孩子开设义务教育学校，义务教育体系初现雏形。1852 年，马萨诸塞州通过第一部义务教育法；纽约州也响应霍瑞斯·曼提倡的教育改革，在 12 所学校开始试用同样的教育系统。

20 世纪初，移民潮、童工法和城市的爆炸性增长推动了入学率的增长和公共教育的革新。1900 年，美国 6% 的孩子从高中毕业；而到了 1945 年，51% 的高中毕业生进入大学，继续接受高等教育。在约翰·杜威进步思想的影响下，以及对智商测试、生活适应课程和冷战政治的讨论中，20 世纪上半叶的美国教育呈现不断变化的格局。[①]

20 世纪 50 年代是教育平等斗争的时代。美国的公立学校充满了二战后新一代学生，他们中大约一半的人后来顺利毕业并进入大学。显著的教育成果背后却是深刻的不平等：17 个州的学校实行种族隔离措施，获得博士学位的学生当中只有 1% 是女性；而且基于"隔离但平等"的原则，种族隔离措施多年来有法律上的正当地位。直到 1954 年，"布朗诉教育委员会"案最终裁决要求校区停止种族隔离的政策，"隔离但平等"的法律原则被推翻，对废止美国社会中存在已久的白人和黑人必须分别就读不同公立学校的种族隔离现象起着里程碑式的作用；鼓励了美国印第安人、亚裔美国人、西班牙裔及拉美裔美国人、妇女和儿童争取教育机会均等的斗争。

到了 80 年代，从里根政府时期开始——《国家处在危机中：教育改革的必要性》报告打破了公众对美国学校体系的信心，引发了新的教育改革浪潮——联邦政府不再将在学校里消除种族隔离作为追求平等的手段，而是把注意力转移到保护每个公民而非少数族裔权利

---

① "School: The Story of American Public Education". https://www.facinghistory.org/books-borrowing/school-story-american-public-education, 2019-3-15.

的政策和行动上。在自由市场实验的影响下，出现了为新标准服务的代金券、特许学校和私有化制度。

到如今，特朗普在就职演说中哀叹"美丽"的学生被这个国家现金过度充足的学校"剥夺了所有知识"，并提出了一项令教育工作者十分反感的预算提案——该提案详细说明了（包括为大多数贫困儿童服务的课后计划在内）超过 90 亿美元的教育削减，而且这些削减将伴随用于学券私有化工作的资金增加。他的教育部部长德沃斯一再表示对特许学校和私有化的支持，以及对公立学校的蔑视，称它为"死路一条"，认为工会教师"只关心一个建立于 1800 年的破旧系统，而非每一个个体学生"。[①]

2. 现状

美国大部分学生选择进入公立学校就读。根据美国国家教育统计中心（NCES）发布的数据[②]，2018 年秋 5070 万人入读公立学校，预计 2027 年将增加至 5210 万人，而私立学校的注册率仅 10%。在公立学校学生中，幼儿园至 8 年级 3560 万人，9 年级至 12 年级 1510 万人，其中约 400 万学生入读 9 年级。

在 2018 年秋季进入幼儿园到十二年级的 5070 万公立学校学生中，白人学生约占 2410 万。其余 2660 万人由 773 万非裔学生，1356 万拉丁裔学生，261 万亚裔学生，18 万太平洋岛屿原住民学生，51 万美国印第安人/阿拉斯加原住民学生和 201 万其他族裔学生组成。入读公立学校的白人学生和黑人学生百分比预计至 2027 年秋季将持续下降，而其他族裔的学生会有所增加。

此外，2018 年秋公立教育系统雇用大约 320 万名全职教师，每名全职教师所对应的学生人数（教师学生比例）保持在自 2010 年以来的 1∶16（每名教师平均需要照看 16 位学生）。2018—2019 学年，

---

① "Americans Have Given Up on Public Schools. That's a Mistake". *The Atlantic*. https://www.theatlantic.com/magazine/archive/2017/10/the-war-on-public-schools/537903/, 2017, 2019-3-15.

② Fast Fact. National Center for Education Statistics. https://nces.ed.gov/fastfacts/display.asp?id=372, 2019-3-15.

公立小学和中学的资金预算为6540亿美元,学生人均资金预算12910美元。

从以上数据看来,美国公立学校历史悠久、经费充裕、环境稳定,我们很容易理所当然地认为美国公立教育应该在世界各国的公共教育中脱颖而出。然而事实却并非如此,如今美国的公立学校实际上问题层出不穷,比如辍学、暴力、拥挤、学力低下、教师空缺,并且多年来都难以得到妥善解决。

第一,美国高中生的国际学科成绩落后于西方发达国家甚至发展中国家。国际学生评估计划(Programme for International Assessment Measurement,PISA)抽取来自世界 72 个国家和地区的 54 万名 15 岁学生进行数学、阅读和科学三方面素养的测试,测试的目的是通过考查学生对社会所需知识、技能的掌握情况及其运用所学知识解决问题的能力对各国教育制度进行评估。测试结果显示,美国的高一学生表现平平,与排在世界前 20 名的国家/地区相去甚远。2015 年的最新调查结果表明[①],美国学生的数学成绩基本低于世界其他发达国家的平均成绩,科学和阅读成绩不过接近平均成绩;与之前的几次调查相比,世界排名甚至还呈下滑趋势。

在数学科目中,39 个国家和地区比美国的统计数据有明显的优势;科学(物理、化学)科目美国位列 25,而阅读科目位列 24。从国家和地区的角度来看,美国不仅无法同世界上享有优质教育的国家和地区相比,而且已经受到诸如越南和波兰等过去相对落后的国家的威胁。

第二,公立学校教育质量堪忧,很多毕业生没有为大学学习或就业做好准备。

由于各州的自然条件、经济、文化、生产水平、社会发展水平之间的差异,城乡之间的差异,教育资源地区分配不均,义务教育的投入水平存在不平衡现象,教育质量相差大。另外,由于美国义务教育

---

① "Programme for International Student Assessment". Wikipedia. https://en.wikipedia.org/wiki/Programme_for_International_Student_Assessment, 2019-3-15.

经费大部分由学区承担，来源于本地居民纳税，地区贫富差距导致教育资金差异，贫困地区公立学校办学需要承受相当大的资源压力。[1]

影响教育质量的还有一点原因是公立学校缺少优秀师资。美国公校中集聚着大批资质平庸的教师；富裕校区的学校或许因为可以开出较高的薪水而能够吸引有经验的教师，但相对资金不足的、贫困地区的学校常常集中了大批初出茅庐的或素质欠缺的教师。另外，在过去一些时候，如2010年美国约有220万名教师职位空缺[2]，而且没有足够的人填补这些空缺。低工资、恶劣的工作条件以及缺乏在职培训和支持造成了教师的高流动率，这就造成教学管理混乱，进而恶性循环，使贫困学校更难留住好老师。

第三，公立学校管理水平低下，学校暴力和霸凌等极端事件频出。校园暴力的不断升温近年来在美国一直是一个受到热议的话题，在公立学校中尤为严重。《2017年学校犯罪和安全指标》[3]报告统计出了2015—2016学年美国校园内发生的暴力行为：

47起与学校有关的暴力死亡案件（28起凶杀案、17起自杀事件和2起法律干预死亡案件）；记录犯罪140万起，也就是说，每一千名学生中有28人涉及其中。

校园暴力事件时有发生[4]，学生拉帮结派、暗藏刀枪、欺凌歧视同学、肢体冲突，甚至做出恐怖主义行为。枪击事件也时有发生，校园安全难以保障。周边环境也不安全，常常有人酗酒闹事或者偷窃抢劫。学生违章开车，交通肇事。贩毒、吸毒和饮酒现象屡禁不止。学生性观念混乱，时常出现强奸、卖淫、少女怀孕的现象。另外，公立学校的学生成为犯罪受害者的可能性是私立学校学生的4倍，而遭到盗窃侵害的可能性是私立学校学生的3倍。

校园犯罪始终是家长和学校管理者关心和防范的重大问题。其防

---

① 郭远珍：《美国教育启示录》，光明日报出版社，2015年，第63页。

② "Teachers". U.S. Department of Labor, Bureau of Labor Statistics. http://www.bls.gov/oco/ocos/069.htm, 2019-3-15.

③ "Indicators of School Crime and Safety, 2017". National Center for Education Statistics. https://nces. ed. gov/pubs2018/2018036. pdf, 2019-3-15.

④ 郭远珍：《美国教育启示录》，光明日报出版社，2015年，第64页。

范策略包括在每所学校制定安全政策和应急程序，创造出让学生能够安心报告事件的环境，以及建立和执行明确的学生行为规范。美国前任教育部部长邓肯呼吁建立"安全的学校"[1]，称一所安全的学校要让学生获得归属感，意识到他们是受保护、受重视的，而且身边有足够值得信任的成年人；安全的学校也促进一种以尊重和关怀为主旨、绝不容忍破坏的文化；在一所安全的学校，学生不会诅咒或威胁老师，不会把课堂时间都花在和同学发短信或塞着耳机听音乐上，不会在走廊里闲荡。这段演讲词说得很漂亮，然而对解决问题，尤其是公立学校中的问题，并起不到太大的作用。

第四，退学率高居不下，退学中学生成为社会犯罪的主要根源。2009年统计发现，每年只有大约70%符合条件的学生从高中毕业，同年继续高等教育的仅62.5%。这意味着每年约有120万高中辍学生。少数族裔学生的辍学率最高。毕业率最高的五个州是[2]：缅因州（-87.6%）、佛蒙特州（-86.6%）、新泽西州（-86.4%）、明尼苏达州（-86.2%）、威斯康星州（-85.3%）；毕业率最低的五个州是：内华达州（-50.5%）、南卡罗来纳州（-58.8%）、佐治亚州（-59.3%）、密西西比州（-59.5%）、新墨西哥州（-57.7%）。

大多数辍学者说他们离开学校是因为学习功课太困难，或者太无聊。一些州正在考虑提高法定辍学年龄以解决问题，其他人则建议让辍学者有机会与同龄人一起在社区学院完成高中教育，其他策略也包括增加父母的参与度、帮助学生在高中时期更多地参与实践。

尚未成年的中学辍学生离开学校后，多半放任自流、行为不检，加之没有专门的文化和技术，难以找到工作且失业率奇高。这些辍学生陷于贫困，生活难以保障，成为美国纳税者沉重的财政负担。这是严重的人力资源浪费。不仅如此，这些不成熟也没有自制力的青少年容易堕落，染上社会上的恶习，走向犯罪之路，成为危害美国社会安

① "Many Students See School Violence as 'Big Problem'". CAPE Outlook. http://www.capenet.org/pdf/Outlook359.pdf, 2019-3-15.

② "Public High School Graduation Rates, 2009". NCHEMS. http://www.higheredinfo.org/dbrowser/index.php?measure=23, 2019-3-15.

定的巨大问题。

总的来说，为每个孩子提供一流的公共教育必然是一项艰巨的任务。虽然美国公立教育系统的发展缓慢，但今天已有 5000 万美国学生就读大约 10 万所学校，并接受了 300 多万名教师的教育——仅仅就规模而言便是压倒性的[1]。近年来选择公立教育的学生不断增加，16 至 24 岁的高中辍学率则整体下降，从 2000 年的 10.9%到 2016 年的 6.1%，白人、黑人和西班牙裔学生的辍学情况都有所改善。即使美国在国际测试中的水平排名从未接近榜首，近四分之三的父母对自己孩子的学校仍然评价很高，家长满意度似乎并不是私立学校的特权了。公共教育在大多数方面都是一代又一代地变得更好，而且义务教育并非没有雄心壮志——教育工作者不只是设计教学工具或建立学习网站，他们要做的是筑人，为学生提供不同背景和观点融合的环境，培养民主和团结情绪，推动个人和社会的发展——这是一项非常艰巨的任务，没有既成、无误的解决方案，也没有轻松简单的捷径可走。

五、私立制学校

尽管所有 50 个州都有免费的公立学校教育，但许多家庭选择将孩子送到私立学校。美国的私立学校（此处指私立小学和中学，不包括私立高等院校），也称独立学校或非公立学校，是指不受地方、所在州或联邦政府管辖的、相对于政府经营的"公立学校"或"特许学校"而言的学校。

美国的大多数私立学校由宗教机构和组织经营，其运作经费通常来自学生缴纳的学费、社会捐赠的基金、奖学金或特定项目的钱款，以及来自宗教组织或私人的捐款或赠予，不由政府提供设施和资金，因而此类学校独立于政府的监管，通常免于联邦层面上大多数教育法规的束缚（但在州一级受到高度监管，在课程的设置上要求遵循有关

---

① "America's Not-So-Broken Education System". *The Atlantic*. https://www.theatlantic.com/education/archive/2016/06/everything-in-american-education-is-broken/488189/, 2019-3-15.

课程内容的规章精神,以便向其学生提供相当于或超过公立学校中通行的学业科目和教育水准)。

1. 历史沿革

美国的私立学校与公立学校同样是由 17 世纪清教徒移民建立的教区学校发展而来的。当时的学校常常是教会和地方民政当局共同努力的结果、传教士宗教热情的产物。最初几个殖民地的私立学校之间没有统一的模式,政府也不具有对学校教育的垄断地位。有些学校是免费的,有些学校的运作结合了多方面的财政来源,另外一些学校则完全依靠学费的收取。在殖民时代的末尾,以学校为单位的教育体制已经扎根于美洲大陆,然而,像义务教育和普及教育之类的现代观念,公立和私立学校之间的巨大差异和严格区分到了 19 世纪下半叶才逐渐在人们心中萌芽。

19 世纪内战前,在以霍瑞斯·曼为代表的一群教育先驱者的推动下义务教育发展起来,在美国产生了普遍的、免费的、强制性的、向所有人敞开的小学;而为了对逐渐占据主导地位的在以新教为中心的政治和宗教观念下建立起来的公立学校制度做出回应,许多天主教教区和宗教团体也开始建立学校,不依靠政府资助,发展成为今天的私立学校。

内战以后,在种族隔离的大背景下,政府加强了有关教育的立法。私立学校,尤其是那些同宗教联系的学校,被攻击为“非美国式的”。天主教学校特别受到此种指控,因为这些学校的建立先是作为对具有全面新教性质的公立学校,对世俗的、“美国化”学校的一种反应;在前者看来,后两种学校都是对贫穷的、遭到挤压的移民人群信仰的一种威胁。除了天主教外,其他教派也创设了私立小学,比如长老会的保守派在 19 世纪中叶建立了大约 300 所学校,主要是出于对普通学校声称的世俗主义的担忧。很多私立学校因失去生源而被迫关闭,但它们的存在是合法的。

20 世纪初的战后世界,“爱国主义”大行其道,美国人民强力拥护一切“美国”的东西,并将注意力转到学校,向青少年灌输忠诚和公民美德。私立学校,特别是那些与外国有关(尤其与德国有关)的学校,被怀疑对美国有不忠的倾向,政府于是加强对这些学校的控制。与此同时,父母对自己孩子的教育权也受到威胁。直到美国最高法院在 20 年代中期先后做出了三个裁决(迈耶诉内布拉斯加、皮尔斯诉姐妹会、法林顿诉德重),否决了一些公立学校压倒私立学校的法律,政府在教育领域内的权力才受到一定限制,而家长和学校在决定学生受教育方面的权利也得到了保护。

私立学校在二战期间和战后得到了显著的发展,增长了 118%,而公立学校在同期仅增长了 36%。20 世纪 60 年代,政府开始用公款资助私立学校和教会学校。1965 年的教育法案中规定:"私立教育机构可以从联邦政府的基金中获得经费补助,用于指定的教育需要。"在 1959 至 1960 年间,私立学校的就读生达到全部中小学就读生的 13.6%,而 1939 至 1940 年间是 9.3%。如果假定 20 世纪 60 年代公立学校学生的学费平均为 500 美元的话,那么私立学校在 60 年代的 10 年中为美国地方政府和州政府节省了大约 310 亿美元。在有关政府对私立学校的援助是否合法的辩论期间,天主教学校的入学人数在 1965—1966 年度达到 560 万的最高峰,占私立学校入校总人数的 87%,与此同时,基督教的福音教派和正统派教会也纷纷建立私立学校并在数量上出现了激增。20 世纪 60 到 80 年代,这些教派建立的学校达 1 万所左右,入学人数接近 100 万。[①]

2. 现状

美国国家教育统计中心(NCES)发布的最新统计结果表明[②],至 2015 年,美国共有 34576 所私立学校,为 570 万名 PK-12(从学前教育到 12 年级毕业班学生)学生提供服务。私立学校占全国学校的 25%,但在校学生仅占全部学生的 10%。

大多数私立学校(78%)属于教会附属学校,规模较小,其中 87%录取的学生总数不超过 300 人,平均每个私立学校的学生

---

① "FAQs about Private School". CAPE. http://www.capenet.org/facts.html; "History of Private Schools in the United States". Education Encyclopedia. https://education.stateuniversity.com/pages/2334/Private-Schooling.html, 2019-3-15.

② "FAQs about Private School". CAPE. http://www.capenet.org/facts.html, 2019-3-15.

数是 164 人。

最大的私立学校系统是罗马天主教私立学校系统，可分为三类：教区学校、主管教区学校以及由宗教修道会经营的学校。2015 年[①]，该系统拥有 7008 所小学和中学，在校学生 190 万，占私立学校总量的 38.8%。大部分罗马天主教学校是由各个主管教区和教区管理的；其他基督教教派（路德教、圣公会、新教保守派、浸信会等）经营的私立学校约占私立学校总数的 12%。非教派的世俗私立学校占 32.7%。此外，美国还有其他宗教，如犹太教会和伊斯兰教会开办的私立学校。

所有私立学校学生中 68.6% 是非拉丁裔白人，9.3% 是非裔学生，10.4% 是拉丁裔学生，0.5% 是印第安人或阿拉斯加原住民，6.9% 是亚裔或太平洋岛屿原住民，其余为其他族裔学生。近一半的学生在城市地区就读，40% 的学生在城市地区或大城镇就读，还有 11% 的学生在农村地区就读。

与公立学校相比，私立学校的特点是学生素质较高，管理严格，环境优良，教学理念先进，家长满意度、学生学位潜力、标准测试成绩、毕业要求等都远高于公立学校。

美国私立教育协会称，私立学校培养学生的学术能力和成就能力，将年轻人置于完备的价值观系统中，帮助他们为日后在生活中取得成功做好准备。"如果您想为您的孩子提供一个充满关怀和挑战，同时也利于人格培养的安全稳定的环境——一个他或她能够心无旁骛地学习并取得成功的处所，请考虑我们的私立学校。"

第一，私立学校以其优秀的教学和管理水平而闻名。根据全国独立学校协会（The National Association of Independent Schools，简称 NAIS）的统计，私立学校学生的班级规模较小，平均教师与学生的比例为 1:11。较小的班级意味着更多的个体关注，相比于公立学校

---

① "Religious Orientation, 2015". NCES. https://nces.ed.gov/surveys/pss/tables/table_2015_04.asp; "Minority". https://nces.ed.gov/surveys/pss/tables/TABLE09fl.asp; "Urbanicity Type", https://nces.ed.gov/surveys/pss/tables/TABLE05fl.asp, 2019-3-15.

的 1:16①，教师能够给予学生更加悉心的关怀和帮助。私立学校致力于吸引每一个学生参与学业活动并激发他们的学习热情；教师希望学生能够取得优异成绩，而学生往往会达到这些期望。私立学校的学生在国家教育进展评价（NAEP）中的得分远高于全国平均水平。然而，2007 年教育政策中心开展的一项新研究对这一观念发起了挑战。这项研究认为，没有证据表明，在一切社会经济指标都相同的条件下，私立学校能提高学生的表现；即，在 NAEP 考试中取得好成绩的那些学生无论在私立或公立学校就读，都能取得优秀的成绩。在纠正所有社会经济指标后，教育政策中心认为，私立和公立学校的学生在标准化考试中得分差不多。天主教学校学生的表现略高于平均水平，但差异相当微不足道。

　　而私立学校真正与众不同的地方在于大学录取率和毕业率。NAEP 分数除了提供一组衡量学生成绩的直观数据外，还给出了一个长期衡量标准：大学学位的获取比例。评价报告指出，8 年级时上过私立学校的学生在他们 20 多岁时取得学士学位的可能性比他们来自公立学校的同龄人高出一倍（52% 对 26%）②。此外，私立学校的学生比公立学校的学生更有可能参加微积分等具有挑战性的课程——"因为私立学校更可能对他们有所要求"。具体而言，为了使学生更能适应进入大学后的学习任务，私立高中不仅要求毕业生修满公立高中要求的数学、科学、社会科、外语和计算机，还要求上完更多高等学科课程。

　　第二，私立学校保证学生有机会在多种多样的教学理念下茁壮成长。许多私立学校，特别是高中阶段的学校，为学生提供参加大多数公立学校所不具备的课程的机会。例如，在艺术私立高中，学生可以一半时间进行常规课程学习，另一半时间进行声乐或舞蹈训练；另外也为需要额外学术指导或学习技能上有所欠缺的学生制定特殊需求计划，提供体育类或者其他专门课程。在大多数公立学校，这些类型

---

① "FAQs about Private School". CAPE. http://www.capenet.org/facts.html, 2019-3-15.

② "Benefits: Good for Students". CAPE. http://www.capenet.org/benefits.html, 2019-3-15.

的特殊课程往往因为资金不足而受到限制或根本不存在。例如，由于预算不足，许多人口密集的城市和地区的公立学校学生每周只能参加一次艺术、音乐或体锻课。

许多私立学校丢弃了传统的课堂教学方式，尤其当对待年纪较小的学生时，不把他们拘束在一个正式的、严格的课堂上，进行正式的表现评分。贵格会学校采用一种将所有课程都围绕特定主题进行的教学方式：如果本周的主题恰好是海洋，那么本周的数学、英语、阅读和其他课程都将以海洋为基础，从各个方面展开。这为学生提供了一种有创造性、有新意的学习环境。这些类型的教学方法与公立学校实施的方法大不相同，公立学校必须为学生安排标准化考试。秉持着促进个性化和帮助多方面发展的核心准则，私立学校往往会回避标准化，拒绝传统评分，选择提供其他类型的反馈以帮助提高学生的表现。因此，教师们能够花时间培养学生的好奇心，同时建立终身的学习热爱。

第三，私立学校闪光的另一个领域是家长和学生的满意度。家长和学生通常会给私立学校打上高分，一家名为"公共议程"（Public Agenda）的纽约市研究机构发布过一份题为《薄冰》（"On Thin Ice"）的调查报告，该报告发现，居住在拥有私立学校的社区的人大多认为：私立学校"普遍提供比公立学校更好的教育"并且更好地"教授学术技能"和"维持纪律和秩序"。[①]

大多数关于低收入家庭学校选择的研究发现，送孩子上私立学校的父母对教育的各方面比公立学校的学生家长更满意。下表[②]列出了哈佛大学 2000 年关于华盛顿特区学校选择的报告中引用的数据，比较了在华盛顿特区申请私立学校和公立学校的两组低收入家长的态度。

然而，美国优质私立学校收取高昂的学费，有些大都市非宗教私立学校的学费堪比美国一流大学的学费。而且，除了学费以外，学生

---

① "Benefits: High Marks from Parents". CAPE. http://www.capenet.org/benefits.htm, 2019-3-15.
② "Benefits: High Marks from Parents". CAPE. http://www.capenet.org/benefits.htm, 2019-3-15.

还需缴纳经营费用，特别是在寄宿学校；如果再加上书费杂费、课外活动费、旅行费等，又不可避免地要添上一大笔支出。

表4 华盛顿特区对下列项目"非常满意"的家长比重（%）

项目	公立学校	私立学校
安全	20	60
教师-家长关系	29	55
教师技能水平	22	57
学校纪律	19	56
学术项目	17	56
学生对教师的尊敬度	26	50
教师对学生的尊敬度	25	51
道德价值观	20	52
学校目标明晰度	18	51
教职工配合程度	18	49
家长参与程度	19	47

据美国人口统计局有关2015年10月全国学校入学学生家庭的社会和经济状况调查，在年收入75000美元及以上并且有孩子就读学前教育至12年级的家庭中，11%的家庭把孩子送去私立学校，87%的家庭选择公立学校，剩下2%的家庭中既有在公立学校又有在私立学校上学的孩子。与2011年相比，私立学校的入学率有所下降。这表明，虽然众所周知美国私立学校的教学质量远胜于公立学校，但即使是富裕家庭也往往不能负担私立学校昂贵的学费。

表5 私立学校平均学费（美元）：2011—2012

学校	全部	小学	初中	K-12学校
所有类型学校	10740	7770	13030	13640
天主教学校	6890	5330	9790	10230
其他宗教学校	8690	7960	16520	8160
非宗教学校	21510	18170	25180	22440

资料来源：美国国家教育统计中心（NCES）

六、新型学校模式：特许学校、家庭学校、虚拟学校

为了迎接新技术革命的挑战，满足市场对人才的需求，提升教育质量，美国在20世纪80年代兴起了学校重建运动[1]。整个美国教育进行了大规模的综合性改革，教育参与行为人如学生、教师、管理者、家长和社区公民等的角色发生了重大转变；学校模式进行了重建，新型学校模式包括特许学校、家庭学校和虚拟学校等。

1. 特许学校

所谓特许学校是指创办者拟定一定章程，然后根据州及地方法令向有关部门提出申请，获得批准后，按照拟定的章程所建立的学校[2]。创办者必须与政府签订"特许状"（Charter）即合同，特许状的条款涉及课程、成绩测试、管理和财政计划等方面[3]。学校按照特许状即合同的条款办学，在法律上和财政上具有自治性质。

特许学校改变了以往学校由政府创办和管理的模式，是公民社会直接介入基础教育的一种全新模式。社区公民成了办学的主体，直接参与到中小学教育当中，因此特许学校最根本的性质是公民社会性。这种性质主要表现在公民的参与性、特许学校的自愿性以及非营利性。首先，公民的参与性是指社区公民可直接参与到基础教育当中，学校的创办人可以是任何人，学校的资金除了来源于政府之外也可以来自社会；其次，特许学校具有自愿性，家长和学生可以自由选择特许学校，教师可以不受学区规则的束缚，自由地开展教学活动；另外，特许学校一般而言是非营利性的，学生参加州里规定的考试入学，不用缴纳任何费用。少数学校也以营利为目的，但只有非营利性的特许学校才能接受私人团体的资助[4]。

---

① 王桂：《当代外国教育：教育改革的浪潮与趋势》，人民教育出版社，1995年，第329页。

② 杨慧敏：《美国基础教育》，广东教育出版社，2004年，第135页。

③ 卢海弘：《当代美国学校模式重建》，中山大学出版社，2004年，第72页。

④ "Charter School." National Education Association. http://www.nea.org/home/16332.htm, 2019-1-20.

特许学校的公民社会性使得特许学校既不同于传统的公立学校，也有别于私立学校，是独立于公立和私立学校体系之外的"第三类学校"，但特许学校同时又兼有公立和私立学校的特点，集公立和私立学校的优点于一身。作为公立学校的一种特殊形式，特许学校面向所有学生，不收取任何学费。但是不同于公立学校的是：第一，它的学生群体是择校学生，不需要经过政府分派；第二，办学主体可以是任何人，改变了公立学校由政府主办以及学校和董事会管理的模式，特许学校的教育服务直接由公民社会直接提供，并为办学结果负责，但接受政府的资金支持和监督，所以实质上仍然是公立学校。虽然与私立学校一样在课程安排与财政管理上都拥有极大的自主权，但特许学校接受政府资助和监督，私立学校则不然。总而言之，特许学校既有公立学校接受政府监督的特点，又具有私立学校办学自由的优点，是一种新型的学校模式，兼有公立学校和私立学校的优点，是公立教育系统中的半自治学校[①]。

这种新型学校模式首先由马萨诸塞大学阿默斯特分校的雷·布德（Ray Budde）教授于1974年提出[②]，之后美国教师联盟（American Federation of Teachers）主席阿尔伯特·山珂（Albert Shanker）接受了此办学理念，并于1988年呼吁建立"特许学校"[③]。特许学校的创办初衷，某种程度上是源于对传统公立学校工厂式教学模式的批判，旨在提供独立于公立学校的教育，建立新式的基础教育，另一方面又为传统公立教育提供了良好的竞争环境。自明尼苏达州于1991年颁布第一部特许学校法律以来，加利福尼亚州紧随其后，于1992年颁布了特许学校法律，紧接着各州纷纷效仿立法，特许学校受到了各界人士、社会以及政府的支持。2016—2017学年，42个州和哥伦比亚特区大约开办了6900所特许学校，学生人数达到了310万，在过去

---

① 卢海弘：《当代美国学校模式重建》，中山大学出版社，2004年，第79页。

② Kolderie, Ted. "Ray Budde and the Origins of the Charter Concept". Education Evolving. https://www.educationevolving.org/pdf/Ray-Budde-Origins-Of-Chartering.pdf, 2019-2-20.

③ Richard D. Kahlenberg and Halley Potter. "The Original Charter School Vision". *New York Times*. https://www.nytimes.com/2014/08/31/opinion/sunday/albert-shanker-the-original-charter-school-visionary.html, 2019-1-10.

的 15 年里增长了 15 倍[①]。

特许学校虽然实现了部分当初办学目的，如激发公立学校竞争、提升学生成绩等，但是前进的道路曲折，面临的挑战不断，如缺乏启动资金、不充足的运作基金、缺乏规范时间、不充足的设备、州或者地方的反对以及学区抵制或者管制等[②]，譬如仅 2015 年就有 270 家特许学校由于入学率低，缺少资金或者教学结果不达标而被迫关闭[③]。

2. 家庭学校

家庭教育是一种以家庭为基础、孩子为教育对象、家长为主要教育者的正规教育形式[④]。美国最高法院规定父母享有对子女进行教育的基本权利[⑤]。美国国家教育统计中心所给出的数据显示，2016 年总共有 169 万学生在家里接受教育[⑥]。

家长选择让孩子接受家庭教育的原因主要涉及以下三个方面。首先，家长对学校环境的担忧，校园暴行、枪杀案件、吸毒、酗酒、少女怀孕等问题都使得家长们认为学校已经不再是安全之地了；其次，许多学校提供的宗教理念与家庭宗教信仰相违背，家长因而选择将孩子留在家中接受教育以便亲自给孩子提供宗教和道德引导；再者，家长对学校教育质量的不满。其他的原因还包括有障碍的学生或者有天赋的学生需要个性化的教学。

对于家庭教育的课程，每个州的规定不尽相同，有的州需要提交课程表或者课程计划，有的州如得克萨斯州则不需要，但必须完成指定科目课程，还有的州如北卡罗来纳州则认为每个家庭学校都是一种类型的私立学校，因此给予每个家庭充分的自由和权利去选择适合孩

---

① "UFT Charter School." https://www.theuftcharterschool.org/about/history/, 2019-1-13.

② Paul E. Peterson and David E. Campell. *Charters, Vouchers, and Public Education*. Washington DC: Brookings Institution Press. 2001, p36.

③ "Charter Public Schools Serving 250,000 New Students in 2015-16". National Alliance for Public Charter Schools. https://www.publiccharters.org/press/new-closed-report, 2019-1-15.

④ 卢海弘：《当代美国学校模式重建》，中山大学出版社，2004 年，第 113 页。

⑤ "Home Schooling and the U.S. Constitution—FindLaw". Findlaw. https://education.findlaw.com/education-options/home-schooling-and-the-u-s-constitution.html, 2019-1-7.

⑥ Anderson, Melinda D. "The Radical Self-Reliance of Black Homeschooling". *The Atlantic*. https://www.theatlantic.com/education/archive/2018/05/black-homeschooling/560636/, 2019-1-9.

子的课程，对课程科目不做规定。

由于课程安排上的自主性，家庭学校具有许多传统学校所不具备的优势。首先，家庭教学针对性强，父母可以根据孩子的兴趣点开展教学，或者针对孩子的弱势学科进行有针对性的教学；其次，灵活性强，家长可以随时随地地进行教学，授课的时间、地点和内容都相对自由；再者，教学质量高，家庭学校法律辩护协会研究显示，在过去几年，接受家庭学校教育的学生学业优异[1]，许多接受家庭教育的学生被常春藤名校录取[2]，社会认可度在不断提高。

3. 虚拟学校

由于对现代学校教育沦为工业社会工厂的不满以及远程通信技术的发展，虚拟学校应运而生。虚拟学校又称为网络学校、电子学校或者网上学校，是指运用 Internet-Web 进行交互式教育过程的多媒体计算机网络系统[3]。该新型学校模式实现了科学技术与教学的最新的结合，能够重建教学过程，优化教学过程的各个要素，比如教师、学生、课程、时间、地点等。因不受时间、地点、人数和距离的限制以及直观、形象生动等特点，远程教育广受学生的欢迎。美国许多公立学校、私立学校以及家庭学校也开设了部分虚拟学校的课程，政府也提供了信息技术方面的支持，比如联邦教育部成立了教育技术办公室（Office of Education Technology），设立了教学网络信息网站（www. ed. gov/free）[4]。但另一方面，由于参加虚拟学校的课程，学习者无法与同学以及教师进行面对面的交流，导致缺少适当的社交，加之学生学习有效性也无法得到检测，虚拟学校反对之声不断。

---

① "HSLDA — Academic Statistics on Homeschooling". https://hslda.org/content/docs/nche/000010/200410250.asp, 2019-2-15.

② Distefano, Anna, Kjell Erik Rudestam & Robert J. Silverman. *Encyclopedia of Distributed Learning*. Thousand Oaks: Sage Publications, 2004, p.221.

③ https://en.wikipedia.org/wiki/Virtual_school, 2019-1-15；https://baike.baidu.com/item/%E8%99%9A%E6%8B%9F%E5%AD%A6%E6%A0%A1/7814381?fr=aladdin, 2019-1-15.

④ 王定华：《走进美国教育》，人民教育出版社，2004 年，第 259 页。

七、少数族裔基础教育情况

美国是一个种族和民族多样化的国家，美国人口统计局官方认可的6大种族分类包括白人（或称欧洲白人）、黑人（又称非裔美国人）、印第安人、阿拉斯加原住民、亚裔美国人、夏威夷以及太平洋岛屿原住民[1]。虽然法律规定人人平等，不管白人还是少数族裔都有受教育的权利，"布朗诉教育委员会"案以及民权法案都赋予每一个有色学生接受公共教育的权利，但平等地接受教育的机会并没有得到充分的保障，巨大的差距具体体现在学生成就[2]、特殊教育、辍学率、就业率[3]以及天赋/人才计划的入选率上[4]。

首先，少数族裔与白人学生的学习成就上的差距在K-12阶段体现明显，美国教育部2014年的数据显示：

- 4 年级阅读：82%的黑人学生、80%的西班牙裔学生、54%的白人学生、47%的亚裔学生不合格
- 4 年级数学：82%的黑人学生、74%的西班牙裔学生、46%的白人学生、34%的亚裔学生不合格
- 8 年级阅读：83%的黑人学生、78%的西班牙裔学生、54%的白人学生、46%的亚裔学生不合格
- 8 年级数学：86%的黑人学生、79%的西班牙裔学生、55%的白人学生、37%的亚裔学生不合格[5]

[1] Grieco, Elizabeth M & Rachel C. Cassidy. "Overview of Race and Hispanic Origin: 2000". United States Census Bureau. https://www.census.gov/prod/2001pubs/cenbr01-1, 2019-1-16.

[2] Ladson-Billings, G. "From the achievement gap to the education debt: Understanding achievement in U.S. schools." *Educational Researcher,* 35 (7), pp.3-12.

[3] Wald, J., & Losen, D. J. " Out of sight: The journey through the school-to-prison pipeline". In S. Books (Ed.), *Invisible Children in the Society and its Schools* (3rd ed.). Mahwah, Lawrence Erlbaum, 2007.

[4] Mattison, E., & Aber, M. S. "Closing the achievement gap: The association of racial climate with achievement and behavioral outcomes". *American Journal of Community Psychology*, 40 (1), pp.1-12.

[5] U.S. Department of Education. *National Assessment of Educational Progress (NAEP), 1990-2013 Mathematics and Reading Assessments*. Custom data tables. http://nationsreportcard. gov/reading_math_2013/#/executive-summary, 2019-3-1.

数据表明，除了亚裔学生之外，4年级与8年级的黑人学生与西班牙裔学生的阅读与数学不合格率均比白人学生更高。

其次，少数族裔学生往往落后于应就读的年级，美国教育部2012年的数据显示，黑人学生中16%的学生本应该就读6—8年级，但是这些人当中有42%比应就读的年级低了一级[①]。此外，少数族裔学生辍学率高，美国教育部2014年的数据显示，黑人学生的入学人数占据了全国入学总人数的15%，但是其中44%的学生被停学过两次，36%的学生被开除[②]。

最后，少数族裔学生就读学校条件较差，缺乏资金，教师素质低下，课程质量较低，资源也少。例如，2008—2009学年，在100个最大的城区里，99%的黑人、96%的西班牙裔、6%的亚裔、3%的白人小学生中有50%或者更多来自低收入家庭[③]。

少数族裔与白人学生之间的教育落差主要源于少数族裔家庭经济条件差，在抢夺教育资源上处于劣势，无法支付私立学校高昂的学费，因而缺少接受优质教育的机会。其次，父母受教育程度低，无法给孩子良好的学前教育，导致入学竞争力较低。再次，美国推行最不公平的分流制，即能力分组，导致少数族裔学生受教育年限缩短[④]。

为了改善以上少数族裔教育落差的现状，美国政府颁布了一系列法案和资助计划，如《肯定性行动计划》。《肯定性行动计划》又称《平权法案》，以1961年时任美国总统肯尼迪签署《第10925号行政令》（即《平权法案》）为标志，致力于推动政府和社会采取"肯定性行动"，来确保企业和招聘者能够以能力而非种族、信仰、肤色或者原

---

① U.S. Department of Education. *Civil rights data collection.* http://ocrdata.ed.gov/Downloads/CMOCRTheTransformedCRDCFINAL3-15- 12Accessible-1.pdf, 2019-3-1.

② U.S. Department of Education. *National Assessment of Educational Progress (NAEP), 1990-2013 Mathematics and Reading Assessments.* Custom data tables. http://nationsreportcard.gov/reading_math_2013/#/executive-summary, 2019-3-1.

③ McArdel, N., Osypuk, T., & Acevedo-Garcia, D. Segregation and exposure to high-poverty schools in large metropolitan areas: 2008-09. http://diversitydata.sph.harvard.edu/Publications/school_segregation_report.pdf, 2019-2-19.

④ 卢海弘：《当代美国学校模式重建》，中山大学出版社，2004年，第247页。

国籍去衡量求职者和雇员①。这对消除包括教育领域等社会各个方面长久以来的种族歧视发挥了重大作用，少数族裔的受教育情况得到了一定改善，例如，少数族裔可以聘用为教师，开展少数族裔特殊课程，增加少数族裔学生的入学机会，加大对少数族裔学生的财政资助，提高少数族裔学生完成学业的经济能力。法案还规定大学招生应当给少数族裔提供均等的机会，必须把种族因素也考虑进去②。此外，美国前总统小布什在2002年1月8日签署的《不让一个孩子掉队》法案对少数族裔学生的基础教育更是产生了重大积极的影响。各州通过对所有学生进行同样的评估和测试，缩小不同族裔和阶层的学生的学业成就差距。该法案要求学区和学校特别留心那些传统意义上关照不周的儿童，其中就包括大量的少数族裔的弱势群体学生③。这种特殊关照一方面体现在对学生测试语言的包容上，根据法案规定，对母语是非英语的学生，在前3年英语学习过渡期间，测试可以用非英语进行，个别情况下还可放宽至5年，美国本土学生则需要用英语参加测试④。

虽然政府采取了一系列改善少数族裔教育现状的措施，但这并不意味着他们受教育的现状有着巨大的改善。未来随着少数族裔入学人数不断增加，问题将会更加严峻。美国国家教育统计中心数据显示，2014年秋季，拉美裔、非裔、亚裔美国K-12学生在公立学校的入学率首次超过非拉美裔白人，达到50.3%⑤。根据美国人口普查局的预估，2043年，西班牙裔的高出生率以及白人出生率的下降，将会导

---

① Office of Equal Opportunity and Diversity. "A Brief History of Affirmative Action". http://www.oeod.uci.edu/aa.html, 2019-2-22.

② 刘宝存：《肯定性计划与美国少数民族高等教育的发展》，载《民族教育研究》，2002年，第51-56页。

③ U.S. Department of Education. "Charting the Course: States Decide Major Provisions Under No Child Left Behind". https://www.ed.gov/news/pressreleases/2004/01/01142004.html #elements, 2019-2-20.

④ "Native American Languages Act: Twenty Years Later, Has It Made a Difference?" Cultural Survival. https://www.culturalsurvival.org/news/native-american-languages-act-twenty-years-later-has-it-made-difference, 2019-2-19.

⑤ https://nces.ed.gov/programs/digest/d13/tables/dt13_203.50.asp, 2019-2-16.

致美国大部分居民为非白人[①]。非裔人口将稳步上升，亚裔人口将会在 2060 年时翻一番[②]。美国调查机构皮尤研究中心（Pew Research Center）预测，到 2050 年 17 岁以下的人群 34%将是移民或者父母一方是移民[③]。许多移民学生的母语并不是英语，而对于 K-12 阶段的学生而言，语言的掌握至关重要，是能否融入美国教育的关键，对教育形成最大挑战的将是语言的障碍。少数族裔学生将成为接受公立教育的大多数，这给美国教育带来的挑战不言而喻。

八、升学模式和择校问题

1. 升学模式

美国基础教育模式一般为 K-12，5 岁开始接受幼儿园教育，6 岁开始上小学，直到 12 年级高中毕业，整个阶段均属于国家义务教育。需要区分与注意的是幼儿园教育之前（pre-school）的托儿所（Pre-kindergarten）教育属于学前教育，是非义务教育。幼儿园教育一般为 2 年，小学教育 6 年，初中教育一般为 2 年，但有些地方是 3 年，高中教育一般为 4 年，有些地方是 3 年。

一般情况下，整个义务教育阶段都是自动升学，法律上规定了学校不能因为考试成绩差而拒绝学生升级。只有学生无故不参加考试，学校才能让学生留级[④]。同时，对于学习成绩不合格的学生，学校将在暑假或者学年内提供特别辅导和补课服务，费用将由纳税人出。学生可以根据学区就近就读公立学校，也可以自主申请私立学校。私立学校一般包括走读学校（Day School）、寄宿学校和教会办的私立学校。一般而言，私立学校学费昂贵，寄宿学校更是如此，但是教育质

---

① https://www.census.gov/newsroom/releases/archives/population/cb12-243. html, 2019-2-16.

② Maxwell. Lesli A. "U.S. School Enrollment Hits Majority-Minority Milestone." *Education Week*. https://www.edweek.org/ew/articles/2014/08/20/ 01demographics.h34.html, 2019-2-17.

③ Maxwell. Lesli A. "U.S. School Enrollment Hits Majority-Minority Milestone." *Education Week*. https://www.edweek.org/ew/articles/2014/08/20/ 01demographics.h34.html, 2019-2-17.

④ 王定华：《透视美国教育》，北京大学出版社，2012 年，第 174 页。

量和教师素质较高，一个班的人数相对地比公立学校少，能够给予学生特殊的、个人的关心和照顾。学校对学生素质和学业要求也更为严格，学生必须经过层层筛选方能被录用。学生成绩普遍优异，进入美国顶尖大学的比例远远超过公立学校的学生，因此私立学校是许多家长和学生优先选择的对象。

　　虽然整个义务阶段都是自动升学，但是优质的教育资源往往是有限的，想要在不同的求学阶段都就读名校，学生也面临着巨大的升学考验与竞争。相对于其他教育阶段的升学，幼儿园入学竞争相对温和。但是因为许多私立名校的年级设置多从小学学前班至高四，各校从学前班阶段就开始招收新生，绝大多数学生也都是从学前班开始一直上到高中毕业，若在"中考"阶段，外校初中毕业生想要插进这些私立名校读高中将十分困难。所以，进入私立名校最好的甚至唯一的时机就是争取进入该校的学前班。一些教育研究专家甚至将私立名校学前班称为"婴儿常春藤"，将它们比作学前班中的哈佛、普林斯顿和耶鲁[1]，有的专家甚至认为孩子要上"常春藤"，起点就是幼儿园[2]。为了能够一劳永逸地就读名校，虽然名额有限，家长们也都会积极申请。私立名校学前班招生时一般都会考查孩子本人的情况，孩子需要接受教育记录局（Educational Records Bureau）的测验，还需要参加面试。有的学校会照顾校友子女或在校生的弟妹，有的学校招生则无章可循。由于美国的幼儿园教育隶属于小学教育，类似于国内的学前班，学生可以一直就读到小学毕业再考虑升学问题。

　　小学升初中时，有些州比如纽约州，学生 5 年级的州考成绩会对学生初中入学后是上普通班还是优秀生班（又称 SP 班，代表着 Scholar's Program，Special Progress 或者 Special Program）造成直接的影响。与国内不一样，美国没有统一的大考来帮助学生们分配高中，普通公立高中与私立高中升学模式均有所不同。如果学生想上私立高中的话，8 年级一开始就必须陆续参加独立招生考试和其他的测

---

① 孙昂：《零距离看美国中学教育：从纽约中考到中国学生就读美国高中》，黑龙江教育出版社，2012 年，第 139 页。

② http://www.nytimes.com/2011/03/15/nyregion/15suit.html，2019-2-16.

试。对于升学对象为学区内的公立高中，必须事先登记注册。普通公立高中入学方式有如下几种：第一，根据学区录取，在美国多数地区，初中毕业生就近升入本学区的公立高中，即使是无家可归的学生，政府也会根据学生的"最佳利益"为其选择学校。第二，通过筛选录取，高中按照一定标准从报名的毕业生中挑选新生。各校的筛选标准各不相同，但几乎都十分看重数学、英语、科学和社会科四门主课的考试成绩以及数学和英语两门课的州考成绩。7 年级的州考成绩也是另外一项标准，其他一些常规的标准比如出勤情况也会考虑在内。有些学校除了提交申请材料外，还要求到校参加考试，提交 8 年级的成绩以及教师推荐信和个人作文等。有的学校还根据语言进行筛选，主要是录取母语不是英语的学生。当申请人数超过录取名额时，有的学校会采取摇号等形式或者自行制定标准进一步筛选。第三，根据教育选项方式（Education Option）进行招生，即按照一定的比例招收优等生、中等生与差等生等成绩不同的学生，继而混合编班。这类学校的教育理念是优秀的学生会激励后进的学生，申请这类学校对于学生而言，不确定性非常大。第四，不经筛选录取，一般而言，这类学校非常少，而且教育质量比较低，申请的人数并不多。私立高中在招生上享有自主权，招生方式也无章可循，没有统一的标准，有的学校需要面试、考试，还要提交在校成绩和推荐信。尽管高中招生制度不一致，但是多数学校要求学生参加一定的统一考试，一般有如下几种：中学入学考试（The Secondary School Admission Test，简称 SSAT），全美有600 多所私立学校接受 SSAT 成绩[1]，该考试每年举办 8 次，3 次面向美国学生，另外 5 次面向国际学生；独立学校入学考试（Independent School Entrance Examination，简称 ISEE），全美有 1000 多所学校接受该考试成绩[2]；其他小众的考试还包括天主教会高中入学考试以及合作入学考试等。

虽然升学模式各个州与地区相差较大，但是基础教育的考核方式

---

① 孙昂：《零距离看美国中学教育：从纽约中考到中国学生就读美国高中》，黑龙江教育出版社，2012 年，第 147 页。

② 孙昂：《零距离看美国中学教育：从纽约中考到中国学生就读美国高中》，黑龙江教育出版社，2012 年，第 149 页。

是统一的。2002 年起《不让一个孩子掉队》法案首次要求各州自行建立统一考试制度，考什么科目、什么时候举行考试、对哪个年级进行考试各个州可能都不尽相同，但是数学和英语，主要是阅读，几乎每个州都会涵盖，比如对小学、初中和高中各阶段至少一个年级的英语和数学两科进行一次全州会考，小学、初中和高中各阶段至少有一个年级每年考一次科学。考试成绩将会用来评估学校的教学质量，连续两年不达标的地方或者院校，将必须按照要求，采取措施，提高成绩，否则联邦教育部将会扣减联邦教育拨款[①]。试题由考试公司提供，考试的内容要全面，并且要反应州教育委员会审议通过的教学大纲。

具体而言，美国小学 2、3 年级开始接触正规考试，称为标准化考试（standardized test），考试内容包括英语阅读、词汇、拼写、文法等，一般都是以选择题的形式进行。8 年级将会进行升高中分班考试，决定学生上高中后的分班标准，考试内容包括英语、数学和作文。11 年级的毕业考试决定高中能否毕业，考试内容包括英语、数学、社会科、作文、讲演等。高中毕业前申请大学的考试有 SAT I、SAT II、ACT、PSAT 和 AP 等。SAT 为 Scholastic Assessment Test（学术能力水平考试）的简称，是由美国大学理事会（College Board）主办的一项标准化的、以笔试形式进行的高中毕业生学术能力水平考试。SAT 考试由美国教育考试服务中心（ETS）受权负责考试的命题和阅卷工作。考试总分为 1600 分，分为阅读（400 分）、文法（400 分）和数学（800 分）三个部分，另有总分为 24 分（阅读理解 8 分，文章分析 8 分，英语写作 8 分）的选考内容。SAT 的考试成绩自从 1941 年开始，一直作为申请大学的标准考试成绩。所以，SAT 成绩的好坏很大程度上是大学是否录取的重要参考因素之一。学生可以多次参加考试，选择最好成绩作为升学依据，避免一考定终身。ACT 为美国大学入学考试，由 ACT 考试委员会组织，主要考查学生的英语、数学、自然科学和社会研究等 4 个部分的知识和潜能。该考试主要针对申请大学的 11 年级学生，但实际上 7 年级学生就可以报名参加了。

---

① 王定华：《走进美国教育》，人民教育出版社，2004 年，第 68 页。

PAST 全称为 Preliminary SAT，是 SAT 的预考，也是申请大学的重要衡量因素之一。AP 课程（Advanced Placement）是高中生选修的具有大学一年级水平的考试，考试成绩为 1—5 等，成绩为 3—4 等可以普遍被大学接受，并且可以免修如微积分课及大一的物理课和生物课[①]。大学招生人员将申请学生是否参加了 AP 计划以及成绩如何作为是否录取的重要参考因素。

2. 择校问题

择校最早源于 1944 年的《退伍军人权利法案》。这是一个为退伍军人提供高等教育服务的法案，由政府提供资金，退伍军人自主选择高等教育机构接受教育。这是早期择校的典型形式，只是最初学生是退伍军人，学校是高等教育机构。1955 年美国经济学家、诺贝尔奖获得者米尔顿·弗里德曼（Milton Friedman）首次在《经济学和公共利益》一文中提出教育券理论，主张利用自由市场原则去改进公共教育，政府应该减少对教育的过多干涉[②]。该文指出正是因为政府对教育长期的垄断式干涉，学校缺乏竞争力，效率低下，教学质量有待提升。通过使用教育券，政府将每个家庭的教育经费直接发放到每个家长手里，既资助教育但又不直接提供教育。家长可以在符合政府制定的标准的学校中进行选择，家长利用教育券，获得了选择权；学生也可以自由选择学校，选择范围包括私立学校、公立学校、宗教学校以及非宗教学校等；学校同时也获得了自主权[③]。

择校是指美国的 K-12 公众教育选择权，其中涉及一系列的教育选择方案供家长和学生自由选择学校，不再局限于学生居住地所在的学区学校[④]。数量最多且参与学生人数最多的择校方案为奖学金税收抵免计划，个人和企业可以免除上交所得税，代之向非营利组织进行

---

① 陈屹：《诱惑与困惑：美国教育参考》，中国社会出版社，2001 年，第 57 页。

② Friedman, Milton. "The Role of Government in Education". https://www.edchoice.org/who-we-are/our-legacy/, 2019-2-23.

③ Friedman, Milton. "The Role of Government in Education". https://www.edchoice.org/who-we-are/our-legacy/, 2019-2-23.

④ https://en.wikipedia.org/wiki/School_choice, 2019-1-14.

捐赠，以帮助私立学校设立奖学金[1]。其他的资助方案还包括发放教育券，由特定消费性单位（如政府、教会、基金会、社团或私人）向适龄儿童家庭发放凭券，家庭持券为子女选择学校并用以支付学费等相关教育费用，学校再向集体性消费单位兑换与教育券面额等值经费[2]。根据来源不同，教育券可以分为公助教育券（Public Vouchers）和私助教育券（Private Vouchers）。私助教育券是由私人或者民间团体提供资助，公助教育券，根据资助的对象的不同，大致可以分为贫困学生教育券、特殊儿童教育券和失败学校教育券[3]。其他的择校形式还包括开放入学（Open Enrollment），旨在打破就近入学的限制，学生可以自由地选择学区外的公立学校入学，参与开放入学的学校叫作开放学校（Open School），有权招收非本学区的学生，这是美国目前非常普遍的一种择校方式。此外，还有磁石学校（magnet schools）、特许学校、虚拟学校、家庭学校教育、教育储蓄账户（education savings accounts，ESAs）以及教育税减免等。

事实证明，择校在某种程度上解决了家长、学生、学校最关心的问题。择校政策给了家长和学生自由选择学校的权利和机会，通过对弱势群体进行补偿，促进纳税人接受教育的公平性，实现教育机会均等；解决了公立学校的痼疾，如缺乏竞争力和市场活力，通过鼓励与加强学校之间的竞争来提高教育质量；重整了政府与教育市场的关系，政府只负责提供资金和准则，由教育市场进行运行，能够有效提升教育质量和效益。

九、主要问题和改革措施

1. 主要问题
暴力、辍学、学术水平低下、学校过度拥挤、教师空缺和许多其

---

① "School Choice Virtual Yearbook" (2014). Alliance for School Choice. https://web.archive.org/web/20140715002125/ http://www.createonline.com/Whats%20Inside.pdf, 2019-2-22.

② 周琴：《美国基础教育阶段的择校政策：公平、效率、自由选择》，人民出版社，2014年，第60页。

③ 失败学校教育券的发放对象为学校教育质量以及学生生源较差的学校。

他问题始终存在于美国教育中，特别是在公立学校中普遍存在。

2. 改革措施

20 世纪 80 年代，"大沟通者"里根当选总统，联邦政府不再关心在学校里消除种族隔离，而开始致力于保护每个公民而非少数族裔权利。里根明确表示，政府不再加大对公立教育的扶持力度，并提出取消联邦教育部；向私立学校学生家长实行教育退税；恢复祷告在公立学校的重要地位；还力图削减联邦教育经费。此期间教育领域的重要改革有：

祷告与道德教育：保守派抓住屡禁不止的校园暴力事件，大肆渲染不服管教的学生数量之大，同时职业教育家在这一问题上的努力全然徒劳无功。当时的教育部部长贝内特对大学教授们的宗教-教育分离论提出严厉指责，认为那是对宗教的不怀好意，是傲慢、偏激的，是有悖道德原则的。贝内特反对世俗的公立教育，认为它就道德培养而言不如以宗教为基础的私立教育，并坚持认为学校应当恢复祷告活动和道德教育。这一观点为他赢来了较激进的基督徒及其领袖人物的政治支持，为此，教育领域中开展了一场呼吁在宗教自由基础上加强道德教育的运动。

学费退税：政府越发支持私立学校，而公立学校因学术水平和安全保障上的无能屡屡受到抨击。择校计划——用国家分配给个人的公共教育基金为学生自由选择的学校（私立或公立）支付学费，相当于"将原本分配给公立教育的钱再分配给私立学校"[1]——被提上议程。这一政策得到了学术界权威的支持：它将教育领域市场化，通过供求关系来"实现学校的优胜劣汰"[2]。但美国教育的政治和人口数据统计决定了，这场运动即使进行得轰轰烈烈，也不至于威胁到公立学校的霸主地位。

家庭学校：在基督教保守派的支持下，家庭学校得到了蓬勃发展。

---

① ［美］韦恩·厄本、杰宁斯·瓦格纳：《美国教育——一部历史档案（第三版）》，周晟、谢爱磊译，中国人民大学出版社，2009 年，第 479 页。

② ［美］韦恩·厄本、杰宁斯·瓦格纳：《美国教育——一部历史档案（第三版）》，周晟、谢爱磊译，中国人民大学出版社，2009 年，第 480 页。

较激进的基督徒不满于公立学校的世俗化以及在这种世俗化的教育下逐渐形成的淡薄的道德感；他们希望能够教育孩子家庭和教会的道德观念，以阻断缺乏宗教熏陶和正规道德教育的世俗学校教育对孩子的影响。作为对这一运动的回应，很多人建议公立学校做一些变通，但结果双方未能相互妥协，越来越多基督虔信者家庭的孩子被从公立学校带回家中进行教育。

优异教育：里根时代推出的教育研究报告《国家处在危机中：教育改革的必要性》尖锐地指出美国教育的危机——美国高中毕业和进入大学的学术要求降低，学生在阅读、数学、科学等科目中远不及国际上其他竞争对手。于是，优异教育的倡导者建议恢复传统的教学和纪律，以及以教师为中心的教学方法，反对"他们认为是纵容性的以儿童为中心的教学策略"[1]，以此解决教育质量下降的问题。但在反对者看来，增加考试、回归基础课程和加强纪律等措施过于简单片面，无法解决真正的问题，且无益于更高层级学习能力的培养，更忽视了教育形势日益复杂多样的现实——学生的文化背景差异增大，不同的学生应有不同的学习方式，和十几年前或更早以前的传统教育已不可同日而语了。

随后，州教育改革的种种措施相继出台。20 世纪 80 年代初期第一次浪潮，作为对优异教育的回应，推出了一系列速见成效也较为容易的改革措施，主要的目的是为州内各学区和各州之间的比较提供直观的量化的评判标准；同时也加强了全国各州教育政策和实践统一化的趋势。然而，第一轮改革有一个非常显而易见的问题——种种标准化举措间接影响了各州学校具体的教学活动：通过学生的标准化考试成绩来确定教师的报酬有时会导致某些不良后果，比如舞弊泄题，以及在教学过程中用狭隘的模拟考试取代正常的知识传授，来训练学生得到高分；不仅仅教师的教学能力，连学生的创造力的发挥也受到限制，这就完全是本末倒置了。

---

① [美]韦恩·厄本、杰宁斯·瓦格纳：《美国教育——一部历史档案（第三版）》，周晟、谢爱磊译，中国人民大学出版社，2009 年，第 490 页。

第一轮改革浪潮还有一个重要结果——原先掌握在联邦政府手中的管理权从联邦政府转移到了州政府。繁冗的规章制度却没有像人们原先期望的那样得到简化，州教育部比起联邦政府有过之而无不及，在各地向学校横加的诸多限制性措施引起人们的极度不满。

于是，为了让学校真正地摆脱名目繁多的规章制度和自上而下的管理，20世纪80年代后期兴起了第二轮改革浪潮。教育部门试图采用因地制宜的管理方式来进行分权，将州政府对地方教育事务的控制权下放到以学校为主体的团队手中，鼓励家长、老师甚至学生参与决策。虽然因地制宜制度在专业教育界得到了广泛支持，但作为一种全新的自下而上的管理制度，它的成功与否仍然取决于地方教育管理者，老师和家长往往忙于各自的事务，无法参加学校的管理计划。最终这种新式的管理方式也没能长久地实施下去。

老布什除了延续里根时期的措施外，就教育问题推出了《美国2000年的教育战略》。该计划的主体部分基本上是以前讨论过的话题的重申，但计划核心中存在着一个"潜在的争议性观点"[1]——教育改革的关键在于必须制定国家标准。这一理念和保守的共和党人（甚至许多民主党人士）的观念截然相反，他们认为中央不应该干预地方政府对学校的管理。老布什对此类质疑的回应是：地方能够自愿决定是否实行这些标准，并不受强制规定。这一计划提出美国2000年的六大教育目标[2]：（1）所有学龄前儿童都已经做好入学的准备。（2）中学生的毕业率至少应提高到90%。（3）美国学生在4、8、12年级毕业时英语、数学、自然科学、历史和地理等有挑战性的课程必须合格。（4）美国学生在自然科学和数学方面的成绩居世界首位。（5）每个成年人都具有文化知识和在国际经济活动中的竞争能力。（6）每所学校都将成为无毒品、无暴力的场所，还将成为秩序井然而又富有浓厚学习氛围的园地。

---

① ［美］韦恩·厄本、杰宁斯·瓦格纳：《美国教育——一部历史档案（第三版）》，周晟、谢爱磊译，中国人民大学出版社，2009年，第495页。

② ［美］韦恩·厄本、杰宁斯·瓦格纳：《美国教育——一部历史档案（第三版）》，周晟、谢爱磊译，中国人民大学出版社，2009年，第496页。

一个明显的缺陷是：该计划并没有给出实现这些目标的具体建议。但总的来说，它还是受到了全国各州州长的拥护。

克林顿在《美国 2000 年的教育战略》的基础上增加了两项，并将其以法律的形式固定下来，但并没有实现实质性的进展。这仍然只是一个空洞的计划。

20 世纪 90 年代另一桩要事是州一级的"系统化"教育改革。全国州长协会的顾问科恩提出州政府可以通过"系统化"（或者"重组"）计划来实现对教育的控制；认为州政府只有控制了教育，才有可能真正改善州一级的教育情况。"系统化"要求州政府制定出一套全国或全州通用的量化的教育评估标准，并通过统一的考试制度来落实这些标准。[①]从标准化的方面来看，这一计划与《美国 2000 年的教育战略》并没有什么不同，创新之处在于该计划提出对表现优秀的学校及老师进行奖励，并对表现不足者进行惩戒。虽然"系统化"计划并没有免于沦为政客竞争的手段，但确有多个州在"系统化"的过程中取得了振奋人心的成果，教育水平比起改革之前有了长足的进步。

进入 21 世纪，小布什以得克萨斯州在 20 世纪 90 年代的改革为模型，推出《不让一个孩子掉队》法案。该法案于 2001 年获得国会通过，延续了联邦先前关于教育条款和预算的政策，此外实现了标准化考试制度化，以统一考试的成绩作为衡量公立学校教育水平的标准。老布什曾经提出的自愿采用国家标准的做法被废除，所有公立学校必须接受关于考试和奖惩的统一措施。但这样的做法带来了一些负面影响，学校和学生的优劣分化加剧，道德品行问题也没有受到应有的关注，"为考试而教"的投机取巧的教学方式甚嚣尘上。

十、美国知名基础教育学校简介

1. 惠尼中学（Whitney High School）

惠尼中学是一所初中和高中连读的公立学校，从 7 年级至 12 年

---

① [美]韦恩·厄本、杰宁斯·瓦格纳：《美国教育——一部历史档案（第三版）》，周晟、谢爱磊译，中国人民大学出版社，2009 年，第 506 页。

级共有 6 个年级，1000 多名学生，其中 75%的学生为亚裔，白人学生的比例仅为 7.3%。该校坐落于加利福尼亚州罗克林市，约含三分之二的亚裔[1]。惠尼中学创办于 1976 年，目前在加州公立中学中排名第一，曾多次获评"全美最佳中学"。在《美国新闻与世界报道》（*U. S. News & World Report*）杂志发布的 2016 年全美高中排行榜中，惠尼高中名列加州第一、全美第十九[2]。这些荣誉与惠尼中学学生优异的成绩密不可分，据悉惠尼高中的 SAT 成绩几乎比第二名高出近一个百分点，因此学校被冠以"世界上最佳大学预科公立学校"。

学生想要入读惠尼中学，须通过该校的入学考试。ABC 学区（洛杉矶郡的一个学区，总部位于喜瑞都）教育总监萧丽卿（Mary Sieu）向美国《世界日报》透露，过去 10 年来，每年春季加州标准测验后，惠尼中学会依据考试成绩招生，只有考分名列学区前四分之一的学生才有资格被录取。惠尼中学完全依靠加州全州每年春季实施的一系列标准化阅读与数学测验，通过测验成绩判定哪些人有资格进惠尼中学，依据的是一系列 STAR（Standardized Testing and Reporting，即标准化测验与成绩报告）的测验报告。

虽然该学校拥有一流的品质，但是只收取公立学校的费用，是一所自收自支的公立学校，没有任何特殊的经费[3]。学校教职工包括 76 名全职教师、10 名兼职教师、4 名管理员、4 名辅导员、1 名心理医生、2 名兼职语言治疗师、1 名罗克林市警局学生资源警官与 1 名大学升学与职业规划中心顾问[4]。

学校向高中生提供很多大学预修（AP）课程，为学生升大学特别是进入名校创造必要条件。优等生几乎百分百地选修了 AP 课程，而且多为四五门，课程包括经济学、人文地理、心理学、电脑科学、

① ［美］爱德华·休姆斯：《美国最好的中学是怎样的：惠尼中学成长纪实》，王正林、王权译，中国青年出版社，2009 年，第 173 页。

② http://qnck.cyol.com/html/2016-07/13/nw.D110000qnck_20160713_1-19.htm，2019-2-20.

③ ［美］爱德华·休姆斯：《美国最好的中学是怎样的：惠尼中学成长纪实》，王正林、王权译，中国青年出版社，2009 年，第 28 页。

④ Whitney High School Profile 2017-2018, http://whs.rocklinusd.org/documents/Main%20Page/Whitney%20High%20School%20Profile%2017-18.pdf, 2019-1-25.

微积分和西班牙语等。这些课程并非只是为了装点门面——课程完结后须进行测验，有时一天要考三四门。学校的教育理念是：让学生全面发展，所有学生必须掌握与标准匹配的内容，致力于学生个人的成长与教育的发展。每人至少完成 25 小时记录在档的社区服务，所有学生必须修满 250 个学分，才能高中毕业，必须包括如下学分分布：语言艺术——40、科学——30、数学——30、社会科学——35、外语——10、体育——30、科技——10、视觉/表演艺术——10、健康——5。①

和普通美国中学生开始尝试性、毒品和酗酒等不同，惠尼中学的学生尽量避免接触这些东西，过着一种类似于清教徒的生活。根据普利策新闻奖获得者爱德华·休姆斯驻惠尼中学一年所记录，在这所没有制服、没有统一规定的教案、没有零容忍政策②的学校里，学生们通常在早晨 6 点起床，一直学习到深夜，有人甚至到凌晨两三点钟才睡下。为了获得最高分为 4 分的平均成绩，学生们每天只有 4 个小时的睡眠，为了保持清醒，他们每天喝 4 杯咖啡③。可见美国名校的学习并非国内想象的那么轻松，非常具有挑战性。

学校官网：http://whs. rocklinusd. org/

2. 三一学校（Trinity School）

学校地址：（139 West 91st Street, New York, NY 100241326）

所在州：纽约（New York）

学校性质：男女合校（走读）

成立时间：1709 年

年级设置：PK—12

在校人数：999

师生比例：1 : 7

---

① http://whs.rocklinusd.org/, 2019-1-25.

② [美]爱德华·休姆斯：《美国最好的中学是怎样的：惠尼中学成长纪实》，王正林、王权译，中国青年出版社，2009 年，第 28 页。

③ [美]爱德华·休姆斯：《美国最好的中学是怎样的：惠尼中学成长纪实》，王正林、王权译，中国青年出版社，2009 年，第 25-143 页。

ESL 课程：无

AP 课程：14 门

学校网站：https://www.trinityschoolnyc.org/

简介：三一学校是美国最顶尖的走读学校之一，成立于 1709 年，当时的纽约还是英属殖民地区，律师威廉·哈德斯顿（William Huddleston）看到众多穷人家的孩子没有机会接受教育，于是请求英政府拨款，开设了一所向贫困子女免费开放的学校。与其他历史悠久的学校不同，三一学校最初是一所慈善学校。独立战争结束后，英政府撤资，学校经营出现困难。1825 年，为了维持正常运营，学校性质发生改变，变为私立学校，这次转变也为学校后来优质的英语教学打下了基础。到 19 世纪 80 年代后期，学校的捐赠资金不断增加，于是学校不断扩建，在西 91 街购买了几块土地，修建了一座漂亮的新校舍。1895 年，学生人数增加了 90% 以上。同时，位于西区大道和 87 街的圣阿加莎学校（Saint Agatha's）也开始施工。因为资金充裕，学校开始给家境困难的学生提供补助。在 20 世纪六七十年代，学校发展迅速。学生人数从 417 人增加到 589 人，学校的高中部开始男女同校，在 1975—1986 年期间，学校又相继建了一座剧院和一座艺术馆。学校 2009 年迎来 300 年校庆。几百年来，三一学校为美国培养了无数杰出精英，成为公认的最优质的私立走读学校之一。

学校地处繁华地段，坐落在纽约上西区，位于哥伦布大道和阿姆斯特丹大道之间的第 91 街。学校设施完备，除了教室，还有一座花园、一个屋顶运动场、两个屋顶网球场、一个餐厅、两个教堂、两个剧院、一个游泳池、三个游乐场、一个重量训练室、一个美术馆、两个图书馆和三个体育馆。

学校里 20% 的老师具有博士学位，其他老师拥有硕士学位。该校高中部开设许多经典课程，如：英语、历史、数学、古典音乐、现代语言、宗教、哲学、计算机、表演、视觉艺术等。同时学校拥有全美最强的拉丁语课程，超过半数学生学习拉丁语，每年有几十名学生参加全美作文竞赛并获奖。

课程设置：艺术史、微积分 AB、微积分 BC、法语语言文化、拉丁语、西班牙语言文化、统计学、生物学、化学、汉语语言文学、宏观经济学、西班牙文学等多门 AP 课程。

体育项目：越野、橄榄球、水球、网球、排球、篮球、游泳、摔跤（冬季）；棒球、曲棍球、田径、垒球、高尔夫、网球（春季）。

课外活动：阅读社、巧克力爱好者协会、黑人事务俱乐部、美食家俱乐部、爵士俱乐部、模拟联合国、舞蹈社、烹饪俱乐部、法国电影社、景观建筑社等。

留学费用：2018—2019 学年，K-11 年级 52235 美元；12 年级 52795 美元。

申请要求：ISEE 或 SSAT，托福。

3. 安多佛菲利普斯学院（Phillips Academy Andover）

安多佛菲利普斯学院在 1778 年由小塞缪尔·菲利普斯建立，位于美国马萨诸塞州安多佛，距波士顿只有不到 34 千米，从学校到安多佛小镇只需步行 10 分钟，地理位置优越。它是美国最早建立且现今还在运营的私立寄宿高中，是十校联盟之一，在全美排名数一数二，有着哈佛、耶鲁预前班之称。它秉持"Non Sibi（勿为利己）"的校训，美国《教育周刊》称其为"寄宿中学之中最精华的典范"，认为它"真正做到了在帮助学生为大学生活做好学业准备的同时全面塑造学生的人格"。

该校目前有 222 名教师，师资力量雄厚；1122 名学生，其中寄宿生 831 人，走读生 291 人。它为来自世界各地的青年学生提供教育机会，它的学生来自 49 个国家和美国的 44 个州或地区；更为低收入和中等收入的家庭提供财政援助，47%的学生能得到经济帮助。学校拥有丰富多彩的 AP 课程设置：共 18 个院系为学生提供近 300 门课程，核心课程满足开放式教育的需求，并包括选修课程以满足每个学生的兴趣。课余活动也毫不逊色：学校组织了 60 多个校队，20 多种体育活动、120 多个学生社团和 30 个社区参与项目。

安多佛菲利普斯学院是全美最富有的私人教育机构之一。根据 2008 年 5 月 1 日公布的数据，学校共计接收各类捐款 8.2 亿美元。

它致力于建立一个开放平等的社区，鼓励不同性别、民族、种族的学生相互尊重和理解；设立各种活动以促进学生领导能力、合作精神和服务水平的发展，同时加深对社会和自然的理解。

学生平均 SAT 分数为 2076 分，是全美平均成绩最高的学校之一。自 1840 年来，学校的传统是把学生送往耶鲁大学。近年来，随着学生数量的日益增多，学生流向开始出现多元化。哈佛大学、普林斯顿大学、宾州大学、斯坦福大学、哥伦比亚大学成为学校主要的学生去向。以 2004 年至 2009 年为例，这五年间安多佛菲利普斯学院分别向哈佛大学和耶鲁大学输送了 103 名及 74 名学生，向其他常春藤盟校输送了 320 余名学生，名校升学率超过 30%。

教学设施先进，校园占地约 2 平方千米，包括美国艾迪生画廊（12000 部作品）、罗伯特考古博物馆（展出的是美国本土艺术和史前古器物），奥利弗·温德尔·霍姆斯图书馆（藏书 101000 册）、一个占地约 26 万平方米的鸟类保护区、一个天文观测台、一个调频广播电台、埃尔森艺术中心、语言学习中心、校园卫生所、盖尔科学中心、音乐中心、咨询中心、大剧院、国际学生咨询办公室等。体育设施也相当完备：2 个曲棍球场、1 个游泳池、1 个跳水池、8 个壁球场、2 个篮球场、2 个舞蹈室、健身中心和摔跤室、2 间培训室、户外跑道、18 个运动场（包括人造草皮的室内球场）、18 个网球场、船库、室内跑道、室内网球场等。

安多佛菲利普斯学院在中国一直保持着很低的录取率。每年一、二月份都有在北京、上海、香港等地召开的面试。材料递交截止日期是 2 月 1 日，录取通知发送日期是 3 月 10 日。

学校官网：https://www.andover.edu/

第四章　高等教育

一、总体介绍

1. 概述

美国高等教育包括学术教育、职业技术教育、以及高中毕业后的继续职业教育。美国高等教育水平在国际处于领先地位，美国也在不断地推销自己的大学模式。美国高等教育首先是美国的，是在美国社会这一特定条件下创造出的，因而深刻体现着美国的特点。

首先，它体现出高度分散和独立的特点。根据联邦宪法，联邦政府将国家教育的管理权力下放给各州和地区政府，且高等教育机构自身也拥有相当程度的自治权。与中国存在政府创办的全国性大学不同，美国除少数的军事院校等外，没有联邦政府下设的全国性公立大学，而每个州几乎都有由州政府或当地出资创办的公立高等教育院校。其次，独特的高等教育制度，使各类高校在美国百花齐放，也使美国拥有世界上办学规模最大且最多样化的大学体系：既有公立性质的，也有私立性质的；既有大规模的，也有小规模的；既有普通学校，也有教会学校；它们或坐落于城市，或位于乡村，甚至偏远地区。多元化的体系与各级各类的学校满足了不同类型的学生，为他们提供了多元化的高等教育，也助于培养民主的公共文化。

美国高等教育界一直存在着这一理念：让所有愿意上大学的人都能读上大学。因此，上至联邦政府，下至各个大学，都有援助学生读书的财政政策，这些举措不仅吸引来自不同家庭背景、不同地区和国家的学生，还促进学术研究、学术交流，为社会源源不断地输送人才。

在《美国新闻与世界报道》杂志于 2018 年 10 月底公布的"世界大学排名"中，美国共有 46 所大学进入世界前 100 名[①]。

菲利普·G. 阿特巴赫（Philip G. Altbach）在其著作《比较高等教育》中引用美国著名教育社会学家马丁·特罗（Martin Trow）研究结果，指出美国在学生的入学人数、入学机会及其对社会所起的作用方面，发生了从"培养少数杰出人物"到教育"大众化"的理念转变，而美国也是第一个将高等教育制度"普及化"的国家。[②]尽管美国和大多数西欧国家的高等教育发展速度有所下降，但全球高等教育的发展趋势依旧是高等教育大众化。由于美国拥有强大的经济、政治和科技力量，也由于许多其他国家面临着美国曾遭遇过的类似的挑战，美国的革新思想仍是全球高等教育改革的重要源泉之一。美国的高等教育模式，尤其是其研究型大学的教育模式，在世界各地均有广泛的影响。

总体而言，美国研究型大学覆盖了全国的每一个州级区域，满足了各类经济发展水平的区域对高层次、研究型人才和科技创新的需要。具体来说，美国高校（主要是四年制高校）主要集中在东部以及西海岸，尤其是东北部地区汇集了较多的世界顶级高校，包括哈佛大学（Harvard University）、麻省理工学院（Massachusetts Institute of Technology）、哥伦比亚大学（Columbia University）等；而在西部地区，历史上的西进运动伴随着非英国移民大量涌入，加之科技教育的发展，研究型大学的数量按人口比例来讲并不落后，只是文理学院的数量相对较少。此外，西部地区的公立高校数量比私立高校更多，美国大学协会（Association of American Universities，简称 AAU）的西部地区高校中只有斯坦福大学（Stanford University）、加州理工学院（California Institute of Technology）、南加利福尼亚大学（University

　　① U. S. News. Best Global Universities Rankings， https://www. usnews. com/ education/ best-global-universities/rankings，2019-3-5.
　　② ［美］菲利浦·G. 阿特巴赫：《比较高等教育》，符娟明、陈树清译，文化教育出版社，1985 年，第 34 页。

of Southern California）和莱斯大学（Rice University）是私立的。[①]

美国国家教育统计中心（National Center for Education Statistics, 简称 NCES）于 2019 年 1 月发布的研究数据显示：近年来，全美高等教育机构数量自 2012 年涨至顶峰后呈现下降趋势。2012—2013 年全美符合《高等教育法》第四条有关学生资助规定且授予学位的高等教育机构共计 4726 所，其中四年制院校有 3026 所，二年制院校有 1700 所。截至 2017 年，高校总量已降至 4360 所，包括 2832 所四年制院校和 1528 所二年制院校。学生入学率的变化情况亦是如此。自 2010 年高等教育入学人数达至约 2159 万人后（其中授予学位的高校入学人数约为 2102 万人），美国高校入学人数于 2016 年底降至 2022 万人左右（其中授予学位的高校入学人数约为 1984 万人）。研究者分析，这一现象出现的主要原因在于国内出生率下降和国外高校竞争力提高而导致的赴美留学生减少。2011—2016 年，美国 44 个主要州中，艾奥瓦州的高等教育机构入学人数降幅最大（28%），原因在于州内私立营利性学校减少。而新罕布什尔州、爱达荷州、犹他州、特拉华州等六个州，由于私立非营利性学校增多，出现入学人数增长的情况。2016 年秋，入学人数最高的五所高等教育机构（包括远程教育与私人教育）分别为凤凰城大学（University of Phoenix，约 13 万人）、西部州长大学（Western Governors University，约 8.43 万人）、常春藤技术社区学院（Ivy Tech Community College，约 7.89 万人）、大峡谷大学（Grand Canyon University，约 7.58 万人）和利伯缇大学（Liberty University，约 7.58 万人）[②]。但值得注意的是，2010 年后全国高校入学人数下降主要出现在本科学生中，而研究生入学人数有所上涨，这为社会提供了更优质的人力资源，从而有效推动美国经济、政治、文化的发展。

---

① U.S. News. Best Colleges, https://www.usnews.com/best-colleges, 2019-2-13.

② Snyder, T.D., de Brey, C., Dillow, S.A.：*Digest of Education Statistics 2017*（NCES 2018-070），2019, pp.379-381.

表6 2010—2017 年美国授予学位的高校数量及入学人数变化

年份	高校入学总人数	授予学位的高校入学人数			授予学位的高校数		
		（总计）	（公立）	（私立）	（总计）	（四年制）	（二年制）
2010-11	21,591,742	21,019,438	15,142,171	5,877,267	4,599	2,870	1,729
2011-12	21,573,798	21,010,590	15,116,303	5,894,287	4,706	2,968	1,738
2012-13	21,148,181	20,644,478	14,884,667	5,759,811	4,726	3,026	1,700
2013-14	20,848,050	20,376,677	14,746,848	5,629,829	4,724	3,039	1,685
2014-15	20,664,180	20,209,092	14,654,660	5,554,432	4,627	3,011	1,616
2015-16	20,400,164	19,988,204	14,572,843	5,415,361	4,583	3,004	1,579
2016-17	20,224,069	19,841,014	14,582,972	5,258,042	4,360	2,832	1,528

资料来源：美国国家教育统计中心官网 https://nces.ed.gov/programs/digest/d17/tables/dt17_303.20.asp 和 https://nces.ed.gov/program/digest/d17/tables/dt17_317.10.asp

在专业设置方面，美国高校的专业范围广，包括政治学、经济学、历史学、哲学、生物学等大类；此外，众多高校鼓励学生辅修第二专业或攻读两个学位。丰富的专业设置和灵活的学制有助于培养多方面发展的综合型人才。2005—2016 年，全美专业学位、学士学位、硕士学位和博士学位的授予数量均有所增长，其中，2015—2016 学年，授予学士学位和硕士学位最多的是金融学相关专业，而博士学位授予最多的领域是健康学相关专业。尽管美国高等教育学历人数增长，但有学者研究发现，近年公立学校的学生完成学业的时间有所延长，原因为学生学业表现不佳、学校资源减少等。

美国高等院校的教师与我国相仿，分为教授、副教授和助理教授或讲师三级。教师的选拔实行在全球范围内公开招聘，确定人选后与所在系的全体教师见面并做演讲。截至 2016 年秋，白人教师占 78%[①]。由于高校师资来源广泛、竞争激烈，高校普遍实行终身教授制度和"不升即走"的教师流动规定，这便使美国高校的教师队伍能够一直保持高质量、高水平，且能不断整合新资源，保证人才流动的良性循环。

2. 高校质量认证和评估[②]

美国是世界上最早开展教育评估的国家，自 1817 年纽约州出现大学评议会这样的民间评估机构以来，美国高等教育质量认证不断完善，影响深远。它是美国高等教育中用于确保高等教育机构在学术、管理和相关服务方面达到并保持质量和信用的最低标准的过程。它基于学术自治原则开展，高校以及院校内单位均参与评审。评审方由机构和特定学科的学术专家组成，他们制定成员标准，对评审对象进行评估。与其他诸多国家不同，美国联邦政府以及教育部无权认证高校和专业学科、决定教育标准。其在认证过程中发挥的作用仅限于研究、统计、广泛的政策领导，以及协助认证机构批准接受联邦资助的院校和学生。

现存的认证机构分为两类，一类对高等教育机构进行认证，一类对专业学科进行认证。

前者可细分为地区认证机构和国家认证机构：地区认证机构鉴定提供各种学科指导、开展本科生和研究生教育的研究型大学；国家认证机构则鉴定专业院校，如专门的法学院、神学院、医学院等。这两种认证机构的认证标准涉及学校使命目标、领导、行政管理水平、服务水平、经费状况等院校背景相关的内容。评估过程可参考美国中部州高等教育委员会（Middle States Commission on Higher Education）的高校质量认证说明[③]。其认证过程为：院校申请接受认证；院校撰写自评报告，并向内外部成员和评估委员会阐述；评估委员会任命学

---

① Snyder, T. D., de Brey, C., Dillow, S. A.: *Digest of Education Statistics 2017* (NCES 2018-070), 2019, pp.381.

② U. S. Department of Education. Accreditation and Quality Assurance. https://www2. ed. gov/about/offices/list/ous/international/usnei/us/edlite-accreditation. html, 2019-2-13.

③ 美国中部州高等教育委员会：《美国高等教育质量认证与评估》，谢笑珍译，北京大学出版社，2013 年，第 156 页。

术同行团队,对院校提出建议;院校书面回复来自评估委员会的认证报告;团队主席向评估委员会提交保密陈述,包括团队报告和建议;评估委员会仔细评审院校自评报告、团队报告、院校的书面回复,以及团队主席对委员会的建议摘要;在所获信息的基础上,委员会全体成员采取正式认证行动。认证期间院校需要继续自评,斟酌自评结果以及来自评估委员会的建议,以不断提高自我,维持良好声誉。经其认证的院校才能得到美国教育体系的认可和来自联邦的资助。

对专业学科进行认证的机构则对接受过高等教育机构认证的院校进行专业学科的鉴定,以确保这些院校的专业教育达到各州要求。这些机构为美国高等教育制定专业鉴定政策、准则和程序,其认证标准包括师资、课程设置、学生学习等体现教育绩效的内容。部分国家认证机构既鉴定专业院校,又鉴定专业学科。历史上,专业学科认证主要是学校自身为提高质量而进行的评估,州设立的机构不介入认证过程。但近年来,大多数州开始参与其中,重新配置资源,使专业学科的教育更合理,以适应国家对人才的需求。

联邦政府和州政府都承认认证过程是确保高等教育机构和专业学科合法性的有效机制。由一个公认的认证机构进行的高等教育质量认证与评估,相当于我国高校的部长级认可。

3. 联邦政府资助体系

据统计,美国有一半以上的大学生曾接受过不同类型的学生资助,每年用于学生资助的经费高达数百亿美元,其中来自联邦政府的资助占主导地位。1965—2017 年[①],美国联邦的教育预算资助(Federal on-budget funds for education[②])涨幅约 488%。2017 年,联邦的教育预算资助约 2284 亿美元,其中投入高等教育的资金约 1010 亿美元。[③]

---

① 按财年计,美国政府财年是从每年 10 月 1 日到次年 9 月 30 日。

② 预算资助包括与政府拨款挂钩的联邦教育资助,不包括美国卫生和公共服务部的医疗保险下的联邦医疗教育福利支出.

③ Snyder, T. D., de Brey, C., Dillow, S. A.: *Digest of Education Statistics 2017* (NCES 2018-070), 2019, pp.631.

　　美国的高等教育资助分为两类。一类以学习成绩为基础（可能考虑学生的资金需求），称为奖学金（scholarship），通常奖励给那些具备特殊技能和学术能力的学生。联邦政府颁发三大奖学金：罗伯特·C.伯德荣誉奖学金（Robert C Byrd Honors Scholarship）、全国科学基金会奖学金（National Science Scholarship）和保尔·道格拉斯教师奖学金（Paul Douglas Teacher Scholarship）[1]。另一类主要以需求为基础（也考虑学生成绩），包括助学金（grant）、贷学金（education loan）和"联邦工读计划"（Federal Work-Study Program）。

　　"佩尔助学金"（Pell Grant）是美国最早且规模最大的联邦助学金，该助学金主要考虑学生在联邦政府助学金免费申请（Free Application for Federal Student Aid，FAFSA）中的家庭预支额度（Expected Family Contribution，EFC），其资助目标是促进高等教育机会均等。"联邦补助教育机会助学金"（Federal Supplemental Education Opportunity Grant，FSEOG）的资助对象是联邦政府助学金免费申请结果显示为极困难的学生，即只有最贫困的学生才能获得。一般来说，接受"联邦补助教育机会助学金"的学生同时还接受"佩尔助学金"。另外还有"学院和高等教育教师教育援助助学金"（Teacher Education Assistance for College and Higher Education，简称 TEACH），该助学金要求学生参加某些课程（在特定地点参加特定工作）才能获得资助。

　　为了支付教育费用，学生或家长可申请贷学金。与奖学金和助学金不同，该类资助要求学生支付利息。联邦政府推出的贷学金包括联邦学生贷款（Federal Student Loan）、联邦家长贷款（Federal Parent Loan）和直接补贴贷款（Direct Subsidized Loan）。

　　联邦学生贷款是联邦政府直接向学生发放、学生负责偿还的贷款。这种贷款利率较低，无须信用支票或其他类型的抵押品，且较好地回应了学生的财政情况，提供多种延期还款计划。属于该类型的贷学金有"帕金斯贷款"（Perkins Loan）和"斯坦福贷款"（Stafford Loan）。

---

① 杨国洪：《大学生资助体系的国际比较与借鉴》，中山大学出版社，2013年，第175页。

前者的资助对象是家庭经济最困难的学生，由政府出资，学校操作。学生上学期间的利息由政府支付，还款期间的利息率为5%，学生从毕业后的第十个月开始还款，还款期限为十年。后者的资助对象是有经济需要的学生，由商业银行提供有贴息贷学金和无贴息贷学金。

对于那些依赖父母资金的学生，可选择联邦家长贷款。该类贷学金允许父母获得学生贷款，用这些贷款支付教育费用并偿还。"本科生家长贷款"（Parent Loan for Undergraduate Students，简称PLUS）是针对本科生推出的、政府担保的资助项目。拥有良好信贷记录的本科生家长可到指定商业银行申请借贷，且利率不超过9%。

直接补贴贷款是最受欢迎的贷款项目，因为它除了需要入学和财政证明外，几乎没有其他要求，但可贷额度由学校决定。其允许学生有六个月的宽限期，即学生可在离开学校六个月后才开始还款。在某些情况下，这类贷款还提供延期还款计划。

"联邦工读计划"鼓励在校大学生和业已毕业的大学生通过参加校内外劳动或社会服务获得联邦资助或偿付大学学费。该资助项目由政府出资，学校管理。学生参与工作后获得不低于"最低工资标准"的工资。

联邦政府规定，资助学生必须有大量的财政需求才有资格获得基于需求的资助。学生免费申请联邦政府助学金后，教育部计算出该学生的家庭预支额度。若这个数字低于学生的教育费用，可获得来自联邦政府的资助。除了联邦政府，美国大学生接受资助的来源还有州政府、高校和慈善机构。种类繁多的资助项目显著增加了学生接受资助的机会，确保学生能够更好地接受高等教育。

二、美国高等院校分类

目前，美国高等院校的分类标准众多，主要依据学术水平进行分类，也可根据院校性质将其划分为公立院校和私立院校。其中，存在部分以营利为目的的私立院校，但大多数私立院校属于非营利性院校。一般来说，私立非营利性院校的学费普遍高于公立院校。美国国家教育统计中心的调查显示，2016—2017 学年公立院校的本科生平均费用（包括学费、学杂费、住宿费、伙食费）为 17,237 美元，私立非营利院校则为 44,551 美元。[①]

根据院校层次类型和所授学位，美国高等院校可分为二年制专科院校和四年制本科院校。其中，二年制专科院校为社区学院（又称初级学院或短期大学），优秀者经一定程序可转入四年制本科院校相应年级。四年制本科院校包括研究型大学和文理学院：前者以培养研究生为重点，后者则关注本科生教育。二年制专科院校一般在两年制的教育后授予学生准学士学位，或提供四年制本科教育的前两年课程。四年制本科院校一般提供四年制的本科教育，而后授予学士学位。值得注意的是，由于美国高等院校普遍实行学分制，且存在部分学生边学习边工作的情况，因而二年制专科院校的学生不一定两年毕业，四年制本科院校的学生也不一定四年毕业。本节主要介绍美国的研究型大学、文理学院、社区学院。

1. 研究型大学（Research University）

顾名思义，研究型大学是以学术研究为重点的教育机构，提供本科生教育和研究生教育。1900 年美国大学协会的诞生，是研究型大学这一大学群体正式被认可的标志。美国卡内基教学促进基金会（The Carnegie Foundation for the Advancement of Teaching）首次提出高等教育机构分类（A Classification of Institutions of Higher Education），为包括研究型大学在内的美国各类大学和学院制定了分类标准。此后，卡内基教学促进基金会分别于 1973、1976、1987、1994、2000、2005、2010、2015 和 2018 年对美国高校的分类标准进行了修订，高校类型也在发生改变。[②]根据这一分类法，一所院校成为研究型大学的前提之一是该大学授予硕士学位。研究型大学授予的硕士学位包括文学硕士、理学硕士、工商管理硕士、艺术硕士等。2018 年卡内基高等教育机构分类的调查数据显示，目前美国有 130 所研究型 I 类大

---

① Snyder, T. D., de Brey, C., Dillow, S. A.: *Digest of Education Statistics 2017*（NCES 2018-070），2019, pp.58.

② 2015 年，卡内基教学促进基金会取消了研究型大学（Research University）这一分类。

学、131 所研究型 II 类大学、以及 161 所研究型 III 类大学授予博士学位①，这些大学的入学标准以及对待学术研究的严格程度各异。

由于历史原因，一些院校的名字保留了"学院"二字，比如达特茅斯学院（Dartmouth College）、威廉与玛丽学院（College of William & Mary）、查尔斯顿学院（College of Charleston）等。研究型大学的不同单位被称为学院（college）或学校（school）。部分研究型大学下设专业学院，包括新闻学院、商学院、医学院、法学院、兽医学院、药学院等。一些研究型学院的不同组成单位则被称为系（department）。

美国研究型大学的管理体系大体上是分散的。除了美国军官学校和参谋学院，公立院校由各州管理，联邦政府不直接进行管理。尽管如此，部分院校接受联邦政府拨款，且必须采纳并实行联邦政府提出的药物防治计划。各州扶持至少一所州立大学。加利福尼亚州实行三大公立大学系统：加利福尼亚大学系统（University of California，10 所）、加利福尼亚州州立大学系统（California State University，23 个校区）和加利福尼亚州社区大学系统（California Community Colleges System，112 所）。通常来说，公立研究型大学拥有庞大的学生主体，其预科班就有上百个，一些本科课程由研究生教授。

同时美国也存在许多私立研究型大学，其中多数是非营利性的。有学者将目前美国私立研究型大学分为以下两种。

第一类为学术排名居于全国前列的大学与学院。包括 1776 年（美利坚合众国正式成立）前创办的哈佛大学（Harvard University）、耶鲁大学（Yale University）、普林斯顿大学（Princeton University）等常春藤大学；以及美国南北战争前后成立的斯坦福大学（Stanford University）、芝加哥大学（The University of Chicago）、麻省理工学院（Massachusetts Institute of Technology）等。这些学校的学费普遍较高，入学竞争激烈，学生淘汰率高。

第二类为教会下属的私立大学与学院。这些学校绝大多数是在

---

① Wikipedia. List of Research Universities in the United States. https：//en. wikipedia. org/wiki/List_of_research_universities_in_the_United_States，2019-2-14.

19世纪20年代后创办的，它们的办学水平差异较大，学生与教师大多是教会成员。这类学校包括克拉克大学（Clark University）、波士顿学院（Boston College）等名牌大学，也有教会团体创办的学院。①

美国的研究型大学对国家的经济、社会和科学技术的发展意义重大。纵观美国的高等教育发展历史，美国研究型大学的发展和改革影响着全球高等教育制度的发展。它们是美国培养高级人才的战略基地，同时也是主要的创新基地。

2. 文理学院（Liberal Arts College）②

文理学院又称博雅学院，是美国四年制本科院校的种类之一，奉行博雅教育，以本科院校为主，颁发文理科学士学位。尽管全美高校越来越重视学生主动参与科研项目，文理学院仍然推行传统经典的互动式教学，鼓励教师与学生保持高度互动的亲密关系。因此，不同于研究型大学，文理学院的教师皆为全职教师。尽管"不发表论文就灭亡"（publish or perish）的模式似乎仍适用于文理学院的教师们，但比起保住终身教职，他们将教学置于更高的地位。此外，文理学院不刻意强调单一的职业技能，而是注重全面综合教育，强调开发学生的思维潜能。与以学术研究为核心的研究型大学和以就业为指导的各种专业院校、技术高校不同，文理学院的课程门类众多，包括宗教、哲学、文学、数学、自然科学、心理学、社会科学等。其重点培养学生的批判思考能力和表达交际能力，这为学生未来的职业选择与发展提供了众多可能。也正是出于这一目标，学校在招生时并非只考虑学生的成绩，同时也看重他们的综合素质。一些非数据资料，如申请者的推荐信、申请文书、课外活动资料等，在学生申请文理学院时会成为除学生成绩以外的重要参考。

对多数美国人而言，文理学院意味着小规模。其"小"在于学生数量少，一般在1000到2500人之间；此外，学校规模也普遍较小，

① 王定华：《美国高等教育：观察与研究》，人民教育出版社，2016年，第25—26页。

② 本节参考 Wikipedia. Liberal arts colleges in the United States. https://en.wikipedia.org/wiki/Liberal_arts_colleges_in_the_United_States 和 ThoughtCo. What Is a Liberal Arts College? https://www.thoughtco.com/what-is-a-liberal-arts- college-788437, 2019-2-14.

区别于大多学生住在校外且为非全日制的研究型大学和社区学院，多数文理学院的学生寄宿在校内，且为全日制学生。正是由于这些特点，很多文理学院，尤其是一些老牌的私立文理学院，往往以高质量的本科教育著称。这也使其学费较高，超过了一般家庭的承受能力。这也催生了公立文理学院。一些地方政府在原有的公立学校的基础上扩充建立了面向大众、保留传统文理学院特色的公立学院，如北卡罗来纳大学阿什维尔分校（The University of North Carolina at Asheville）、新泽西拉马波学院（Ramapo College of New Jersey）等。按理说，公立文理学院的经费主要来源于州政府拨款，即政府的财政税收，然而各州政府往往紧缩教育拨款，这导致学校的资金预算主要来源于学费等教育收入。公立文理学院的学费低于私立文理学院，对州内学生而言更是如此。但是，由于私立学校提供较高额的助学金和免贷款的资金扶持，对中等收入家庭的子女而言，优秀的老牌私立文理学院甚至比公立文理学院的费用更低。此外，比起资金充足的名牌私立文理学院，公立文理学院的学生规模较大，因此教育质量较低。即便如此，公立文理学院仍可与第二档次的私立文理学院媲美。不过总体而言，美国的文理学院以私立学校居多。

文理学院遍布全国，主要集中在新英格兰地区和中大西洋地区。在全美的文理学院中，马萨诸塞州的威廉姆斯学院（Williams College）和阿默斯特学院（Amherst College）名列前茅，宾夕法尼亚州的斯沃斯莫尔学院（Swarthmore College）和马萨诸塞州的韦尔斯利学院（Wellesley College）紧随其后。这些学校入学标准严格，每年录取率不及 20%。

正如前面所提到的，美国的文理学院各具特色，一些学院还创新课程。比如马萨诸塞州的罕布什尔学院（Hampshire College）以其开放、灵活的课程闻名，学生的学业成绩判定来自教师的书面评价而非具体的数字；科罗拉多学院（Colorado College）推行"一次一课"，学生会在三四周的时间里只上一门课；斯贝尔曼学院（Spelman College）则是一所为黑人女性开设的老牌文理学院。

3. 社区学院（Community College）[①]

在美国，社区学院也被称为初级学院、两年制专科学校、技术学院或城市学院，提供较低水平的高等教育，即继续教育。其通常授予学生结业证书、毕业证书和专科学位。相较于文理学院或研究型大学，社区学院的入学门槛更低，在授课时间、教育费用、地理位置等方面的要求也更低。由于其学习成本较低（通常为公立研究型大学的三分之一、私立研究型大学的十分之一），社区学院受到很多学生的青睐。部分学生为节省教育成本，选择就读社区学院后再转入四年制的文理学院或研究型大学，经过两三年的学习获得学士学位。但目前很多文理学院和研究型大学为优秀的贫困学生提供资金支持，导致社区学院的教育成本甚至高于部分文理学院或研究型大学。

对于生活在 20 世纪 70 年代以前的美国人来说，社区学院通常指初级学院，这一说法至今仍被一些学校沿用。但值得注意的是，现在"初级学院"往往指私立的两年制高等教育机构，而"社区学院"则指公立的两年制高等教育机构。社区学院主要从各社区招生，资金来源于当地税收。它们也会与当地企业合作，比如纽约城市大学拉瓜迪亚社区学院（CUNY-LaGuardia Community College）重视合作教育，开设"通向企业之门"课程，既安置学生到企业实习，又为在岗职工提供培训，开办与工作有关的研讨班等，实现了学校与当地产业的双赢。对校方而言，合作教育的开展使学校能够获得来自企业的资助，也使学校能够更好地了解企业的需求，以便及时改善课程，使学生更好地适应社会的需求，参与更灵活、与社会联系更紧密的社会实践；对企业而言，它们可以从合作中寻找理想的员工，缩短新员工的实习期，也为在岗职工带去有实效的职业训练。

不同于奉行寄宿制和全日制的文理学院，社区学院不提供学生宿舍，在这里就读的学生也都是非全日制学生。其教育安排灵活，每天的不同时段都有排课，方便各种类型的学生选课。这一特点也使得社区学院拥有较少的学生组织，学生与学生、学生与教师间的关系也不

[①] 本节参考 ThoughtCo. What Is a Community College? https://www.thoughtco.com/what-is-community-college-788429，2019-2-15.

如文理学院那般亲密。目前有很多社区学院进行了改革，剔除校名中的"社区"二字，摇身变为学院，提供四年制教育，授予部分学士学位。比如原来的贝尔维尤社区学院（Bellevue Community College）如今变为贝尔维尤学院（Bellevue College），原来的西雅图中央社区学院（Seattle Central Community College）现在名为西雅图中央学院（Seattle Central College）。

社区学院注重迎合社会需求，因而得到了来自社区、民众和用人部门的欢迎。这些社区学院的课程设置多样，比如开办中学教师培训班，义务为本地基础教育服务；开办"少年大学"，为中小学生提供暑假感受"高等教育"的机会；也有的开办"老年大学"，只要申请者年满 60 岁就能参与。有的社区学院有不同校区，各校区有各自的管理层、教师、辅导员、图书馆、财政服务系统和各自服务的社区。同时，各校区间能够资源共享，取长补短。[①]对于社会而言，社区学院为民众获得高等教育提供更大的可能，它们也推动了各区域的社会经济发展，是政府为公民提供平等受教育机会的重要体现。

三、私立大学

1. 殖民地时期——私立大学的创办

美国独立以前，整个殖民时代的教育有一个特点，即完全是英国教育的移植，教育具有鲜明的阶级性，高等教育基本上为统治者及大资产者的子女享有，白人及有色人种的工农群众子弟大多不读书，或只能在家教活动中和简陋的初等学校学习一点知识，高等学校完全是私立的，并且主要控制在教会手中。这时的大学主要是仿照英国的牛津、剑桥大学而设立的，美国最早成立的大学是 1636 年创办的哈佛学院（Harvard College），也就是今天哈佛大学（Harvard University）的前身，1701 年创办的耶鲁学院（Yale College）也就是今天的耶鲁大学（Yale University）的前身，到 1776 年美国脱离殖民统治独立以

---

① 王定华：《美国高等教育：观察与研究》，人民教育出版社，2016 年，第 21-22 页。

前，美国一共成立了九所大学。它们是：哈佛学院、威廉与玛丽学院、耶鲁学院、新泽西学院（后来的普林斯顿大学）、国王学院（后来的哥伦比亚大学）、费城学院（后来的宾夕法尼亚大学）、罗德岛学院（后来的布朗大学）、女王学院（后来的新泽西州立-罗德格斯大学）和达特茅斯学院。[①] 创立这些大学的主要动机是宗教，其目的在于培养具有高深学问的传教士、教会工作者和虔诚于宗教的政府官吏。九所大学基本由教会开办，主要课程有拉丁文、希腊文、希伯来文、《圣经》（Bible）学、伦理学、证理学修辞学、初级数学知识以及简明的历史和自然科学等知识。

在这些大学里，教学内容枯燥死板，教学方法是机械的，甚至教室内仍靠教鞭来维持教师的权威，1750 年前后，由于经济、政治情况的发展，高等教育发生了一些变化，教育的贵族性质有所削弱，而加强了实际的内容和实用倾向，在一些高等学校中，打破宗派主义，许可学生信教自由，课程内容倾向自由主义和实用的要求。学生的课外集体活动也开始受到重视，这都反映了美国教育已开始向符合自己实际要求的方向发展。但总的来说，美国独立前的高等教育基本是英国教育的再现，还没有独立的高等教育体系。

2. 美国独立（1776）后到南北战争（1861—1865）——私立大学的发展和基本成型

联邦政府成立以后，新政府深感教育关系到国家的兴衰。当时（1800 年以前）美国仅有 25 所私立高校，只有很少的教员，很少的学生，高等教育完全靠私人团体来控制与维持，仍不足以促进教育的发展和社会经济、政治的需要，因此，新政府力主高等教育应由政府主持创办，于是开始出现州立大学。1795 年，第一所州立大学（State University）在北卡罗来纳州（North Carolina）成立。[②]值得一提的是，

① https://en.wikipedia.org/wiki/Colonial_colleges.
② 关于第一所公立大学的开办和所属，有不同的说法，大致情况如下：第一所开办并授课的公立大学为北卡罗来纳大学教堂山分校，第一所得到州特许建立的公立大学为佐治亚大学，但是晚在 1801 年才接受学生，威廉玛丽学院在所有公立大学中建立时间最早，但其实，那是一所私立大学，后来因财政困难在 20 世纪初转成公立大学，详见 https://en.wikipedia.org/wiki/Oldest_public_university_in_the_United_States.

1816 年新罕布什尔州（New Hampshire）政府试图将私立的达特茅斯学院收归州立学校激起了该校的强烈反对，学校上诉到联邦政府最高法院。1819 年法院裁决，达特茅斯学院获胜维持独立。这件事对美国高等教育的影响极大，其一，这进一步重申和确认了私人团体（尤其是教会）有办学许可权，而且可以在不受到政府接收的威胁下自由发展，从而刺激了教会办学的积极性。自此又建立了许多私立大学。其二，州政府企图通过接收将私立高校变为州立高校的办学道路行不通，于是只有自行拨款开办州立高校，从而也使州立高校得到了发展。

但是总的来说，州立院校的发展仍较缓慢，私立大学仍占绝对优势，到 1860 年全美 264 所高校中，州立院校仅占 17 所。[①]由此可见美国的高等教育道路不同于西欧国家，它的私立大学占比很大，这与它的国情有关，除了有教会办学的传统外，由于是联邦制，联邦政府对高等教育很少运用行政手段干预，且根据美国的《权利法案》（1791年颁布）规定："凡本宪法所未授予合众国和未禁止各州行使之权利，皆由各州或人民保留之。"这使民间办学有很大的自由度。这一时期是美国私立高等教育发展较快和基本成型的时期。

3. 南北战争到 20 世纪初——私立大学的成熟

独立革命和南北战争给美国带来了一个统一的政局和共和政府，这为自由发展的工业资本主义奠定了基础。工商业的膨胀，加速了资本的集中及大企业大公司的创立，许多资本家为促进自身所需要的人才的培养，同时又可以少缴赋税，于是捐献资金与地产，兴办大学。应该指出的是政府的税收政策对私人捐资办学起到了鼓励、促进作用。例如，遵照霍普金斯先生（John Hopkins）的遗言，以他的遗产，于 1876 年在马里兰州（Maryland）巴尔的摩市（Baltimore）成立了约翰斯·霍普金斯大学（Johns Hopkins University）。又如前加利福尼亚州（California）州长，美国参议员斯坦福夫妇，由于 16 岁的独子不幸去世，悲痛之余，倾其所有，筹建大学，以志纪念，于 1885

---

① 郭波、李成.《美国私立大学发展对中国高等教育的借鉴》，载《大连大学学报》，2011年，第 5 期。

年在加利福尼亚州成立了斯坦福大学（Stanford University），以后发展成为美国的一流大学，也是美国著名科研中心之一。此外，还有芝加哥大学（University of Chicago）等一批私立大学也建立起来了。其中约翰斯·霍普金斯大学的创建，标志着美国现代正规研究型大学的开端，在美国高等教育发展史上有重要意义。约翰斯·霍普金斯大学的目标是要创立一所德国式（柏林大学模式）的美国大学。在保留大学本科部的同时，加开研究生课程，设立博士学位。不再像当时的其他学校那样，过分依赖教会的支持和资助。它强调通过研究来发展科学，创立一所以研究为宗旨的大学。事实上，它成立了当时美国第一所正式的研究生院。这一模式，很快对其他高校发生了重大影响。1901 年，在纪念约翰斯·霍普金斯大学成立 25 周年时，当时的哈佛大学校长艾略特（Charles William Eliot）就曾指出，正是约翰斯·霍普金斯大学成立 25 周年时，当时的哈佛学院顺利地发展了研究生课程，而演变成哈佛大学。这种强调学术研究、强调教学与科研相结合的风气，至今仍是美国一些名牌大学的特色。这一时期在美国高等教育发展史上发生了另一件重大的事件，1862 年林肯总统签署了著名的《莫里尔法案》（Morrill Land-Grant Act），规定各州均要成立一所由州政府资助的州立农业大学和机械大学。于是各州的州立大学开始有了相当的发展，有 69 所高校在此期间成立，从而开始使高等教育可以向收入较低的平民开放。这一时期，也有类似性质的私立大学建立，著名的麻省理工学院（Massachusetts Institute of Technology）就是这时建立起的私立理工科大学。在广设大学的同时，1870 年后，美国形成了大学的学系教学制，加强专业研究，各大学还在增设研究院的同时，逐步确立系统的学位制度。在殖民地时代，哈佛学院有古典文科的学士学位，其实也是袭用英国的学位制度，1851 年后，学习德国，增设了理科学士学位。1860 年前后，又从英、德引进了文学硕士、哲学博士学位。由于强调研究生院的教学，哲学博士学位很快发展起来。进入 20 世纪，除了人文学科外，美国博士学位在大多数大学中成为委任教授的法定资格。学位制的发展反过来又推动了美国高等教育的发展。历史上，美国的私立高校多于公立，教学和科研水平也以前者为高。南北战争以后，政府和社会大力支援公立大学及公立工农学院的开办，它们的作用与水平也不断提高，出现了公、私大学分庭抗礼，并驾齐驱的局面。

这一时期发生的另一件具有重要意义的事件，则是初级学院（Junior College）创立。它不是从国外"引进"的，而是美国自身的产物。1902 年，在伊利诺伊州（Illinois）成立第一所初级学院以后，其他各州纷纷效仿，发展很快。

4. 20 世纪中期到 20 世纪末——私立大学的大发展

20 世纪初，美国高等教育的"骨架"已大体形成。20 世纪中期，则进入大发展阶段。二战后，大批退伍军人和社会上的青年人涌向学校要求学习。20 年后，战后出生的新一代，又一次开始冲击学校的大门，高校学生数 1940 年为 140 万人，1960 年为 310 万人，比 1940年翻了一番。1970 年达到 760 万人，比 1960 年又翻了一番。其中不仅本国学生增加，而且外国学生也大幅度增加。1957 年苏联发射人造卫星以后，再一次刺激了美国高等教育的发展，私立四年制高校发展到 700 多所，吸收了全日制高校四分之一的学生，由教会控制的四年制高校也有 700 所左右，主要集中在东部，规模一般比较小，招收学生也少。其中有一半与罗马天主教会有关。发展最惊人的是一些二年制的初级学院。1969 年 1000 多所这样的二年制初级学院吸收了三分之一的大学生。1971 年发表的卡内基教学促进基金会高校教育报告，建议撤消一切进入公立初级学院的障碍，实行开门招生，使每个有中等文化程度，要求接受高等教育的人，都能享受到高等教育，并希望到 1978 年所有的适龄青年都能首先进入二年制学院学习。这一时期发展起来的私立二年制学院有近 250 所，公立的更多，达到950 所。[①]这一时期由多个学院组成的综合性大学，包括私立大学和州立大学也有很大发展。它们不但培养四年制的本科生，而且还大量培养硕士、博士研究生，强调以科研促进教学，成为一种研究性大学，这样的大学大约容纳了全国五分之二的学生。

---

① 顾宝炎：《美国大学管理》，武汉大学出版社，1989 年，第 103 页。

5. 私立大学的现状

经过几个世纪的运作,美国私立大学已经形成了一整套机制完备、内容齐全、行之有效的系统,它对促进美国教育的发展作出了巨大贡献。2016 年,美国高等教育入学总人数达到 2022 万人。[①]美国是实现高等教育大众化和普及化最先进的国家,这当中就得益于它建立了一个比较完善的私立高等教育体制。同欧洲许多国家相比,美国的高等教育尽管历史不比它们长,但美国的高等教育大众化和普及化的速度却比它们快,原因之一就是美国高等教育发展中充分地发挥了市场机制的作用,私立高等学校有较好的生存和发展空间。

美国私立大学的历史比公立大学远为悠久,美国在全美大学综合实力排名中, 前 20 强中大部分都是私立院校,尤以顶尖级的哈佛、斯坦福、麻省理工为代表。私立大学不仅仅是成功的学府,还成为产业的核心:硅谷的崛起归功于斯坦福大学,波士顿周围高科技产业的兴旺则依靠麻省理工学院。相对于公立大学低廉的费用,私立大学的学费要稍微高一些,每年的学费在 3.5 万美金以上,但是私立大学培养了大批的成功校友,每年都收到很多校友及企业捐赠的款项。有了这笔钱,私立大学的奖学金相对于公立学校来讲要丰厚的多。部分私立大学还可从联邦政府和企业得到一定数量的科研项目经费。学校在联邦、州或大企业的科研项目招标中中标,即可得到相应的科研经费。公、私立学校都可参加这种竞争,但能争取到科研经费的主要限于有科研实力的高等学校。同时,一些历史较长,基础较好的私立大学还有一定数量的校产经营收入,包括房地产、书店、场地、设备等,其收入用于学校发展或纳入学校基金的部分可享受免税待遇,否则需照章纳税。一般来说,公立学校则禁止经营产业。

总体上说,私立学校教师的高素质更利于高效教学,这些素质包括更高的学历、更多的教学经验以及更多的参与教师专业发展活动,但两种学校的教师运用相同的教学技术。美国私立大学在成本控制、

---

① 美国国家教育统计中心官网, https://ncs.cd.gow/programs/digest/dI7/tables/dt17_303.20.asp, 2020, 9, 11.

运作效率、吸引学生及响应需求方面，都比较灵活和有效。私立学校的资金来自基金会，资金运作很灵活。它们能够以更大幅度的高薪来挖研究大师，提供研究启动经费，它们可以创设新的学科，这种灵活运作的方式正是市场经济的独到之处，因此美国私立大学可以达到高质量的教学水平，培养高素质的学生。而且，更自由的环境也更能吸引人才。一所大学的成败取决于能否吸引杰出人才，而杰出的人才向往灵活和自由的环境。

四、公立大学

大众往往想从资金来源、规模和任务或者社会责任这些方面区别公立大学与私立大学，而这些方面往往会产生误解。例如在资金来源方面，虽然只有公立大学可获得直接的州政府专款的资助，但私立大学也通过研究资金、学生资助和免税等形式从州政府和联邦政府得到大量的公共资助。像私立大学一样，现在许多公立大学也得到了大量的非公经费，如学生的学费，工业研究基金和合同，私人捐赠和从卫生保健或校际体育比赛等辅助活动中得到的收入。公立大学和私立大学最大的区别，可能是在法律地位和管理方法上。公立大学依附于州，明确地是由纳税人所有和由公共程序来管理的。它们要对大量的州立规章和法律负责，这些都体现在控制它们运行的规则和制度中。例如，《阳光法案》[①]（Sunshine Laws）就要求大学对新闻界公开会议和记录，并要解除人事政策或经费开支方面的限制。甚至公立大学的管理董事会都是通过州长任命或公众选举等党派政治机制选举产生的，它通常被认为是代表着公众（这里指纳税人）的利益而不是为大学的董事会成员服务。实际上，由于公立和私立大学在规模、使命、财政方面的差别越来越小，而最明显的差别在于它们与政府的关系上，因此，通常把私立大学看作是"独立的"大学。

---

　　① 美国于1967年通过《阳光法案》，又称《信息自由法》，是促使政府机关的信息向民众公开的一个法案。美国公立高校遵照各州政府的要求，在其治理中引入了《阳光法案》，使管理更加公平透明，更多地接受外部监督。

1. 19 世纪初到南北战争——公立大学的初创期

"先有哈佛，后有美国。"在美国诞生并彻底摆脱殖民控制以前，美国高等教育相当落后，基本上是私立性质的，并由教派组织把持。在独立战争、欧洲启蒙运动以及美国国内民主主义和自由主义思想交错影响下，传统的完全自由自治的高等教育观念受到了严峻的挑战，联邦政府主张加强对高等教育的集权控制，设立公立大学。①但由于教派和保守派势力过于强大，建立国立大学的尝试屡屡受挫。直到1818 年，在杰斐逊总统的不懈努力下，重量级的州立大学——弗吉尼亚大学才得以建立起来。1819 年，达特茅斯学院案的裁决在重新确立私立大学合法地位的同时，也拉开了教派、私人团体、州和地方政府争夺高等教育势力范围的序幕。新生的公立大学面临着严重的"身份"危机：联邦和地方政府投资办学的正当性问题。1791 年美国宪法修订案第十条规定：凡联邦宪法未授予合众国政府行使，而又不禁止各州行使的各种权力，皆归各州政府或人民行使。②虽然无论基于何种理由，用公用资金支持公立大学的发展都无可厚非，但欧洲移民对宪法威严与生俱有的崇尚使任何与之抵触的方案都不能得到具体实施。旧有的教会大学和教派人士在未能继续保持对私立大学固有的支配地位的同时，更不愿看到大学受到国家的丝毫干预。联邦政府巧妙地利用了宪法修正案第十条的 "教育保留权力"。它规定举办教育不是联邦政府涉足的范围，但却也规定了其是州的应尽义务。此外，"宪法虽无一字提及教育，但条文规定国会有为公共福利课税等权力。"③而教育理应是福利事业，这些为州和联邦政府干预高等教育发展奠定了法律基础，兴办大学的权利由联邦政府让渡给了州和地方政府，州立大学成为了国立大学的合法替身。到南北战争前，全国27 个州已有 25 个州建立了州立大学。

2. 南北战争到 20 世纪——公立大学的发展期

至 1860 年，美国工业总产值仅次于英、法、德三国，居世界第

---

① 黄福涛：《外国高等教育史》，上海教育出版社，2003 年，第 183 页。

② 何晋秋、曹南燕：《美国科技与教育发展》，人民教育出版社，2003 年，第 262-263 页。

③ 姚云：《美国高等教育法治研究》，山西教育出版社，2005 年，第 9 页。

四位。1861 到 1865 年南北战争后，资本主义生产方式在美国确立下来，始于 19 世纪上半叶的"西进运动"达到高潮，新老移民问题、地区间社会发展差距问题、种族问题日益突出，形成统一的民族意识，缓解社会矛盾是当务之急。这些都要靠发展经济来实现，但美国依旧是一个农业国，完善的工业体系有待形成。为了提高全体劳动者的素质，促进农业的发展，急需发展农工院校，培养具有一定素质和劳动技能的新型劳动者，尤其是在广袤的边远西部地区。实际上，早期州立大学"规模小，入学者寥寥，而且经费窘迫，常常是入不敷出，因而存活率低下"。①在这样的情况下，要想创建新型农工院校，土地和资金是首要考虑的问题。

　　当时的美国通过教育法律解决农工院校的资源危机，其中比较典型的有 1862 年的《莫里尔法案》。它规定：各州在国会按每一个议员席位可获得联邦土地 3 万英亩，用于资助教育；大学的规模、宗旨由该州立法机构确定；法案规定所建的学校必须把教学重点放在农业和机械工程等实际应用学科方面。1887 年通过的《海奇法案》（*Hatch Act*），授权各州每年拨出一定的款项支持大学对农业技术和教学的研究，后续的一些法案使政府拨地支持农工院校发展的宗旨得到进一步贯彻。但危机仍然存在："有的州忽视人才培养而唯利是图……联邦按各州国会议员名额而拨地，使贫富益杀悬殊。"②另外，赠予土地并不能解州立大学长久之需。"当时很难说服公众必须以税收来支持州立大学，因为高等教育不能立即给大众带来直接的利益。用公共的财政拨款给州立大学被许多人视为帮助"贵族性的机构"，是损害公众的利益。"③ 针对以上问题，1902 年联邦政府又对《莫里尔法案》修改，进一步加强宏观控制和过程监督，要求各州将赠地、赠款的落实情况及时予以汇报。通过两次《莫里尔法案》，西部新开发地区的廉价土地得以充分利用，高校发展过程中的资源危机得到缓解，得到资助的不仅有哈佛大学（Harvard University）、康奈尔大学（Cornell

---

① 贺国庆：《德国和美国大学发达史》，人民教育出版社，2003 年，第 99 页。
② 滕大春：《美国教育史（第二版）》，人民教育出版社，2001 年，第 380 页。
③ 王廷芳：《美国高等教育史》，福建教育出版社，1995 年，第 111—112 页。

University）等私立大学，加州大学（University of California）、密歇根大学（University of Michigan）等州立大学也迅速成长起来。《莫里尔法案》的颁布实施，促进了赠地学院的发展，表明联邦政府已改变对发展教育的放任态度，注重高等教育发展的协调、导向作用。

3. 20 世纪到 20 世纪中后期——公立大学的成熟期

跨过 19 世纪最后三十年的"镀金时代"，美国成为仅次于英国的第二大工业强国。国家的强盛给高校加速发展创造了条件，从 1900—1920 年，高等院校从 997 所增加到 1041 所，入学人数则增加 1 倍以上，从 23.8 万人增加到 59.8 万人。[①]与此同时，国家的发展越来越依靠高校来推动，高校所承载的社会责任日益广泛：在国内，经济的发展、社会对高等教育需求的不断增加，尤其是战后大量退役军人纷纷涌入高校，加快了高等教育大众化、普及化的步伐，职业教育和高等教育的大扩张势在必行。在国际，美国非但未因两次世界大战而受到直接损失，反而靠向各国提供军需补给产品国力大增。高校作为高新科技的孵化场，无疑是战争经济中的主力军，设立在高校中的研发机构成为结束战争的法宝。旨在为公众服务的公立高校更是责无旁贷，如何更好地服务民众、政府、社会，成为其面临的深层危机和挑战。

此间，国家对公立大学的干预侧重于三个方面：首先，通过垄断基金会资助公立大学。据统计，从 1900—1920 年，美国建有 50 个教育基金会，而到第二次世界大战前，这种基金会猛增到 200 多个。最大的是福特基金会（Ford Foundation）、洛克菲勒基金会（Rockefeller Foundation）。虽然它们都是由私人创立并不受联邦政府的直接控制，但当资本主义发展到国家资本主义阶段后，这些私人财团实际上也是美国背后的控制者。从这个意思上说，垄断基金会的介入本质上就是一种国家干预。其次，不断追加对高校的投入，将科研产出与投入水平挂钩，开创了政府、大学、工业界协作互动的科研开发应用模式。如在二战期间，"曼哈顿计划"（Manhattan Project）的实施使一流大

---

① 滕藤：《大熔炉的强音——美国百年强国历程》，黑龙江人民出版社，1998 年，第 265 页。

学获得良好的发展契机。联邦政府投入的科研经费从战前（1939 年）的 1 亿多美元到战争结束时（1945 年）的 15 亿美元，1940—1945 年政府投入科技经费共 41.2 亿美元，科研经费在国内生产总值中的比例增加了 10 倍多，国家还将研究机构设在一流大学中，其中设在公立大学的有加州伯克利大学（University of California-Berkeley）。最后，创新公立大学办学模式，社区学院应运而生。社区学院以学制短、入学要求低、办学形式灵活多样等特点不但满足了战前青年求学和社会经济发展的需要，而且在战后容纳了相当数量的退伍军人。国会于 1944 年通过的《退伍军人权利法案》要求国家出资负担军人接受教育，绝大部分的退伍军人进入了初级学院求学。通过强有力的国家干预，公立高等教育在应对各方日益膨胀的需求的同时，自身得到了完善：以加州伯克利大学、密歇根州立大学为代表的研究型大学跻身一流大学的行列；以威斯康星大学（University of Wisconsin）为代表的普通州立大学把为社会服务作为办学理念，成为高校办学的典范；社区学院则挑起了高等教育大众化的重担。

4. 20 世纪中后期起——公立大学的变革与私营化浪潮

20 世纪 60 年代是美国高等教育激烈变革的时期：政府拨款增长、大学规模不断扩张、校内人员急剧增加；行政管理及治理结构日益复杂；校内不同利益团体之间的矛盾升级；学生抗议活动频发；大学脱离象牙塔的传统文化，与其他类型的组织（如政府、企业）联系日益密切。[1]

从第二次世界大战后到 20 世纪 80 年代初，是公立高校发展的"黄金时代"。由于受到来自州政府和联邦政府的拨款资助，美国公立大学几乎无须担心办学经费问题。但自 1983 年后，各州经历了周期性收支不抵的财政危机，促使政府对高等教育资助的态度发生根本转变。随着经济发展水平的提升，高等教育变成了越来越昂贵的事业，政府对公立大学的财政支付压力也随之增加。为了减轻财政压力，美

---

[1] Kerr, C. *The great Transformation in Higher Education*, 1960-1980. New York: State University of New York Press, 1991, pp.1-4.

国政府改变了对公立大学的财政支持政策，引入新管理主义理念，对公立大学的公共经费使用效率提出问责，制定政策鼓励公立大学为科研经费竞争，利用教育券制度鼓励学校为学生竞争。引导公立大学向市场要资源，实现了降低政府支出压力的既定目标。州政府一直是公立大学的主要财政资助者，在 20 世纪 80 年代初，州政府拨款占公立大学经费 45%以上，到 2010 年，这一比例已经下降到不足 25%。政府对公立大学的财政支持力度在公立大学收入结构中的比例显著下降，这是政府政策转向的外显结果，更为深层的结果是开启了公立大学"私营化"的大幕。为了应对来自政府收入的减少，公立大学不得不采取更为市场化的措施来增加财政收入以应对自身面临的财政紧张局面，比如积极参与企业合作的教学科研项目、发展校园辅助性服务收入、聘请兼职教师和研究生助教代课、申请专利、创办公司和寻找风险投资等途径参与商业活动等，这也使得公立大学出现了一些学者所谓的"私营化"特征。尽管学界对"私营化"这一现象是否存在以及这一概念的内涵仍然存在争议，但不可否认的是，从收入来源来看，公立大学越来越像公司或者私立大学，许多公立大学更适合被附上"州府辅助"（state-assisted）而非"州府资助"（state-supported）的标签，甚至有人戏谑地认为这一标签可能有朝一日会演变为单纯用来表征公立大学位置的信息，如"坐落于州"（state-located）。[1]

20 世纪 90 年代的十年是高等教育发生重大变革的十年，因为公立大学试图适应变化的资源并对新的公共事务做出回应。结果，本科教育得到了很大的发展。成本被降低，管理上也更有效率。现在的大学校园与十年前相比，在民族、种族和性别方面真是变得非常多样化了。教师集中精力研究国家重点项目。公立大学为了控制大学教育成本的上升，提高了管理效率，并调整了组织机构。

5. 公立大学的现状

在 1862 年《莫里尔法案》（又称《赠地法案》）和 1944 年颁布的

---

① Priest, D. M. & St. John, E. P. *Privatization and Public Universities*. Bloomington: Indiana University Press. 2006, p·156, pp.158-159.

《退伍军人权利法案》等联邦法律的激励下，在各州的资助与支持下，美国公立大学已经成为当今社会最重要的机构之一。公立院校的发展使美国高等教育实现了大众化，几乎所有居民都有接受大学教育的机会。公立院校的发展，使学术和研究更为普及，使社会的各种需求得以满足。公立大学还与当地社区联合，为经济繁荣、公共卫生和国家安全提供极其重要的知识贡献与专业服务。

综合实力最强的公立教育系统当属加州大学，各类排行榜中的公立前十名常被其下属的分校霸占一半左右，在 2015 年 USNEWS 公立大学排行中多达六所分校挤进前十。而加州大学伯克利分校（University of California-Berkeley）更是数十年如一日地占据世界公立第一的位置。美国顶尖公立大学当然并不只限于西海岸，传统公立旗舰型大学诸如密歇根大学（University of Michigan）和弗吉尼亚大学（University of Virginia）也同样历史悠久、名声远播，在学术和影响力上名扬四海，与加州大学伯克利分校一起成为美国人口中的公立三强。

许多人把公立大学看作美国最重要的社会机构。正是通过公立大学使高等教育的教学、知识和服务资源民主化了，而这些资源面向所有的公民。这些大学的使命反映了一些最珍贵的社会目标：通过教育获得机会，通过科研取得进步，并实现文化的繁荣。今天，美国的公立学院和大学所录取的学生占大学生总数的 75% 以上，大约 1100 万在校生。由公立大学授予的学位，几乎占所有本科学位的 66%，所有博士学位的 75%，全国工程与技术学位的 70%。公立大学承担着国家大多数科研项目。国家绝大部分医生、律师、工程师、教师及其他专业人员还有公众领导都是公立大学培养的。公立大学还提供着重要的服务，如农业和工业技术、卫生保健和经济发展等。它们使社会更具活力，并为使一代又一代的学生将来拥有一份回报丰厚的职业，过上一种更有意义的生活提供途径与方法。新的世纪，无论从高等教育的质量来说，还是从其服务社会的广度而言，美国人都可以为建立了世界上最好的高等教育制度而自豪。

在整个 20 世纪后半叶，公共投资重视为不断增长的人口提供接受教育的途径与机会。在这种强有力的社会政策推动下，美国公立高等教育实现了繁荣发展。然而，今天的公立高等教育面临着许多挑战。学生人数不断增长，而且他们在年龄、种族背景和经济状况等方面极其多元化，这些都要求我们的大学做出相应的变革。新知识成倍增长，工作场所对高等教育日益强烈的需求，都对传统的学科和教学模式提出了挑战。计算机与互联网技术的迅速发展，打破了传统大学课程的限制，给教育服务激发了新的市场力量。此外，虽然一个以知识为基础的社会对教育的需求不断增长，而公立高等教育在争取有限资金时，常常落后于其他的社会优先发展的重点行业，如卫生保健、改造和基础教育等。进入新的世纪，尽管整个高等教育都面临着变革，而摆在公立大学面前的挑战尤为严峻。公立大学所处的复杂的政治和社会环境、财政投资方式的快速变化、所承担的公共责任与义务、大学变革不仅仅是一个巨大的挑战，还是其迫切的需求。由此不难看到，为什么作为重要的经济、政治、社会和文化机构的大学变得更加引人注目，也更容易受到攻击。在许多人的眼里，美国的大学仅仅是政治权利的另一个"角逐场"，这个"角逐场"容易受到特殊利益的影响和媒体的很多负面关照甚至宣传。然而，我们越来越清楚地看到：公立大学不能再回到最初的形式。公立大学靠那些简单的角色和特点就足以为国家服务的时代已经成为遥远的历史。这个知识密集型的世界已经离不开现代型的大学。如果公立大学从社会的参与中撤出，回到更严格意义上的传统角色，即仅仅教育青年一代的话，社会将不得不为被扩展的角色创造新的社会机构。①

这一切都使公立大学所面临的变革不只是一个巨大的挑战，更是其迫切的需求。在这种境遇下，一方面公立大学要对困境做出反应，另一方面美国的公立高等教育系统有责任帮助公立大学找到变革的途径。它在公共论坛上的声音必须强大、清晰和团结一致。同时，它必须积极参与有力的辩论和实验，把狭隘的利己主义放到一边，毫不

---

① ［美］詹姆斯·杜德斯达、弗瑞斯·沃马克：《美国公立大学的未来》，刘济良译，北京大学出版社，2006年，第7-8页。

畏惧地接受这个伟大时代赋予的挑战。

五、教学模式与管理模式

1. 教育理念

（1）培养批判性思维

20 世纪初期至 20 世纪 60 年代，美国学者开始认识到批判性思维的重要性，并将批判性思维应用于教育领域。受杜威反思性思维的影响，美国进步教育协会实施的八年研究将学生反思性思维和批判性思维作为目标和评价标准之一。1983 年的《国家处于危机之中：教育改革的必要性》报告指出学校教育质量低下，学生缺乏批判性思维能力等，并将矛头指向美国教育。在该报告的影响下，美国掀起了教育改革运动，其中批判性思维成为教育改革的重要内容。当代美国各高校更是将批判性思维作为教育目标之一，相继开设批判性思维课程，改进教学，实施批判性思维教育。在高等教育领域，批判性思维在美国得到越来越多高校的认可。批判性思维培养不仅成为美国研究型大学的教育目标之一，而且批判性思维培养也在许多研究型大学得到实践。如美国伊利诺伊大学设立了教学批判性思维（Teaching critical thinking）项目，宾夕法尼亚大学设立了批判性写作项目等。

（2）从自由到全人[①]

近一个世纪以来，美国大学从落后到崛起再到处于世界领先地位，其育人理念也从外发到内生、模糊到清晰、封闭到开放。在美国高等教育乃至整个国家的历史上，有两个核心概念至关重要。一是"个体自由"，一是"期冀未来"，前者继承了源自古希腊文明的自由教育传统，后者则体现了创新为核心的美国社会基本精神。自美国成立之日起，国家教育就紧紧围绕这两大理念展开，其目的在于充分发挥每

---

① 本节参考杨甜、文旭：《从"自由"到"全人"——美国大学育人理念的嬗变及其对我国外语教学的启示》，载《外语教学理论与实践》，2017 年，第 2 期，第 50-56 页。

一个人的创造力，在自我实现的同时为社会做出应有的贡献。现代美国大学进一步提出了全人教育对于个体发展和公共生活的重要意义，并面向各个社会阶层阐释了培养整全之人①的育人理念。

在科学主义兴起之前，为发展智慧和塑造人格而进行的古典自由教育一直是西方教育的育人理念。秉承古典传统，英国大学在 18、19 世纪发展出博雅教育理念，其主要是指面向绅士阶层的、非专业性的、文雅的教育。根据博雅教育理念，大学是传授普遍知识的地方，为传授知识而设，为学生而设。大学的存在不仅为了使人变得知识渊博，也不仅是助人获得美好的职业生涯，更是通过纯粹的探究培育理性，完善德性。美国独立后，其大学在继承了英式博雅教育的基础上，也基于民主社会提出了教育应当直面现实生活和社会需求的新观点。18 世纪末，美国建立之后便开始进行民主实验，其中的一个重要措施就是实施自由教育。在此时期对教育的社会功能做出最深刻阐述的便是第三任美国总统托马斯·杰斐逊（Thomas Jefferson）。总的来说，杰斐逊主要从民主性和实用性两个角度阐发了传统的自由教育理念。杰斐逊的育人理念既继承了古典自由教育传统，又融合了启蒙运动的遗产并将其加以改造，旨在帮助美国人开启民主社会的自由教育实验。他所提倡的高等教育理念交织了自由教育、民主体制和公民品格等诸多要素，至今仍然是美国社会重要的文化经纬。基于殖民地向合众国过渡的历史背景，杰斐逊的自由教育理念不仅吸收了古典教育的精髓，同时仍保留了前者的精英主义特质。少数族裔的教育需求不仅从理论上加强了自由教育的公正性和民主性，而且在实践上拓宽了其渠道。为了兑现建立民主社会的许诺，美国从 18 世纪中后期开始着手为少数族裔建设高等院校，既扩大了高等教育的规模，也丰富了自由教育的内涵。

19 世纪末 20 世纪初，美国社会从政治、经济、文化各方面都进

---

① "整全（holistic）之人"观来源于《圣经》，强调人与世界、人与人、人与神的关系的统一。现代教育观念中的整全之人为身体和心理健康发展之人。有学者在讨论教育的功能和目的时使用此词。详见《从"自由"到"全"：美国大学育人理念的嬗变及其对我国外语教学的启示》（杨甜、文旭：《外语教学理论与实践》，2017 年，第 2 期）。

入蓬勃发展时期，大学也迎来了大变革时代。基于对传统自由教育理念和现代研究型大学的整合与反思，以哈佛大学校长洛厄尔（Abbott Lawrence Lowell）为首的教育家提出了培养整全之人的全人教育观。其核心原则是唯有学生个体，而非课程，才是教育真正的基本组成单位。洛厄尔认为大学生需要完善自己感知事物之间内在关联的洞察力，完善自己的想象力和应变力。"全人教育"理念提出后，实用主义哲学家杜威对其表示了支持，并进一步丰富了其内涵。

在当代美国大学全人教育的语境下，教育者把自己视作社会规范的探究者而非批判者，他们试图将自己的学术工作与公共文化生活建立连接。对学生而言，全人教育希望他们在教育者的示范下亲身参与文化探究和社会实践，并在此过程中与他人交往和互动。通过此过程，学生不仅能够逐渐形成自己的人生观和价值观，而且能够在自身所处的社会中与他者共同创造新的社会价值。

2. 课程学习

（1）学位课程

美国高等教育课程模式的变化可以从学位颁发的情况反映出来。至20世纪90年代中期，每年有将近120万的学生获得学士学位；职业教育领域颁发的学位授予总数的比例从54%提高到58%。商学、通信、垄断性专业（如司法管理）颁发的学位数量均有显著增长，但由于从事教师职业必须具有硕士以上学位比较普遍，教育专业授予的学士学位数量下降了三分之一。总的来说，文科类本科生主要学习社会科学、历史学、英语、传播学、心理学和生物学专业。由于学生的毕业要求中不断增加新的学分课程，本科生必须学习各种不同的课程才能拿到学位。在提倡自由选修课程和主张共同核心课程两派之间的争斗中，前者仍占上风，同时职业教育依旧稳步发展。[①]

（2）补习课程

补习课程，即"对于那些没有达到大学学习阶段所需要的基本技能的大学生，开设阅读、写作和数学方面的课程"①。由于高中毕业生人数增长，适龄人口的入学率提高，补习课程依然是一个最难对付的课程领域。虽然高中毕业标准更加严格了，但补习课程仍旧在学院课程中占据较大比重。导致这个现象的原因一方面是因为高中毕业生数量增长，另一方面则是由于高中课程和大学课程互不衔接且两类机构的学业标准也不相同。州政府倾向于要求或鼓励公立院校开设补习课程。大多数院校不把这类课程计入学位课程学分，但学生学习这类课程可以作为全日制学生享受经费资助。

（3）职业课程

最早期的职业课程主要培养律师、医生和牧师。随着大学的出现和发展，又增加了新闻、商业、建筑、教育、社会工作、牙医、公共管理和工程等领域的职业培训课程。社区学院成立后，它们又开展了汽车和无线电修理、商业美术、实用护理和卫生保健辅助技术、工程等方面的专业培训课程。后来又增加了电视、空调和制冷、飞机机械、计算机服务等新职业领域以及其他新职业的培训课程。如果职业更新太快或因为过时而被市场淘汰，学位持有者就会遭受巨大的损失。此时，大量设计口径狭窄的职业培训课程的不足之处就表现了出来。但美国中学后教育系统的非凡之处正在于大部分机构可以为任何年龄段的人进行再培训。

（4）技术和网络教学

随着科技的发展，2000 年已有 15% 的大学课程使用了课程管理软件或学习管理软件；到 2007 年，这个比例上升到了 50%。20 世纪90 年代以来，选修网络课程的学生同样可以得到财政资助，网络教学因而得到了长足发展。自 2002 年起，联邦政府规定学生课程学习时间每周不能少于 12 个小时（包括在教室上课及网络教学），否则便没有资格申请联邦政府资助。大学对网络课程和网络学位课程经常会做以下要求：必须保证师生能够相互交流；授课教师的职称比例及构

---

① [美]亚瑟·科恩：《美国高等教育通史（第一版）》，李子江译，北京大学出版社，2010年，第 319 页。

成比例应该与校内传统课程的要求保持一致；招生标准应该相同；拥有相同的机会享受学生服务和图书馆服务。[①]

3. 教师

当代美国高校中，绝大多数教师已经脱离了终身教职轨道，这意味着他们的聘用合同规定了他们不再可能获得终身教职。大学都期望教师通过给更多学生授课、证明他们对学生学习的影响效果以及承担额外的行政职责来不断提高自己的工作效率。

（1）正当程序和学术自由

随着教师权力的减弱，院校权力占据主导地位，高校教师运用正当程序权利的情况也发生了变化。表面上，变化直接来源于法庭判决，但背后的部分原因是院校的政策或措施已经不足以解决教师和校方之间的纠纷，因而会诉诸公堂；另一部分则在于各类非终身制教师数量大增，无论他们是全职还是兼职，也无论这些职位在校园的法律地位高低，由于非终身教师与终身教师的就业权不同，所以他们通常也不会要求与终身教师享受相同的正当程序权利。多数情况下，兼职教师能否供职完全取决于大学的态度，他们被无缘无故地解聘，这严重限制了他们对正当程序的法律诉求。

从法院对相关案例的判决可以看出，其核心思想就是拓宽学术自由的法律内涵，提出了大学的学术自由权利问题，进而导致了大学的学术自由凌驾于教师的学术自由之上。尽管大学学术自由权利获得了法律优先权，但大学必须明确陈述其政策和程序要求，并严格遵照规则行事，而且要为自己的行动提供令人信服的理由。除此之外，教师权利还受到各种法律和法院判决的保护，以及学术惯例等隐性合同的保护。

（2）工作效率

各个院校在计算教师工作效率时最常用到的是教师授课时间或教师与学生交流的时间。在研究型大学和大部分有硕士学位授予权的

---

① [美]亚瑟·科恩、卡丽·B.基斯克：《美国高等教育的历程（第二版）》，梁燕玲译，教育科学出版社，2012年，第331-332页。

院校，学术成果发表情况也是一个测量标准。虽然本科院校和社区院校很少把学术研究作为教师晋职的标准，但是他们会考虑教师的媒体产出（指教师利用计算机、电视等辅助教学工具制作的多媒体课件、电视教学片、编程、网路课程等教学设计）数量。总体而言，教师把 62%的时间投入了教学活动，18%用来从事研究，20%用于行政和其他工作，但不同院校、不同学科间的差异仍十分明显。[①]

4. 管理体制的基本结构

（1）联邦政府的地位和作用

美国高等教育管理体制较为复杂，联邦政府、州政府、社会力量和社会组织在美国高等教育管理体制中各有其地位和作用。联邦政府参与高等教育管理的主要职能体现在保证每位公民获得平等的受教育机会的权利。联邦政府对高等教育改革与发展施展影响力的另一方面是：国会通过立法方式，以经费资助、赠地和分发物资等形式，确定多个教育或研究资助项目。通过上述方式，联邦政府一方面表示对高等教育建设和发展的支持，另一方面则引导全国高等教育进行创新和改革。美国历史上曾出现三个对高等教育具有重大影响的法案，分别是：《莫里尔法案》（于 1857 年提出并于 1862 年正式颁布）、《国防教育法》（于 1958 年通过）及《1965 年高等教育法》。《莫里尔法案》是针对早期高等教育崇尚古典而忽视实用和脱离社会经济发展需要的弊端，联邦政府决定把属于政府的土地赠送给州，用于新建或加强高等农业、机械等实用学科的教育。《国防教育法》则是受 1957 年苏联制造的第一颗人造卫星的影响，美国政府开始重视科学教育。依据《国防教育法》，联邦政府支持州和地方教育系统，加强科学、数学和现代外国语等主干学科的教育，并改进学校的测试、咨询和指导工作以发现和鼓励优秀学生从事科学研究，同时发展学生贷款和助学金并设立研究人员奖学金项目。《1965 年高等教育法》（及 1967 年通过的《教育专业培训法》）的颁布实施标志着联邦政府正式把高等教育的建设与发展做自己的职责，并将长期介入。联邦政府也大规模地增

① ［美］亚瑟·科恩、卡丽·B.基斯克：《美国高等教育的历程（第二版）》，梁燕玲译，教育科学出版社，2012 年，第 323 页。

加了对高等教育的投入，经费则主要用于大学的图书馆建设、授权为学生贷款提供担保、支持发展中的高等院校建设等。除却上述三个重要法律之外，美国在第二次世界大战结束后为退伍军人接受高等教育提供奖学金支持的法案——《退伍军人权利法案》也曾发挥重大影响和作用。而联邦政府教育部的成立则集中反映了联邦政府在高等教育管理体制中的地位和作用。在经过一系列的调整变化之后，联邦政府于1972年通过有关法律，教育行政归属于新成立的卫生教育福利部，人员和机构开始扩充，设立有中学后教育资助委员会、职业和成人教育局等。

此外，联邦政府也通过制定和调整税收和法律政策（主要是通过不收税或减免税）来帮助学生就学和大学减少负担，以此来影响高等教育。另外，联邦政府还会通过立法、行政命令及授权等方式成立各种专门委员会，对一些联邦政府教育项目的管理提出咨询意见，并对全国高等教育改革和发展面临的突出的现实问题和未来发展趋向及解决方法提出有见地的报告，以此来影响高等教育的政策走向，推动高等教育的改革和发展。

（2）州管大学

美国确立并实行以州管理以统筹为基础和核心的高等教育管理体制。由于各州的政治、经济、文化背景不同，各州高等院校的发展历史、学校布局、学校性质和类别、办学规模等方面存在较大差异，因而形成了多种多样的州管高等教育体制。总的来说，州可直接资助和管理一些高等院校，如加利福尼亚州这样较大的州，面向全州的高等教育管理系统较为发达。大多数州通常设立协调委员会或管理局，主要是制定计划和协调的管理体系，以指导州内高等教育的发展。对大多数州来说，只要在州或有关部门确定的总体政策和计划的框架内，每个院校享有高度的办学自治权。多数州在州高等教育行政部门与各校区之间建立了中间管理层，有的是学校自愿参加的行业协作团体，有的是很正规的管理机构。

实际上，州高等教育协调管理机制大多只管公立大学。虽然多数私立大学的创立要经过州主管部门的审批或发执照，但具有办学权的私立大学高度分权化。因为经费来源一般来自学生的学费和费用、财产收入和来自慈善组织或个人的捐款，因而私立大学享有高度的自治权。

（3）社会力量和组织的影响

除却上述提到的联邦政府和州政府对美国高等教育的支持和参与外，民间和个人构成的公益性和商业性的两类社会组织也对高等教育有直接影响。直接影响大学院校的组织主要有：教育专业协会组织、基金会组织及跨校和跨地区的组织。以美国教育协会（American Council on Education）为例：美国教育协会成立于1918年，其创建和发展时期的主要目的在于推进学校教育的标准化建设，共享办学经验；后来则演变为发展改进高等教育的创新活动。该协会涉及教育的广泛议题和组织，让各类有关教育或教师等专业学科组织参加。现已有约1600所大学院校成为正式会员，还有200所左右的其他大学院校参加有关活动。该组织已成为影响美国高等教育政策发展的重要力量，是高等院校与其他社会组织联系的一个纽带。[1]基金会对美国高等教育的影响主要体现在资助大学院校的科学研究和教学开发上，并为学生尤其是少数族裔和妇女等特定文化背景的群体提供奖学金和助学金，促进大学文化和在校生人口的多样化。跨校和跨地区组织在美国也时常出现，对美国高等教育的发展发挥着独特作用。如西部州际高等教育委员会（the Western Interstate Commission for High Education），创立伊始的目的在于共享教育资源，各州联合培养一些具有特殊技能的人才，尽可能避免贵重仪器的重复购置。后来又开发了高等教育管理和信息系统项目，利用有关州的办学潜力合作开发大学本科教育科目。[2]此外，该委员会目前还通过网络开展政策分析和资料收集等工作，定期出版有关文献，为北美地区提供有关服务。

5. **管理体制的多元性和多层次性**

随着私营化和公司化进程加速推进，高等教育也呈现出了新的发展走向。由于政府拨款满足不了旺盛的入学需求，高等教育管理的权力中心于是迅速下移。许多州也开始放松对大学的管制，把规范管理

---

① 乔玉全：《21世纪美国高等教育（第一版）》，高等教育出版社，2000年，第110页。
② 乔玉全：《21世纪美国高等教育（第一版）》，高等教育出版社，2000年，第115页。

权和预算控制权从州专门机构向大学下移。有些州的立法机关和协调委员会还授权院校可以自行确定学费价格或出售债券。此外，一些州政府也缩减了给公立大学的拨款。

（1）大学管理的公司化

在公司化趋势下，管理者对高等教育的理解更多是从商业角度出发而不太关注学生学习或新知识发展。公司化改革最明显的特征之一是大量使用绩效考核和量化指标，把学术成果产出与预算分配联系在一起。在公众眼里，大学成了自私的公司，只要"教育成本上涨或者利润分成增长"，大学就会不停地涨学费。其实公众所不知的是，除了营利性院校，其他高校都要靠慈善捐赠和公共经费来维持运转，因此公立大学学费上涨主要是公共经费削减导致的必然结果。而且，种种迹象表明州政府的资助仍会持续按比例缩减，同时其他机构争取州政府经费的竞争也会更加激烈。大学遂不得不通过私营化来增加收入、弥补资金缺口。[①]

（2）大学校长

高等教育行政管理呈现出二元性：一是从行政官员到理事会理事的官僚等级机构；一是院系结构，权力掌握在教师手中，教师负责课程设置与教师聘用等事项。在大学管理公司化的影响下，校长聘用也不再关注其学术成果，转而开始看重他们管理大型法人机构的能力。在2007年上任的校长中，有13%的校长既没有做过大学教师，也没有从事学校基层管理的经验。[②]

六、学生自治体系

1. 美国高校学生自治体系（社团）发展概述

高校学生社团对校园文化建设以及在学生成长成才中的重要作

---

① ［美］亚瑟·科恩、卡丽·B.基斯克：《美国高等教育的历程（第二版）》，梁燕玲译，教育科学出版社，2012年，第338页。

② ［美］亚瑟·科恩、卡丽·B.基斯克：《美国高等教育的历程（第二版）》，梁燕玲译，教育科学出版社，2012年，第339页。

用已成为不争的事实。美国高校学生社团起源较早，可追溯至北美殖民时期。从 1636 年开启的北美殖民地时期到 1860 年美国内战前夕，美国高等教育的发展处于以"学院"命名的开创时期。美国效仿英国牛津和剑桥，建立起旨在培养牧师和公职人员的学院。这一时期，学院招生规模小，学生年龄也普遍偏小，因而整个 18 世纪美国高等院校基本沿袭英国"替代父母制"的教育模式[①]。在此教育模式下，学生之间难以形成小团体，因此更谈不上其在学院发挥的作用。18 世纪末，美国开始了"西进运动"，为美国高校的发展注入了新的活力。诸多小型学院在美国西部建立，在课程设置和管理模式上仍然延续着殖民时期的传统。另外，随着德国大学制度传入美国，逐渐受到美国的推崇，自然学科对传统的古典课程发起了严峻挑战，美国逐渐改变其以宗教为中心的教育理念。同时，处于青春叛逆期的学生致力于追求自由，极力挣脱"寄宿制"对其的严重管制与束缚。在此背景下，美国大学涌现出一系列文学社、辩论社等组织。校方担心此类组织会对上帝权威与教会权力造成威胁，故而以其不利于学生思想与人格发展为由对社团进行大力阻止甚至取缔。[②]18 世纪末至 19 世纪中叶，以文学交流、演讲、辩论等活动为主的社团发展活跃，而非学术性社团仍然受到校方的严格控制。受德国教育模式影响，美国主要院校重点关注学术发展，很大程度上排斥学生的课外活动。因此，学生只能以秘密形式来组织社团。至 18 世纪下半叶，随着政治的独立与经济的发展，美国学生规模有所扩大，学生的自主性也不断增强，出现了许多秘密社团。这些早期学生社团虽然规模尚小，但因其迎合了学生的需要而具有强大的生命力，许多社团一直延续至今，在造就美国校园文化中具有重要作用。

美国内战期间，美国国会出台了《莫里尔法案》，这一法案促使了大量赠地学院的诞生，美国高等教育开始得到政府的大力支持。同时，高等教育开始了由学院到大学的转型期，科学研究与社会服务成

[①] 杨连生、胡继冬：《美国高校学生社团发展的历史考察及评述》，载《文化学刊》，2011年，第 6 期。

[②] 罗树云：《美国高校学生社团发展研究》，2016 年，西南大学硕士论文。

为高等院校的重要职能。由于美国高等教育院校更加关注学术研究的发展，校方也逐渐放松了对学生社团及学生课外活动的控制。为了有效应对美国高等教育领域的新变化，美国院校开始将学生事务工作作为一个专门的领域加以管理。与此同时，校方逐渐认识到社团在吸纳学生过剩精力、减少学生违纪行为以及培养学生良好的公民素质方面具有积极意义，遂停止对学生社团的严厉打击，开始鼓励学生以正确的方式参与有益的社团活动。这一时期，秘密性社团继续发展，继"骷髅会"之后，成立了"猫头鹰协会""挂锁协会""斧头和棺柩协会"以及"毒蛇协会"等秘密社团，而"兄弟会""姐妹会"则逐渐发展成为美国高校广泛存在的公开性社团。另外，这一时期的公开性社团也得到快速发展。学生社团已不再局限于文学社团，各院校纷纷建立体育馆，鼓励学生进行体育竞赛，学生社团逐渐向体育竞技类、戏剧表演类社团延伸。与此同时，学生社团的自治程度也逐渐提高，其标志就是"学生政府"的形成与确立。1905 年，美国部分高校的学生社团联合组建了"校际社会主义者协会"；随后，美国常春藤盟校和中西部高校联合组建了一个较为激进的社团"青年知识分子组织"[①]；1901 年，哈佛大学又成立了国际大学生社团联合会。这些组织的出现，标志着美国高校学生社团不断发展成熟，成为自我管理、自我服务的自治性组织。在这一时期，学生社团开始取得"合法"地位，社团的发展也趋于成熟，同时社团也进一步社会化。

二战以后，美国高等教育领域发生了新的变化，开始进入大众化发展阶段。这一时期，大量退伍军人获得进入大学深造的机会，促使美国公立院校的人数激增。学生类型多样、年龄跨度较大、受教育程度参差不齐等因素促进了社区学院和职业技术学院的产生。高校日益膨胀的学生规模与相对缺乏的教学资源出现矛盾，给学生造成极大的学业压力及就业压力。受此影响，学生较多地把时间与精力集中于个人学业与事业发展之上，因而这一时期的学生社团活动相对沉寂。20世纪 50 年代美国出现激进势力，但遭到弹压。之后，美国整个社会

---

① 欧阳大文：《中美高校学生社团比较研究》，2007 年，湖南师范大学硕士论文。

显得安静、冷漠，高校校园的各个角落都弥漫着沉闷、保守、枯燥、乏味的气息。至60年代，高校大学生厌倦了这种长期看不到希望的生活抱着变革社会的雄心而奋起反抗。"学生争取民主社会组织"（学民社）在60年代的学生运动中充当领导角色。该组织鼓励大学生积极参与反对种族歧视、反对越南战争等运动。其他高校学生社团也紧随其后，积极投身到这场运动浪潮中。到70年代，美国各阶层开始深入反思各种社会问题，学生运动亦趋于平静，部分学生社团随之解散。加之美国社会严重的经济压力以及高校培养人才这一主要目标的导向，学生参与社团活动的积极性相对弱化，社团发展再次进入低迷期。总的来说，美国高校学生社团的发展一方面受美国高等教育总体情况的影响，一方面也与美国社会的政治气氛密切相关。

2. 美国高校学生社团发展现状①

自20世纪90年代以来，伴随经济全球化及多元文化的发展，美国社会环境及高等教育的大环境均得到较大改善，学生的自治权利进一步得到保障。1991年，美国国会通过"学生知晓权法案"，以法律形式肯定了学生对校内各事件及信息拥有知晓权；1993年，美国政府又出台了《国家及社区服务信任法》，旨在鼓励学生社团积极参与社区服务，提高大学生的公民责任意识与服务意识。这些法律的颁布与实施，使各高校出现众多以社区服务为主要内容的学生社团，学生社团从之前的沉寂、低迷状态中逐渐复苏与活跃起来。

伴随美国政治、经济、社会等方面的变化与发展，美国高校学生社团也经历了长期的发展变革，逐渐形成了与社团自身发展及高等教育目标相适应的工作理念。目前，美国高校学生社团强调规章制度前提下的民主管理，即将规范管理与学生自治有效结合，只要学生社团不违反联邦和州的宪法范围以及学校的规章制度，学生社团可自由开展活动。

1968年，美国大学人事协会（American College Personnel Association）推出"明日高等教育工程"（The Tomorrow's Higher

---

① 本节参考罗树云：《美国高校学生社团发展研究》，2016年，西南大学硕士论文。

Education Project），明确强调学生发展，并将这一理论用于指导学生事务工作。此后，"学生发展理论"（Student Development Theory）成为美国高校学生社团发展的理论基础。学生发展理论从美国长期的教育实践中总结发展而来，涉及与学生个体成长、发展相关的各个方面，不仅探讨一般的心理发展问题，还关注学生认知与智力、情感与态度、伦理与道德等方面的发展，旨在把学生培养成为成熟的个人，具备了解自我、他人、自然及社会的能力。1994 年，美国大学人事协会发表了《高校学生的当务之急是学习——学生事务的含义》报告（Student Learning Imperative：Implication for Student Affairs）。报告明确指出学生事务管理的最终落脚点在于培养与提高学生的学习能力、实现个人的全面发展，应采用若干有效策略实现此目标。在此理论的指导下，美国高校充分肯定学生社团的地位与作用，认为社团活动对于培养学生的终身学习能力和领导力以及促进个人成长与职业成功具有重大价值。美国高校高度重视学生的自我发展，从资金、场地、管理、活动开展等方面对学生社团加以支持与指导，鼓励学生在法律及校规的规定的范围内参加各种有益的社团活动，充分尊重学生的个性，满足学生的需求，使学生在丰富多彩的课外活动中锻炼自我、展示自我、实现自我。

表 7　美国 20 所高校学生社团数量[①]

高校名称	社团数量	高校名称	社团数量
伯克利大学	2097	德克萨斯大学	700
新泽西州立大学	400	达特茅斯学院	200
哈佛大学	1048	南加州大学	600
东肯塔基大学	350	乔治顿大学	120
密歇根大学	1000	康奈尔大学	600
芝加哥大学	320	西德克萨斯大学	120
哥伦比亚大学	950	耶鲁大学	250
伊利诺伊大学	900	纽约大学	285
斯坦福大学	400	西北大学	70
莱克姆森大学	275	奥城大学	50

① 王诗蕙：《美国高校学生社团组织及管理研究》，2014 年，沈阳师范大学硕士论文。

美国高校的学生社团几乎涵盖了学生生活、学习的方方面面，主要有文体类社团、学术类社团、政治类社团、服务类社团、宗教类社团及留学生社团。文体类社团范围广泛，是以文化、表演、艺术、体育等为主要活动的学生社团，如耶鲁大学著名的成立于 1959 年的斯拉夫合唱团（The Yale Slavic Chorus）。学术类社团则由一些对具体领域或专业具有浓厚兴趣的学生组成，如数学社团、化学社团、物理社团、法律社团、医学社团等；这类社团的主要活动为定期举办研究会、邀请知名专家做学术报告或讲座、围绕具体课题展开深入调查、对成员进行系统的培训、举办各种竞赛活动等。政治类社团成员致力于关注政治走向、研究政治思想，也开展一些与具体政治论战相关的学生活动。主要有耶鲁大学民主党（Yale College Democrats）、耶鲁大学共和党（Yale Collee Republicans）、耶鲁大学保守党（Yale College Conservative Party）、耶鲁常春藤委员会（Yale Ivy Council）以及哈佛大学民主党（Harvard College Democrats）、哈佛大学共和党（Harvard Republicans Club）等著名政治社团。服务类社团成立的初衷是美国高校意图与社会之间建立紧密联系，自 20 世纪 90 年代以来，服务类社团发展得更加全面，如耶鲁大学的"美国红十字会社团"。宗教类社团多探讨自由、平等、正义、信仰等内容，使成员学会理解与爱。留学生社团则为本地学生与留学生之间提供了更多的交流机会，同时促进了彼此的理解。此外，留学生社团也对培养学生对新事物的接受能力和包容能力以及增强学生的跨文化意识等方面具有重要意义。

就高校学生社团的管理而言，"依法治团"是美国高校管理社团的核心思想。目前，美国主要有三种机构对学生社团进行管理：一是学生事务处下设的学生生活办公室或学生活动办公室等机构。这类机构与我国高校团委或学生会下设的社团部有些类似，主要负责学生社团的成立与审批、活动指导、经费支持、年度评估等。二是由教师和学生共同组成的委员会，如"学生社团委员会"（The Committee of Student Organizations）、"学生社团政府"（The Student Organizations Government）等。这些委员会的主席通常由主管学生事务的副校长、院长或教授担任，委员会的成员既有教师又有学生。委员会负责制定社团发展与管理的各项政策，如新社团的成立、社团活动的组织与执行、社团的经费管理以及社团的考核等，而且通常对社团活动给予专业性的指导。三是由学生组成的自治机构，这种机构称为"学生政府"（Student Government），与我国高校的"学生会"有些类似。"学生政府"一般通过竞选产生，往往代表学生与学校教学人员、管理人员、受托人以及社区取得联系，致力于参与学校的民主管理，为学生争取利益。"学生政府"设有主席与副主席，并下设多个部门开展工作，既具有针对性又能实现通力合作的结果。"学生政府"不仅为学生提供广泛的服务，还组织与赞助各类校内、校际社团活动，在推动与丰富学生课外活动中扮演着重要角色。

就美国高校学生社团的管理政策及管理机构而言，其管理模式有效结合了规范管理与学生自治。这种灵活的、多样的社团管理形式非但没有造成混乱，反而增添了社团的活力，有效促进了学生社团的良性发展。此外，学生社团内部可自主决定负责人，自主寻求经费渠道，自主打造社团品牌等。

美国高校学生社团的活动开展仍然体现社团规范管理与学生自治的特点。在规范管理方面，美国高等教育标准促进委员会（Council for the Advancement of Standards in Higher Education）于 2001 年就课外活动的标准进行了明确、详细的规定，共有十三条：1. 活动任务应具有教育意义；2. 活动符合学生的发展需要；3. 各活动的负责人应具备领导能力、协调能力及责任感，以促进任务的完成；4. 制定并知晓详细的活动流程，促进活动的顺利开展；5. 注重活动的质量，聘请具有相关经验的专业人士进行指导；6. 活动具备经费保障；7. 活动具备场所、设施、技术等支持；8. 明确规定每个参与者的责任与义务；9. 注重机会、资源均等，平等看待所有社团活动；10. 注重与校园内相关单位以及与社区之间的沟通，以获得更丰富的资源并减少活动阻力；11. 重视多元文化，帮助学生增强对不同文化的接受能力与包容能力；12. 遵守伦理原则；13. 重视活动的评估工作以改善活动的质量。这些具体标准为社团活动的策划者与组织者提供了指导依据，并在很大程度上保证了社团活动的高品质。

3. 美国高校学生自治组织典型形态——兄弟会[1]

在美国的高等学校中，有数量繁多的学生自治机构，在这之中，兄弟会以其较多的参与人数、较为严密的组织体系和较为成熟的运作机制成为美国高校的一道亮丽风景。兄弟会同与其类似的姐妹会植根于美国社会历史文化的土壤，深入探讨这一组织形态，对于深刻了解美国大学文化的产生脉络及历史背景有着重要意义。兄弟会（Fraternity）与姐妹会（Sorority）的英文名称均起源于希腊文；兄弟会及姐妹会简称F&S，二者合称社团（chapter）。在美国高校，人们通常用希腊式生活（Greek Life）、希腊式社区（Greek Community）来形容美国大学生在兄弟会（姐妹会）中的生活形态。

许多兄弟会采用拉丁文格言作为自身发展理念及口号，反映了回溯西方文明史源头的虔诚状态；有的兄弟会则以专业化著称，不仅有凝聚人心的标语口号，还有与其理念系统贯穿的标志性品牌活动，保证高质量新会员的加入。兄弟会经过数百年的发展已经在内部管理上建立起了较为成熟完善的管理结构与管理层级，实现了较为高效、有序的管理。如在社团内部民主选举产生主席、副主席，入会后对会员进行日常管理；在细节训导上也有明文，如不能收留异性及夜不归宿等。[2]由于绝大多数兄弟会在美国国内设有众多分部，兄弟会便具有全国联谊性质；此外，一些兄弟会经历数百年的发展使其在资源整合与共享上便拥有较为广阔的平台。另外，不同兄弟会会根据各自的经费状况、成立时间、人员总数、国内发展情况等做出结构上的调整。从"自下而上"式的选举到"自上而下"式的管理，兄弟会在保留美国社会民主多元文化特色的同时也突出强化了团队内部高效统一的管理体制。

在新成员的选拔上，兄弟会也十分考究。如美国肯塔基大学的兄弟会，在每学年伊始就着手为期近一周的新成员招募活动，具体项目

① 本节参考陈恒敏、尹伊:《美国高校学生自治组织形态及功能探析——以"兄弟会"为例》，载《兵团教育学院学报》，2017年，第3期。

② 杨连生、胡继冬:《美国高校学生社团发展的历史考察及评述》，载《文化学刊》，2011年，第6期。

包括风采展示、恳谈交流、晚会聚餐、入会考核等环节。新成员选举产生副主席、主席并进行自我管理，半年进行考核，不合格的成员会受到警告。满一年后考核仍不及格的成员将被剥夺社团内部的选举权与被选举权，严重者则被开除。

此外，兄弟会还拥有稳定的经费来源，基金会是兄弟会重要的支撑组织。基金会大都由已毕业并已具备经济能力的校友进行资金募集工作，并根据兄弟会运作情况进行拨款。各兄弟会的毕业校友也有自己的资金反哺渠道。由于经费来源稳定、不动产等管理团队训练有素、资金使用公开透明，兄弟会的众多活动开展起来便有了相对充裕的物质基础。一些兄弟会甚至设立了奖学金项目，用以奖励活动积极或在学业及其他方面有所建树的学生，并以此作为吸收团队新成员的重要条件。除此之外，团队内部成员缴纳的会费、活动费等也是资金来源的重要渠道之一。

美国的兄弟会之所以受到巨大关注不仅是因为其伴随着美国高等教育发展而发展，美国高校兄弟会的社会功能也是不容忽视的因素。在美国历任总统中，仅三人不是兄弟会成员。诺贝尔经济学奖得主克鲁格曼（Paul R. Krugman）曾一针见血地指出，美国人更倾向于认为自己生活在精英制度之下，美国社会实际上更倾向于阶级化，其突出特点就是出身至关重要。因此，美国人对结社素有偏好。高等教育是个人进入社会前最后的校园时光，在这段时期内，兄弟会的希腊式社团生活对塑造美国社会阶级结构与行业特色具有重要作用。可以说，兄弟会不仅是美国社会专业分工结社的平台，还是连接高校与社会的桥梁，并为美国社会游戏规则的建立提供了操练场，在某种程度上也是美国自由主义思想泛滥的温床。

七、高等教育问题与改革

1. 20 世纪 80 年代美国高等教育面临的主要问题
（1）传统大学生人数的减少及大学师生成分的多样化
由于在 20 世纪 70 年代性别平等及补偿行动计划获得了法律基

础，进入 20 世纪 80 年代，师生种族、性别成分的多样化对大学原来的习惯运作模式提出了新的挑战。

同时，人口统计状况的变化迫使大学的管理者更加重视少数族裔和其他非传统学生，以填补入学人数的空缺，维持目前教师、员工的水平。由于 20 世纪 80 年代 18—24 岁白人学生人数的减少（随着 1960 年以后人口出生率的下降，属于传统大学生年龄段（19—24 岁）的年轻人在 1978 年至 1993 年减少了 23%），大学不得不面向少数族裔学生，增加少数族裔学生的计划。例如在加利福尼亚州，黑人和西班牙裔人把该州变成了少数族裔州。在全美国，女生的数量也在稳步上升，到 20 世纪 70 年代末，女子已占全美大学生总数的一半以上。许多大学女生占了多数，形成了一支不可忽视的重要力量。25 岁以上年龄组的学生人数也增加很快，1979 年，36% 的学生是 25 岁及 25 以上年龄段的。在年龄超过 35 岁的学生中，妇女几乎占了三分之二。部分时间制大学生的比重，1980 年达 40%，1985 年达 45%。①人口因素对高等院校的挑战是：在努力提高入学率的同时要保证和提高教育重量；在不影响学校自身特点及地位、声誉、使命的前提下，采取更加灵活的政策和措施。事实上，这些变化也迫使大学认识到一个关键事实：大学师生种族、性别和年龄的多样化最终是符合大学自身利益的。

（2）大学本科教育质量问题

美国中学毕业生教育质量问题影响到大学或学院的教育质量。据统计，从 1966 年到 1979 年，美国学院毕业生的标准化测试分数波动很大，研究生资格考试分数在大部分学科中都在下降。总的看来，学院里的测试分数已经有了相当程度的下降。

20 世纪 80 年代的大学教育质量问题主要是本科教育质量问题。波耶的报告就尖锐地指出，尽管美国高等教育的规模属世界第一，但在生机主义思潮的影响下，这个国家许多学院和大学本科显得黯然失色，他们与其说是获得提高本科生教育质量的成功，不如称之为发放

① 颜世军、宋颖军：《论美国教育》，吉林教育出版社，2012 年，第 158 页。

学位的卓越成就，本科学院已成为问题成堆的机构。

从历史发展过程来看，从 1960 年到 1975 年左右，由于冷战、经济和科技发展、人口、教育民主化等因素的影响，美国高等教育发展的重点在于数量的大扩张。扩张的结果是，教育质量受到相当的影响。到了 20 世纪 70 年代末 80 年代初，由于经济不景气，国际经济竞争力的下降，大学毕业生在劳动力市场上相对饱和、传统大学生人数的相对减少以及新的科技革命对高素质人才的要求等，使得大学特别是本科的教育质量问题变得十分突出。此外，在高等教育大发展时期，生源、师资、校舍条件在不少院校难免是凑合起来的；大发展过后，也需要一段调整和整顿时期，也就是注重质量的时期。所有这些都使得大学教育质量问题如同中学教育质量问题一样得到人们的普遍关注。

（3）其他部门的高等教育活动向大学提出的竞争和挑战

在美国，第一教育部门（也被称为正规大学系统）包括 3000 多所公立和私立非营利性学院和大学。正规大学系统受到其他部门的高等教育活动日益严峻的挑战。

第二教育部门，指营利性的学校。这些学校的学生人数大约是正规大学系统人数的 5%。

第三教育部门是指由公司、工会和部队等非教育部门所提供的教育和培训计划。据估计，第三教育部门的学生人数至少比第一教育部门多 10%。美国公司每年花在培训雇员上的费用高达 300 多亿美元，几乎相当于美国所有高校一年支出的一半。[①]企业办教育的一个趋势是向高层次发展，企业拿出巨资自己兴办大学。1986 年已有 18 所企业办的大学。据《美国新闻与世界报道》周刊 1986 年 2 月 10 日预测，这种大学在今后 50 年将会有巨大发展。

除企业的高等教育活动以外，美国的军队也十分重视教育培训活动，据统计，美国军队每年用于教育和训练的费用高达 500 亿美元[②]，超过企业职工培训的费用。

---

① 滕大春：《美国教育史》（第二版），人民教育出版社，2001 年，第 216 页。
② 滕大春：《美国教育史》（第二版），人民教育出版社，2001 年，第 217 页。

此外，还有第四教育部门，即电视、卫星等电子教育日新月异的发展。第一教育部门不能满足劳动力市场的所有复杂需求，也不能满足个人的所有需求，因此其他部门的教育将继续增长，在生源、财源和课程计划方面和第一教育部门发展竞争。第一教育部门将面临一种困境，即如何既保持自身的完整性和学术使命感，又要适应新的需求并应付其他教育部门的竞争。

（4）大学科研存在的主要问题

20 世纪 70 年代末 80 年代初，美国大学科研存在如下主要问题：

第一，年轻研究人员减少，科研能力受到影响。这主要是因为师资队伍更新慢。在 20 世纪 60 年代末和 70 年代初被聘的大量专业教师要到 90 年代或更迟一些时候才能退休，因而职位空缺不多。如果不采取措施鼓励青年科学家从事教育和研究生涯，美国同外国科学竞争及发展新兴科学的能力将会大大削弱。

第二，大学科研经费减少。从 1968 年到 1975 年，联邦政府拨给基础科研的专款，以美元不变价值计算不断下降，其主要原因是，国防和太空科研项目开支减少。科研经费的减少使得大学原来的项目难以为继。为了得到资助，大学可能舍弃意义重大的科研课题，而寻求短平快的课题。

第三，大学的研究重点由基础科研转向应用科研。在 20 世纪 70 年代的十年中，大学的基础科研开支，以不变美元计算，增加了 20%，而应用科学研究的经费却增加了 74%。[①]这引起有识之士的担忧，担心从长远来看会削弱美国基础研究的实力，有损于各学科本身的发展及对社会产生的最终利益。

第四，一般大学研究经费、设备和条件较差。1978 年，按照联邦拨给科研和开发经费的数据，100 家名牌大学得到所有拨款的 80%以上，这个比率在 20 世纪 70 年代大致保持不变。[②]为此，1977 年福特基金会的报告中有 15 位大学校长的一封信，说明问题的严重，要

---

① 颜世军、宋颖军：《论美国教育》，吉林教育出版社，2012 年，第 160 页。
② 王廷芳：《美国高等教育史》，福建教育出版社，1995 年，第 128 页。

求增加一般大学的科研经费。

2. 20 世纪 80 年代高等教育改革的主要方向

（1）改革的中心目标：提高教育质量

第一，大学为中学教育质量的提高发挥作用

中等教育质量的低劣在 20 世纪 80 年代，由于国际经济竞争败给日本、德国而遭到美国社会的广泛批评和指责。显然，要提高高等教育质量，首先要致力于提高中等教育质量。在这方面，大学责无旁贷，因为这是与自身利益休戚相关的事情。为此，1987 年 9 月，以斯坦福大学校长肯尼迪为首的 37 位大学校长举行集会，专门讨论大学在普通教育改革中的作用。会后，他们在全国大学校长发出的公开信中指出："大中小学教师都在从事同一个职业"，因此，对于加强大中小学间的联系重要性，"怎么估计也不会过分"，"如果大学不全面参与，我们国家就不可能实现中等及初等教育目标。"

大学与中学合作的具体方式有：召集大中小学联席会议，确定合作项目；大学敞开大门，为中小学教师进修提供方便；大学教师走出校门到中小学去，与中小学教师一道开展教学实验等。

当然，大学对中小学施加影响的最重要的途径，莫过于师范教育。20 世纪 80 年代推出的报告《国家处在危机中：教育改革的必要性》、卡内基特别工作组所写的报告《一个做好准备的国家：为 21 世纪培养教师》以及由 14 所研究型大学教育学院院长组成的"霍尔姆斯工作组"撰写的《明日之教师》等报告，都提出改革师范教育的许多具体建议。首先，它们都建议取消本科师范教育，建立教学硕士学位；其次，两份报告都建议建立更严格的教师从业标准，大幅度提高教师工资。

此外，大学校长们还建议通过提高录取标准来影响中学的课程设置。

第二，加强普通教育课程，纠正大学教育过于职业化的趋势

普通教育与专业教育的关系是近现代教育史上一直争论的课题。在新科技革命时期，赋予这种关系以新的含义。新的科技革命要求大学培养的高级人才不但要有精深的专业知识，还要有广博的知识；不但要有创造思维能力，还要有很强的动手能力。总之对通识教育和专

业教育及其综合的要求提高到了全新的高度。

但是，美国高等教育自大发展以来日趋职业化，这主要是因为受经济因素的牵制，学生受到巨大的就业压力。1984 年美国人文科学基金会发表了题为"重建遗产"的报告，强烈呼吁纠正大学中轻视文科的倾向。该报告指出，75%的美国高校不要求大学生掌握欧洲史，72%不要求大学生学习美国文学或美国史，50%不考查本科生的外国语。卡内基教学促进基金会主席波耶在《学院：美国本科生教育经验》中指出，"我们最主要的敌人是割裂：在社会中我们失去了文化的内聚力和共性，在大学内部是系科制、严重的职业主义和知识的分裂"。[①]因此他建议学生用更多的时间学习普通教育课程。类似的报告还有许多，其结果是，许多大学例如哈佛大学、斯坦福大学、麻省理工学院等都相应加强了文理普通教育课程。

（2）增加大学基础科研投资，促进交叉科学研究

1975 年以后，美国大学科研专项拨款逐年回升，从1975 到1979年间，以不变美元计算，共增加了24%。进入 20 世纪 80 年代以后，美国大学科研投资特别是基础科研投资取得更大进展。从 1981 年开始，联邦政府改变了对基础研究、应用研究和开发研究资助的比例，基础研究的资助比例从 27%增加到 38%。同时，对开发研究资助的比例却从 42%下降到 27%。1981 年到 1985 年，联邦对大学的基础研究资助增加了 26%，其中以物理、天文和宇宙空间科学研究的资助增加得最多。

1986 年 2 月，白宫科学专家小组经过 18 个月的调查研究，写出题为《美国大学和学院的健康发展》的报告。报告指出"美国的强大有赖于大学的科研"。实际上，1986 年全美科研和开发经费创 20 世纪 60 年代中期以来的最高水平，达 1220 亿美元。1987 年又比 1986年增长了 16%，占联邦预算总额的 6.3%。大学基础研究经费占联邦民用科研开发资金总额的 20%。

白宫科学小组还认为，未来最令人兴奋的研究工作往往在传统学

---

① 王英杰：《美国高等教育的发展与改革》，人民教育出版社，1993 年，第137 页。

科的交叉领域中，因此联邦政府已在大学建立了 11 个跨学科的工程学中心，取得初步成效。

（3）20 世纪 80 年代管理体制的改革趋势：联邦大学时代转向州立大学时代

从第二次世界大战开始，联邦政府对大学科学研究的资助成为大学特别是著名大学的主要财源。例如 1973 年，联邦对麻省理工学院的研究资助占该校研究开发经费总额的 85%。但进入 20 世纪 80 年代以来，情况发生了变化。里根政府实行"还权于地方"的政策，以减少联邦政府巨额开支负担。美国著名高等教育家克拉克·克尔（Klark Kel）认为，联邦大学的时代结束了，州立大学的时代开始了。

例如根据 20 世纪 80 年代中期的一组统计数据，美国州立大学的经费来源比例是：联邦政府占 11%、州政府占 64%、学生学杂费占 25%。此外，在 20 世纪 80 年代，许多州都增加了高等教育经费。以 1987—1988 年为例，州高等教育经费比 1985—1986 年增长了 11%，扣除通货膨胀率后净增长 5%。[①]

各州还积极促进高等教育为本州经济发展做出贡献。例如 1987 年全国州长联合会的一份报告指出："虽然大学的主要使命是教育而不是协助工业，但州立院校必须在本州帮助企业发展的计划中起关键作用。"为此，报告建议各州改革科研经费分配方法、资助大学购置和维修科研设备、资助和促进大学教师和企业科研人员之间的交流。

八、教育对外开放情况

1. 在美留学生教育现状[②]

（1）海外留学生数量

2011—2012 学年，在美留学生人数再创新高，达到 764495 人，

① ［美］J·布卢姆等：《美国的历程》，戴瑞辉等译，商务印书馆，1995 年，第 215 页。

② Fast Facts Open Doors 2012, 2012 Open Doors Briefing Presentation，http://www.iie. org/~/media/Files/Corporate/Open-Doors-Briefing-November-2012，2019-2-17；2011 年全国来华留学生数据统计，http://www.moe.edu.cn/publicfiles/business/htmlfiles/moe/s5987/201202/131117. html，2019-3-2.

比上一年度增加了 5.7%，

　　女性所占比例达到了留学生总人数的 44%。2011 年秋季新入学留学生为 228467 人，比上年增加了 6.5%。尽管如此，外国留学生占美国高校学生的比例仍低于 4%。

　　据调研显示，在美外国留学生数量的增长得益于其积极的招生工作、美国高校在海外不断增长的国际声誉、知名度以及不断拓展增多的国际合作等。其中，中国、沙特阿拉伯留学生的持续增长显著，前者主要是通过开设 ESL 课程（英语作为第二语言）、增加辅助服务、提供学术、社会、文化方面的专题工作坊等促进校园和谐与文化融合。后者则针对"阿拉伯之春"的政治、经济影响，对留学生提供奖学金、学费减免、短期贷款、餐饮住宿、校内招聘等。

　　（2）学历教育生数量

　　在 2011—2012 学年赴美留学生中，本科生人数自 2000 年以来首次超过研究生，本科生人数达到 309342 人，研究生人数达到 300430 人。

　　（3）留学生生源地分布

　　2011—2012 学年，在美留学生中，来自中国内地的学生人数位居首位，达到 194029 人，占在美留学生总人数的 25.4%，其后国家和地区分别是印度（13.1%）、韩国（9.5%）、沙特阿拉伯（4.5%）、加拿大（3.5%）、中国台湾（3%）、日本（2.6%）、越南（2.0%）、墨西哥（1.8%）、土耳其（1.6%），来自前五名国家的留学生占到了留学生总数的 56%。其中，与上年相比，中国、沙特阿拉伯、越南、墨西哥的学生数量呈递增趋势，沙特阿拉伯的递增幅度尤为突出，达到 50.4%。

　　（4）留学生接收地分布

　　2011—2012 学年，美国的加利福尼亚州、纽约州以及得克萨斯州吸纳了 32% 的外国留学生，人数分别为 102789、82436、61511。而就高校而言，南加州大学、伊利诺州立大学－香槟分校、纽约大学位列三甲，招收外国留学生数量分别为 9269、8997、8660 人。据相关资料显示，拥有外国留学生数量达到 1000 名及以上的美国 200 家相关机构，其接纳外国留学生人数占留学生总量的 66%。此外，对于具有博士学位授予权的高校而言，其所招收的留学生数量达到了总人数的 63.7%。

（5）主要学习研究领域

2011—2012 学年，在美留学生的主要研究领域中，STEM 领域（即科学、技术、工程、数学类）所占比例达到了 41%。

（6）留学生主要资金来源

2011—2012 学年，在美留学生主要资金来源位居首位的是"个人与家庭"，所占比例达到了 63.6%，其次分别是来自"美国大学与学院"(21.5%)、"外国政府或大学"(5.8%)、"当前就业支持"(5.3%)、"国外私人赞助"（1.3%）、"美国私人赞助"（0.8%）、"美国政府"（0.6%）、"国际组织"（0.2%）、"其他来源"（0.9%）。据美国商务部统计，2011 年，在美留学生为美国的经济发展贡献了逾 227 亿美元。

（7）赴海外进修生情况

2010—2012 学年，总计 273996 名美国学生赴海外学习并取得学分，比上年增长了 1.3%，女性所占比例为 64%。在过去的 20 年间，赴海外留学的美国学生已增至 3 倍之多。英国、意大利、西班牙、法国、中国是位居前列的首选留学国家，所占比例分别为 12.1%、11.1%、9.5%、6.2%、5.3%。总体而言，欧洲国家吸纳了 54.6% 的美国留学生，亚洲仅为 11.7%。留学时间仍以短期居多，或集中于暑期或少于八周，所占比例达到 58.1%，以学年为基准的长期留学仅占 3.9%。

2. 美国留学生教育政策评析

外国留学生教育事业在增进国际合作与交流，促进文化与思想传播，提升本国国际地位和影响力方面发挥了重要作用。美国在推进其国际化进程中，吸引了来自全球的众多优秀学子，一方面得益其高等教育、科研条件及经济实力居于世界领先水平，另一方面得益其所推行的诸多留学生支持政策。同时，美国优质教育资源的全球共享，亦在一定程度上与其文化渗透经济利益、政治话语密切相关。

（1）十万强计划

基于中美合作伙伴关系的重要地位，奥巴马总统于 2009 年提出"十万强计划"，目的在于大幅度增加赴华留学生数量，推进学生多样化。数据显示，赴美的中国留学生人数约为赴华的美国留学生的十倍之多，而学习英语的中国人约为学习汉语的美国人的六百倍左右。此种知识交流的不均衡对削弱两国间的战略互信基础有其不良影响。由此，为采取积极有效的外交政策，需要开展跨文化交际所必需的文化理解力和语言技能，需要促进双方知识、文化交流的均衡。另一方面，随着美国民众对中国及其文化的关注度愈发提升，赴华留学的美国学生在 2001 至 2007 年以每年 30% 的比例持续增长。在此背景下，与已有的海外留学政策不同。"十万强计划"完全依赖于私营机构的慈善支持，并把寻求扩展的已有中美教育交流项目作为主要资助对象，据初步估计，至少需要 6800 万美元以资助该计划的开展。目前，计划已接收了逾 1500 万美元的支持，中国政府已为赴华美国学生提供了 2 万个奖学金名额。

2012 年，在时任中国国务委员刘延东与美国国务卿希拉里·克林顿共同主持的第三轮中美人文交流高层磋商闭幕会议上，希拉里宣布了进一步推动"十万强计划"的新举措，主要包括：福特基金会拟资助创建一个私立非营利性机构以专门支持计划的开展；企业将继续为学校和海外留学项目提供助学金，重点针对不发达地区和社区内未受关注的高中生，中国银行、微软公司、摩托罗拉移动基金会加入该计划并分别提供 31.5 万美元、10 万美元和 40 万美元；号召传统黑人学院和大学采取行动，使其赴华学生增加一倍；强化两国地方级组织机构间的合作；美国国际教育协会与国家汉办合作设立一项新的奖学金，重点针对美国攻读硕士、博士学位的研究生，以资助其在华进行为期 2 到 3 学期的语言培训、课程学习与项目研究的开展。①

---

① 100,000 Strong Initiative-Fact Sheet，http://www.state.gov/r/pa/prs/ps/2012/05/189305，2019-2-15.

（2）富布莱特项目[①]

2011年，富布莱特项目已走过了65年的发展之路。以"促进美国人民和世界各国人民的理解"为宗旨，该项目体系下的若干子项目（包括富布莱特学生项目、学者项目、休伯特·汉弗莱奖学金项目等）每年为美国本土和各国师生、学者提供学习进修、教学实践、开展研究的机会。项目在学科、专业选择上具有较为严格的限制，主要集中在人文社会科学领域。自1946年项目执行以来，虽有学者指出富布莱特项目在传播美国价值观，实施意识形态渗透等方面需引起交流对象国的警惕，但不容否认其在促进世界学术交流、培养全球未来领袖等方面所凸显的重要作用。

据富布莱特2010—2011年度报告"庆祝富布莱特项目65周年：给世界的礼物"表明，富布莱特团体已拥有逾31万名"学友"，其中不乏总统、首相、诺贝尔奖、普利策奖得主等杰出人才。2010—2011学年，代表165个国家和139个学术领域的8800人参加该项目，逾800家相关机构招收项目受资助者或参与了美国本土项目参与者的推荐。

值得一提的是，在该项目的组织实施方面，受到了上至政府机构下至民间组织的支持和响应。通常由国会组建12人富布莱特外国奖学金董事会，其对受助者的入选承担最终责任并监督项目在国内外的执行。美国国务院教育和文化事务局主要负责项目的执行，向国会提交年度预算申请，并在国会同意下决定资金在各项目参与国之间的分配。美国教育部管理的富布莱特-海斯项目旨在改善美国的现代外语教育和国际与地区研究。此外，在项目的进展过程中，亦需要其他组织的协助与支持，如美国国际教育协会、国际学者交流委员会等。而两国富布莱特委员会、富布莱特协会以及世界各地的学友会组织亦在全球范围内推进项目的深入、持续开展，扩大影响力，对项目参与人提供咨询援助等方面有其宣传、服务、带动作用。

---

① 2020年7月中旬特朗普政府宣布停止中美富布莱特项目。Celebrating Fulbright at 65: A Gift to The World，http://eca.state.gov/fulbright/about- fulbright/j-william-fulbright-foreign-scholarship-board-ffsb-reports，2019-3-4.

富布莱特项目最大的资金来源是国会给予国务院的年度拨款,此外,项目合作各方通过直接投资、学费减免、住宿提供等方式给予间接支持。2010财政年度,国会对富布莱特项目拨款2亿5380万美元。

不仅如此,语言是文化传播和交流的重要媒介。作为鼓励学生流动、推动国际合作与发展的又一重要政策,早在1958年《国防教育法》第六款中,即有关于语言发展的相关条款,要求美国学校更多地使用非通用外语,鼓励俄语、汉语、日语、阿拉伯语、印度语和葡萄牙语的学习,并对其历史、文化和政治制度开展深入研究。2006年,为提高美国民众的国际交流能力,包括美国国务院、国防部、教育部、国家安全局等在内的美国政府多部门联合推出一系列语言关注计划。作为其中的项目之一,国家安全语言青年倡议项目旨在提高美国民众在国际舞台的交际能力。借助海外语言学习机会的有形激励,使学生充分融入留学所在国的语言、文化环境,通过参与正式或非正式的语言实践并激发其对异域语言和文化的终生热情和浓厚兴趣。正是基于其精通的语言和多元文化理解能力,推进国际对话的开展,巩固个人乃至美国在全球经济环境中的竞争优势。

九、美国知名大学简介

1. 哈佛大学 (Harvard University)

(1) 学校特色

哈佛大学是美国最古老的高等学府,也是世界上最负盛名的名牌大学之一。哈佛的创办者是一批从英格兰远道而来的清教徒。1636年,马萨诸塞海湾殖民地成立六周年之际,移民大会为了保存欧洲的传统文化决定建立一所以培养牧师为宗旨的学校。后来,他们的思想中逐渐衍生出了求真求实的学习态度,影响着一代又一代哈佛人,教导他们以此作为自己的行动指南。

哈佛大学教学的一大特点是老师大多采用案例教学法上课,课堂上没有原则性的东西让学生做笔记。老师们的授课方式非常灵活,教学内容根据案例的实际情况来定。但是每次上课之前学生们都得研究各个案例，和同学讨论。因而哈佛大学课堂效率特别高。所以在哈佛读书意味着学生要在课前完成几乎所有作业，学生要花很多时间准备一门课，每天下午下课后就要开始准备下一节课的东西，每一个案例需要准备 2—3 小时，一天一般需要准备 2—3 个案例，也就是要花4—9 个小时进行预习。这种学习模式像是学游泳，教练先把学员扔到游泳池里，让他自己扑腾几下，再解释游泳的具体动作。因为学生之前已经有一些动作记忆，所以后面再练习的时候效率会更高。

此外，哈佛学生的学习压力很大一部分来自学校的淘汰机制。哈佛每年有大约 20%的学生会因为考试不及格或者修不满学分而不得不休学或退学，而且淘汰学生的考评程序并不是学期末才开展，教师每堂课都会记录学生的发言成绩，平时成绩占到学生总成绩的 50%，这就要求学生均匀用力、不能放松。因为这样一个淘汰制，每年班级里都会有人被退学。所以高度的学习压力，也是哈佛校园生活的特征。

（2）优势专业和学院

经济学（Economics）、数学（Mathematics）、计算机科学（Computer Science）、生物学（Biology）、文学（Literature）。

商学院：建于 1908 年的哈佛商学院（Harvard Business School，简称 HBS）是美国顶尖的商学院，享有极高的国际声誉。被美国人称为培养商人、主管、总经理的"工厂"，美国许多大企业家和政治家都在这里学习过。美国 500 强公司里担任最高职位的管理人员中，有五分之一都毕业于这所学院。哈佛工商管理硕士学位（Master of Business Administration，简称 MBA）成了权力与金钱的象征，也是许多美国青年梦寐以求的学位。每年美国大学商学院的 MBA 课程招生中，申请哈佛商学院的人数最多，竞争也最激烈。哈佛经典的案例教学法也是源于哈佛商学院。

（3）学生活动

哈佛大学有各种各样的学生社团，包括学术类社团和兴趣爱好类社团。校园内有各种交响乐团、阿卡贝拉乐团、戏剧表演社团、政治参与社团（如模拟联合国）、社区服务社团等。还有很多诸如哈佛大学咨询社团（Harvard College Consulting Group）、哈佛财务分析社团（Harvard Financial Analysis）等有名的社团。哈佛学生还参与运营校报《哈佛红》（*The Harvard Crimson*）和讽刺杂志《讽刺文》（*The Harvard Lampoon*）。

此外，哈佛大学和耶鲁大学之间一年一度的橄榄球赛是一项万众期待的学生活动，比赛一年在哈佛大学举办，一年在耶鲁大学举办。哈佛大学学生穿红色球服，耶鲁大学学生穿蓝色球服，每年一到比赛季，两校的所有学生都会集中在一起，积极地给自己的学校加油，场面非常热闹。

（4）语言要求及学费

托福要求：100　雅思要求：7.5　年均学费：43000 美元

2. **麻省理工学院**（Massachusetts Institute of Technology，**简称 MIT**）

（1）学校特色

麻省理工学院创建于 1861 年，是美国一所著名的私立理工科大学，也是世界著名的科学技术教育及研究中心。位于距波士顿市区 3.2 公里的坎布里奇，与哈佛一起，使这座城市成为名副其实的大学城。主要培养工程师和技术人员，非常注重培养学生的创新、独立研究及工程能力，设有"本科生研究机会计划（UROP）""独立活动时期（IAP）"等一系列实践创新能力培养项目[①]。

麻省理工学院非常重视自然科学和工程方面的教学，麻省理工学院的电子工程和计算机科学被认为是全美最好的。这两个专业的学生可以选择 5 年项目，完成后直接拿到硕士学位。为了改变"麻省理工毕业生都在为普林斯顿和哈佛大学的毕业生打工"的看法，学校还新设立了专门的管理辅助课程，以保证未来的工程师在掌握一流科学技术的同时，能对科技的社会环境及市场有深入了解。其工程学科、数学学科、物理学科、科技学科、计算机科学等诸多学科的专业总排名位居全美第一。麻省理工是全美最富有也最慷慨的大学，所有家庭年收入低于 75000 美金的学生一旦被录取，一律免除学费。

---

① 杨立军：《从十大名校看美国式精英教育》，学林出版社，2007年，第17页。

（2）优势专业

工程（Engineering）、计算机与信息科学（Computer and Information Sciences）、自然科学（Physical Sciences）、生物（Biology）、商科（Business/Marketing）、数学（Mathematics）。

（3）学生活动

麻省理工学院提供了数以万计的方法来锻炼学生的大脑和身体。闪闪发亮的泽西格体育健身中心（Zesiger Sports and Fitness Center）拥有一个和奥运场馆同规格的游泳馆。其他室内设施包括约翰逊体育中心、罗克韦尔笼、杜邦体育中心以及其他季节性设施（如帆船馆、皮尔斯船屋和约翰逊冰场）均对每一名麻省理工学院学生以及教职工开放。

麻省理工学院拥有经常参加校际体育活动的男性球队 16 支，女性球队 15 支以及男女混合队 2 支。大约20%的本科生至少参加过一个学校代表队。麻省理工在体育竞技方面的竞争对手主要是新英格兰和其他常春藤盟校。

如果你喜欢体育运动，但无法按照学校运动代表队的作息时间训练，则可以选择加入麻省理工学院的体育运动俱乐部。俱乐部活动包括射箭、跳舞、拳击、骑自行车、橄榄球、足球以及武术。学生们一共建立了450多个社团，每年都会有新的社团出现。而且在麻省理工学院你能够找到独一无二的社团：水下曲棍球社团、折纸俱乐部以及非常著名的巧克力科学实验室（Laboratory for Chocolate Science）。

（4）语言要求及学费

托福要求：90　　雅思要求：7.9　　年均学费：48000 美元

3. 布朗大学（Brown University）

（1）学校特色

布朗大学成立于 1764 年，是美国历史上成立的第七所高等学府。与其他常春藤盟校最大的不同在于其特别崇尚自由，学生只需在四年内通过 30 门课，并证明自己在文字表达方面达到毕业要求，就可以毕业。与文理学院（Liberal Arts College）相比，布朗大学更加注重学生自由发展，更愿让学生充分拓展、发挥各方面潜力。

开放课程（Open Curriculum）是布朗大学最具特色的课程安排。学生除了修读本专业的必修课，可以自由安排空余时间，选择自己想学的任何课程。与开放课程相对的是核心课程（Core Curriculum），核心课程是指学生必须修读的课程。美国一些大学会对本科生开设核心课程，如芝加哥大学和哥伦比亚大学会规定学生大一应该上哪些课，大二上哪些课。

与核心课程相比，开放课程强调自由选择。不过，自由并不是降低对学生的要求，而是对学生提出了更加严苛的要求。因为自由选择意味着学生要独立、要有极强的自主性。所以，布朗大学的老师评价学生时首先看重学生是否独立、有主见。

布朗大学没有官方的平均学分绩点（GPA）。布朗大学的老师们认为，学生容易被 GPA 绑架。学生上课、参加讨论、写论文、做研究，都不应该和 GPA 挂钩，因为学生可能会为了 GPA 而完成学术任务。而如果没有 GPA 的影响，学生在学习过程中会少一分功利心，更投入地进行学术研究[1]。

布朗大学极度自由的教学制度对于有强烈求知欲和强大自制力的学生有极大的吸引力，这种教学制度也有助于他们涉猎不同的学术领域，在大学期间学到更多、更广泛的学科知识。不过，布朗大学可能不大适合非常听话、不善于独立思考的学生。"过于听话"和习惯"按部就班"的学生到了布朗大学可能会不知所措。

（2）优势专业

布朗大学非常重视文科教育，人文学科是学校的优势学科，且古典文学、英文、历史、西班牙文和艺术史等方面的研究处于世界领先水平。此外，布朗大学的心理学、生物学、机械工程、土木工程、计算机科学也非常出名。以下是布朗大学的优势专业：

社会科学（social sciences）、地区与种族研究（area and ethnic studies）、生物（biology）、商科（business）、历史（history）、英语（English）、外国语言与文学（foreign languages and literature）。

---

① 舸昕：《漫步美国大学》，哈尔滨工业大学出版社，2000年，第76页。

（3）学生活动

午夜风琴演奏会（Midnight Organ Recital）

每年在万圣节午夜，学生们会聚在塞勒斯大厅（Sayles Hall）一起听风琴音乐会。学生们拿着毯子和枕头一起聚在大厅，听学校的风琴手们演奏一系列优美乐曲，通常这些音乐都是与死亡主题相关的。风琴手们演奏的是世界上现存最大的哈钦斯-维蒂（Hutchings-Votey）风琴。另外还有一次风琴演奏会在冬季假期之前举办的，许多布朗大学的音乐组合会在塞勒斯大厅内演奏与假期主题相关的乐曲。

甜甜圈裸奔（Naked Donut Run）

每个学期期末考试前的一段时间，布朗大学校园里会有一群学生不穿衣服在学校的图书馆或自习室外为那些学习的学生提供甜甜圈，以缓解学生们的学业压力。不过，2010年秋季的甜甜圈裸奔活动被不了解学校这一传统的保安中断了。自那以后布朗大学的公共安全部门表示以后不会再去阻止这一活动。

春季周末音乐会（Spring Weekend Concerts）

自 1960 年开始，学生每年都会在春天聚在学校绿地上聆听春季周末音乐会。这些音乐会由学生独立运营管理。一些知名演员、歌手如鲍勃·迪伦（Bob Dylan）、雷·查尔斯（Ray Charles）与史努比·狗狗（Snoop Dogg）都参加过布朗大学的春季周末音乐会。

（4）语言要求及学费

托福要求：90　雅思要求：7.0　平均学费：49000 美元

4. 宾夕法尼亚大学（University of Pennsylvania, 简称 UPenn）

（1）学校特色

宾夕法尼亚大学是八所"常春藤盟校"之一，也是美国的顶尖学府。宾夕法尼亚大学于 1740 年由美国著名科学家和政治家、独立宣言起草人之一本杰明·富兰克林创办，位于美国宾夕法尼亚州的费城。这里诞生过许多美国教育史上的"第一"。例如，成立了全美第一所医学院、第一所商学院、第一个学生会组织，诞生了人类历史上第一台通用电子计算机等等。宾夕法尼亚大学不仅首先设立了科学课程，还是第一个开设历史、数学、农学、英语和现代语言等课程的美国大学。可以说宾夕法尼亚大学开创了现代美国教育的先河。

（2）优势专业和学院

宾夕法尼亚大学的金融专业和护理专业排名全美第一，教育学、经济学、医疗、历史学、法学、英语、商科及其他众多专业皆排名全美前十，艺术、人文、建筑与工程教育等学科也均处于世界领先地位。

医学院：宾夕法尼亚大学的医学院和沃顿商学院在全美常年排在前五名，这两所学院是宾夕法尼亚大学最著名的两所学院。宾夕法尼亚大学的医学院是美国的第一所医学院，由费城学院的第一届毕业生约翰·摩尔根创立于 1765 年①。医学院成立之初对录取学生的要求就非常高：新生在入学前必须曾跟随有良好声望的医生学习 3 年；必须懂拉丁语、希腊语、法语、数学等等。19 世纪初，美国有 5 所医学院，600 多名学生，宾夕法尼亚大学医学院的学生就占了 400 多名。到了 20 世纪，宾大医学院毕业的学生对美国医学发展做出了很大贡献，美国的军医局长、卫生局长近四分之一都来自宾大。

沃顿商学院：宾夕法尼亚大学首屈一指的沃顿商学院创立于 1881 年，是美国第一所大学商学院。沃顿商学院的名气在 20 世纪 80 年代达到了顶峰。当时在美国工商界叱咤风云的"三大亨"（"房地产大亨"特朗普、"垃圾债券大亨"密尔肯、"金钱大亨"狄奇）都是沃顿商学院的毕业生。

宾大的法学、医学和建筑也都是全美一流的水平，中国著名建筑历史学家梁思成就在这里学习过。

（3）学生活动

宾夕法尼亚大学的橄榄球队尼塔尼雄狮队在全国大学体育协会（National Collegiate Athletic Association，简称 NCAA）很出名，几乎每年排名都在全国前 20。一些学生在学校数载，就算不知校长是谁，但也都知道前传奇教练乔·帕特诺（Joe Paterno）的名字与长相。每年的赛季中，前往海狸大球场、布莱斯乔丹中心、杰佛理球场、冰球场、莱克莱辛球场等地为尼塔尼雄狮队加油助威也是学生活动的一

① 寇至中：《美国大学一览》，光明日报出版社，1989年，第46页。

部分。

宾夕法尼亚大学拥有许多不同的学生社团，每个专业都有自己的专业社团，还有辩论社等活动社团以及各种宗教社团等。宾夕法尼亚大学拥有世界上最大的学生慈善活动：宾夕法尼亚大学学生及校友舞蹈马拉松活动（Penn State IFC/Panhellenic Dance Marathon，简称THON）。每年THON都会组织长达两天的慈善舞蹈马拉松，参与者须连续46小时不停地跳舞为医学院癌症中心捐款。截至2013年，THON已经为癌症中心的捐款累计超过一亿美元。

宾夕法尼亚大学被认为是最能闹腾的常春藤学校。宾大师生们坚持"努力工作努力玩"（work hard, play hard）的核心发展观，将宾大变成了全美第一"派对学校"（party school）。

宾大的其他著名节日包括：

常春藤日（IVY Day）：是毕业班在毕业前一个星期的星期六种植常春藤并放置"常春藤纪念石"的活动。

嗨日（Hey Day）：大三学生在这一天野餐、进行"嗨！嗨！嗨！"游行和演讲，庆祝自己升入大学四年级。

1月17日创始人日（Founder's Day）：纪念本杰明·富兰克林（本叔叔 Uncle Ben）创立学校的活动。

（4）语言要求及学费

托福：100　　雅思：6.5　　年均学费：48000美元

第五章 职业教育与特殊教育

一、职业教育

1. 职业教育政策与发展

职业教育是美国教育系统的重要组成部分,它在为美国培养工农业及第三产业专门人才、提高就业率、推动经济发展等方面做出了重大贡献。美国职业教育的发展历史与其职业教育立法密切相关。通过了解美国职业教育立法过程,我们可以窥见美国职业教育的发展历程。1864 年,美国马萨诸塞州颁布了《马萨诸塞教育法》,率先引入英国的学徒制。这一举措既是为了工业发展的需求,也是为了解决大量贫困孤儿的安置问题[①]。美国殖民地时期的学徒制,作为美国职业教育的起源,是当时青少年获得文化知识和从业技能的重要途径。1862 年颁布的《莫里尔法案》给各州拨付公共土地,由州以土地所得作为兴建农工学院的基金。通过该法案建立的以培养工农业专门人才为目的学院通常称为增地学院[②]。此法案是美国第一部职业教育法,开创了在高等教育中发展职业教育的先河。1917 年,美国国会颁布《史密斯-休士法》。该法案规定,各州需为 14 岁以上的青少年提供职业化教育。公立学校高中阶段开始分设普通科、学术科和职业科。由此,普通中学初步演变成兼具升学和就业双重职能的综合中学。该法案使美国中等职业教育实现立法化、制度化管理。为改善美国教育

---

① 吴诗、郭丽媛、黄胜堂:《美国职业教育的演变与思考》,载《大学教育》,2018 年,第 9 期,第 241-244 页。

② 吴诗、郭丽媛、黄胜堂:《美国职业教育的演变与思考》,载《大学教育》,2018 年,第 9 期,第 241-244 页。

制度，增强美国国防能力，美国国会于 1958 年颁布《国防教育法》。该法案使联邦政府对职业教育资助大幅度提升，也因此其被认为美国"一百多年第一个重大资助教育的法案"[1]。1963 年颁布的《职业教育法》，扩大了职业教育的对象，丰富了教育形式，增加了职业教育资金拨款，从而使职业教育成为面向社会各阶层，各年龄组的教育。为解决失业问题，美国国会 1974 年通过了《生计教育法》。生计教育计划要求以职业教育为中心，将普通教育与职业教育结合起来，并将其贯彻到各级学校、各个学科之中。随着 20 世纪 80 年代高科技产业的快速发展，社会对综合性、复合型人才需求陡升。职业教育的现代化问题也被提上日程。1990 年《帕金斯职业教育》法案出台，其规定各州制定"技术准备教育计划"，为学生从学校到工作岗位的顺利过渡做好准备。随后颁布的《学校到工作过渡多途径法案》更加关注学生技能与岗位需求的契合度，期望通过学习本位教育和工作本位教育相结合来推动学生从学校生活顺利过渡到职业生涯[2]。后来颁布的系列帕金斯法案，更为关注终生职业教育和全民职业教育和个人职业生涯发展，从而进一步推动美国职业教育发展改革。

2．职业教育体系

（1）实施机构

美国职业教育一般分为中等和高等两个层次，中等职业教育主要在综合中学实施，高等职业教育主要在社区学院实施。

1）综合中学的中等职业教育

综合中学一般分为普通科、学术科和职业科。职业科主要涉及工业、农业、办公室工作与商业、产品销售、家政、卫生、技术七类。不同综合中学根据其具体情况开设其中一类或多类。职业科的课程主要包括普通课、职业技术课、实践课三部分。为了锻炼学生实际操作能力，综合中学一般设有木工、电工、汽车修理等实习车间，并配有相应的实习指导老师[3]。

---

① 见 https://baike.baidu.com/item/美国国防教育法/4021196?fr=aladdin#ref_[1]_23682310。
② 吴雪萍：《国际职业技术教育研究》，浙江大学出版社，2004 年，第 267 页。
③ 吴雪萍：《国际职业技术教育研究》，浙江大学出版社，2004 年，第 269 页。

综合中学的职业教育也会采取合作教育（工读课程计划）的方式，即学校与企事业单位一同对学生进行职业教育。雇主代表组成的顾问委员会为合作教育计划课程提供咨询，并为学生寻找工作机会。接受合作教育的学生，一般上午在校学习，下午在工作岗位上工作。学生主要由教师协调人和工作岗位管理员联合管理。此外，为了节省综合中学的经费和提高职业教育质量，若干学区的综合中学还会联合举办地区职业教育中心作为综合中学职业教育的补充①。其主要目的是为综合中学提供职业课教学场所。职业教育中心的学生一般一半时间在综合中学学习普通文化课，一半时间在中心学习职业课②。地区职业教育中心的设立有利于提高教育资源利用率，实现教育资源共享。

2）高等职业教育的社区学院

美国社区学院的职业教育的专业和课程具有明显的地方性和多样性，其课程设置主要出于实用的目的，以满足社区各行各业的需求为主，因此，在一定程度上反映了本地区的实际就业趋势。如洛杉矶市立学院是一所大城市综合性社区学院，其设置系科比较全面，共设33个系，80余专业③。该学院可授予文协学位和职业证书学位。由于社区学院职业教育注重实际知识和实际技能的教学，因此，教师在获得州政府颁布的教师证书外，还需要有丰富的实践经验。其教师一般分成专职和兼职两种。专职老师一般从事理论基础与其他基础较强的课程教学。兼职老师一般由某一领域的专家以及生产一线的工程技术人员等构成，主要从事针对性教学。社区学院的兼职老师多于专职教师，一般比例为6：4④。除了护理学和核医疗技术等个别专业，学生入学无须经过考试，中学毕业或具有同等学历者均可报名入学。

（2）职业教育管理系统及资金来源

管理体制：由于美国是联邦制国家，所以职业技术教育的行政管

---

① 吴雪萍：《国际职业技术教育研究》，浙江大学出版社，2004年，第269页。

② 美国职业技术教育［EB/OL］. https://baike. baidu. com/item/美国职业技术教育/22899078?fr=aladdin,

③ 毛澹然《美国社区学院》，高等教育出版社，1989年，第191页。

④ 吴雪萍：《国际职业技术教育研究》，浙江大学出版社，2004年，第275页。

理以地方为主。美国职业教育的管理机构是州一级设立的职业技术教育委员会或类似机构，统筹、协调和规划全州职业技术教育[①]。美国职业技术教育的经费主要依靠当地财产税、州政府拨款、联邦政府资助和学生学费。当地财产税，约占学校收入的45%，州政府拨款，占学校收入的18%—20%，联邦政府资助，约占10%，学生学费占8%—10%[②]。社区学院还可通过扩招国外留学生以及社区职业服务项目来获取收入。

3. 职业教育面临问题及改革措施

美国职业教育面临的主要问题之一就是缺乏学校教育与学生就业之间的过渡措施。综合中学很少帮助学生寻找好工作，没有良好地培养学生工作的态度，解决问题的能力和团队精神等重要品质。学生所学知识与未来工作缺乏紧密联系，学生对学校教育不满，由此辍学率不断上升。此外，公众对职业教育的不关心，不愿为职业教育承担纳税负担是美国职业教育面临的另一困境。学生家长对学校设置职业教育课程不理解，对联邦政府推出的职业教育改革计划不信任，自然不愿意为职业教育发展买单。另外，虽然由地方管理的职业教育有利于各地区因地制宜制定职业教育计划，但是缺乏统一的规划和管理则易造成资源的浪费[③]。

经济全球化和科技发展对美国职业教育提出新的挑战与要求。针对职业教育中出现的问题，美国进行了一系列的教育改革。对于缺乏统筹规划这一问题，联邦政府立足于州和地方推行职业教育政策，加强对州和地方政府对职业教育的统一管理。《美国2000年的教育战略》报告点明了美国职业教育领域学校与企业分离的现状，指出学校教育与实际工作紧密结合的必要性[④]。美国职业教育愈加注重个人能力和技能的培养，以满足实际工作的需求。为了更好地解决学生从学

---

① 许发海：《独具特色的美国职业技术教育体系》，载《文教资料》，2006年，第8期，第28-29页。

② 许发海：《独具特色的美国职业技术教育体系》，载《文教资料》，2006年，第8期，第28-29页。

③ 吴雪萍：《国际职业技术教育研究》，浙江大学出版社，2004年，第280页。

④ 吴雪萍：《国际职业技术教育研究》，浙江大学出版社，2004年，第281页。

校过渡到工作的问题，美国政府还推行"从学校到工作"（School to Work，简称 STW）计划。STW 计划致力于构建教育、职业、就业一体化的教育体系，使学生顺利走向社会，减少学生因缺乏过渡措施而引起的不满。

二、特殊教育

1. 特殊教育发展历史

美国特殊教育伴随着美国普通教育发展逐渐产生，分离出来，其发展大致可以分为三个阶段，殖民地时期；独立战争——战前时期；战后时期。

（1）殖民地时期

在殖民地时期，美国民众生活艰辛，尚自顾不暇，对于社会残障人士等弱势群体，更谈不上关注。美国政府在社会福利上不作为、不介入，倒是社会慈善机构承担起照顾残疾人群的责任。据资料记载：1850 年，贫民院的居住者约有 60%是盲人、聋人、精神患者和智力障碍者。在这一时期，美国尚无专门的特殊教育机构，主要由具有济贫性、慈善性、管教性的艺徒制（学徒边从事劳动边接受师傅关于操作技艺教育的一种教育形式）承担培训残疾人职业技术的职能[1]。此时，美国还未产生真正意义上的特殊教育。

（2）独立战争——战前时期

在 18 世纪末至 19 世纪中期这一阶段，艺徒制逐渐衰落，社会团体以及个人慈善机构在政府的大力支持下承担收容并对残障儿童、青少年进行简单教育的职能[2]。其实施对象主要针对生理和心理存在障碍以及犯罪青少年儿童。此时，特殊教育模型初显，概念进一步明晰。随着 19 世纪 20 年代公立学校运动兴起，具有生理和心理疾病的儿童纷纷进入普通学校，行使其接受义务教育的权利。对于这些在学习上

---

① 杨民：《世界特殊教育研究》，辽宁出版社，2004 年，第 380 页。
② 杨民：《世界特殊教育研究》，辽宁出版社，2004 年，第 381 页。

存在障碍的学生，普通学校专设"不分级制班"①。特殊教育的职能
纳入普通学校职能之中。随后 19 世纪初期至 19 世纪中期，专门教育
残疾儿童的特殊学校陆续出现，特殊教育逐渐从普通教育中分化出
来。1817 年，托马斯·霍普金斯·加劳德特成立了美国最早的聋校，
此后各种类型的残疾儿童学校如雨后春笋般纷纷设立。19 世纪后期，
特殊教育随着普通教育的发展也兴旺起来。这一时期，黑人残疾子女
教育发展起步，聋人教育在加劳德特家族的推动下向高等教育发展②。
而在 20 世纪 30 年代，由于缺乏一致的特殊教育理论指导以及政治经
济因素的影响，特殊教育呈衰落之势。

（3）战后时期

战后时期尤其是 20 世纪 70 年代以后，美国特殊教育繁荣发展。
特殊教育对象分类进一步明确细化；国家颁布相关法律法规保障特殊
教育儿童受教育权利；多种教育方式结合的特殊教育体系逐渐形成。
在这一时期，美国政府颁布的美国特殊教育法律法规主要有：1973
年《康复法案公法》，1975 年《所有残障儿童教育法》，1990 年《美
国残障法案》，2001 年《不让一个孩子掉队》法案。随着法案的颁布
与落实，相应的资金拨款资助体系也逐步完善。一般而言，特殊教育
45%的资金来源于州政府，46%来自地区区域资助，剩余 9%则出自
IDEA（残疾人教育法案）基金会③。由此可见，战后美国特殊教育由
主要依仗社会资助转为依靠政府资金支持。政府对于特殊教育愈加
重视。

2. **特殊教育体系**

特殊儿童主要包括智力残疾、听力残疾、言语或语言残疾、视力
残疾、重度情绪障碍（也称情绪障碍）、发展迟滞、体残疾、孤独症、
创伤性脑损伤、多重残疾、其他健康残疾，以及特殊学习障碍等 13

---

① 杨民：《世界特殊教育研究》，辽宁出版社，2004 年，第 381 页。

② 杨民：《世界特殊教育研究》，辽宁出版社，2004 年，第 385 页。

③ Special education in the United States [EB/OL]. https://en. wikipedia. org/wiki/Special_
education_in_the_United_States.

类[1]。尽管教育专家对于给特殊儿童贴标签行为褒贬不一，但是不可否认的是，对特殊儿童进行分类有助于根据特殊儿童的不同需求实施相应的治疗和教育方法。

表8　2006—2007年美国6—21岁特殊教育各类学生状况[2]

Disability（残疾）	Students（学生）	Percentage（百分比）
Deaf & blindness（盲聋）	1,472	0.0%
Visual impairment（VI）（视力残疾）	26,352	0.4%
Traumatic brain injury（TBI）（创伤性脑损伤）	23,932	0.4%
Orthopedic impairment（OI）（肢体残疾）	61,866	1.0%
Hearing impairment（HI）（听力残疾）	72,559	1.2%
Developmental delay（发展迟滞）	83,931	1.4%
Multiple disabilities（多重残疾）	134,189	2.2%
Autism（孤独症）	224,594	3.7%
Emotional disturbance（ED）（重度情绪障碍）	458,881	7.5%
Intellectually Disabled（ID）（智力残疾）	523,240	8.6%
Other health impairment（OHI）（其他健康残疾）	599,494	9.9%
Speech or language impairment（SI）（言语或语言残疾）	1,160,904	19.1%
Learning disability（LD）（特殊学习障碍）	2,710,476	44.6%

（1）科学的评鉴，诊断体系

在确定学生接受特殊教育之前，学生需接受特殊教育评鉴小组（School Based Support Team，简称SBST）的科学评鉴。评鉴小组一般由学校社会工作者，学校心理医师和教育评鉴教师等组成，小组中至少包括一名普通教育教师，一名特殊教育教师和一名残疾儿童专家。评鉴采取一对一模式，主要包括提出接受评鉴报告，评鉴的项目

---

[1] Special education in the United States [EB/OL]. https://en.wikipedia.org/wiki/Special_education_in_the_United_States.

[2] Special education in the United States [EB/OL]. https://en.wikipedia.org/wiki/Special_education_in_the_United_States.

和方法，评鉴结果的报告，建议特殊教育课程四个环节。评鉴报告可由教师或者家长，医生及年满 18 岁的学生本人提出[1]；评鉴项目包括体检，社会背景调查，个别心理评鉴和教育评鉴四个评鉴项目，而且评鉴必须采取正式测试形式，如 DIBELS（基本早期识字技能的动态指标，DRA（发展性阅读评价）等；通过科学综合的评鉴所得到的鉴定结论将以"评鉴结果报告会"的形式传达给学生家长；根据评鉴结果，学生可通过参与特殊班级（残障班、行为异常班和学习障碍班等）接受相应的教育课程。此外，12 岁以上的儿童还需参加职业测试。根据学生的兴趣和能力培养缺陷儿童，有利于提高特殊教育学生就业率。

（2）特殊教育体系和特殊教育管理

特殊教育以协助特殊儿童取得个人最大限度的自我满足和学业成就为目的，其在实施过程中具有极大的特殊性，不同类别的特殊儿童则需要不同的教育方法及评估方式。盲、聋、智力落后等缺陷儿童的教育在美国已经形成体系，从幼儿教育延伸到大学甚至研究生院。其中影响较大的学校有加劳德特大学、罗切斯特理工大学、柏金斯盲人学校等。以加劳德特聋人大学为例，其设有从出生到 18 岁聋童受教育的幼儿园、小学和中学；大学学院设有文理学科，共有 25 个专业，可授予文学士或理学士学位；研究生院可培养研究生和博士生[2]。对于智能落后儿童，美国将其分为"可训练的"和"可教育的"两种类型。一般而言，智力落后儿童六岁前上幼儿班，6—10 岁上小学班，10—13 岁进入小学高级班，14—17 岁进入中学班[3]，在中学班培养劳动技能，锻炼适应社会能力。

在特殊教育管理上，美国政府给予高度重视。美国不仅在联邦教育内部设立与普通教育平行的缺陷儿童教育局，在各州的教育行政管理部门中也专门组织管理相关事宜。特殊教育学校及人员编制隶属州教育管辖。

---

① 杨民：《世界特殊教育研究》，辽宁出版社，2004 年，第 392 页。
② 杨民：《世界特殊教育研究》，辽宁出版社，2004 年，第 393 页。
③ 杨民：《世界特殊教育研究》，辽宁出版社，2004 年，第 393 页。

（3）个别化教育计划（Individualized Education Program，简称IEP）

个别化教育计划是指 1975 年美国国会颁布的《全体残障儿童教育法案》中规定为接受特殊教育的每一位残疾学生而制定的适应其个人发展需要的教育方案。该法令要求每一 IEP 必须是儿童研究组全体成员的共同研究结果[①]。该研究小组必须包括教育行政人员、任课教师、父母及学生本人。不同的特殊儿童的学习起点、学习风格、学习环境都不同，因此就有不同的学习需求。IEP 旨在为每一位特殊儿童提供适合的、更完整的教育计划，根据每一位学生的需求不断调整教育方法和评估方式。

3. 特殊教育经验和面临问题

美国特殊教育的发展和变革过程中，对我国特殊教育具有启示意义的经验有：营造良好残疾儿童的受教育的环境，为所有儿童提供公平、平等优质教育；强化政府主导地位，形成以政府为主导，个人和社会共同参与的特殊教育格局；完善相关法治建设，切实保障残疾儿童受教育的权利；培养专业化教师，提高特殊教育教师的专业化素养；个别化教程教学，根据特殊儿童实际需要改进课程设置[②]。

美国特殊教育尽管发展比较完善，但是依然面临很多挑战和问题。其中最为突出的问题即是缺陷儿童如何顺利步入成人阶段，如何顺利融入社会。由于自身缺陷，丧失能力的成人在职业选择方面原本就十分有限，加之雇主有意或无意的偏见和误解，丧失能力的成人获得一份工作更是难上加难。现今，如何协助丧失能力成人找到有意义的工作，实现自身价值是特殊教育家们聚焦的问题。其次，美国是一个由众多文化集合而成的社会。特殊教育者如何避免种族和文化刻板态度以及如何教育来自不同文化背景的特殊儿童也是当今美国特殊教育应该面对的难题。

---

① 个别教育计划［EB/OL］. https://baike.baidu.com/item/个别化教育计划/13582506?fr=aladdin.

② 黄建辉：《美国特殊教育发展与变革历程及其当代启示》，载《集美大学学报(教育科学版)》，2018 年第 2 期，第 49-56 页。

第六章　留学服务信息

一、留学政策

从 1919 年国际教育协会的建立，到 1946 年富布莱特法案、1966 年《国际教育法》的颁布，美国很早便开始关注国际教育。吸引外国学生赴美留学是美国国际教育体系的重要组成部分。美国留学政策也在一直不断调整变化。

1. 美国的留学生接收政策概述

事实上，美国政府从没有制定过一个统一单独的留学政策，留学生政策其实是蕴含在各类移民法案、签证政策以及相关的留学生法案中。美国政府的分权特点也体现在留学政策中，政府与学校是分工来负责的：一方面，联邦政府、州政府和地方政府以法律法规的形式颁布各项政策，另一方面，美国各个院校在接受外国留学生方面也是享有自主权的，不同地区、不同学校是有不同的接收政策和准则的，包括人数、学费都可以由院校自由决定。不同时代背景下留学政策也会相应改变以适应社会发展。

总体而言，美国政府主要借助三种方式来调整留学政策：一是改革移民法案或签证政策。移民法案中关于移民配额、留学生居留权限、签证类型与名额等方面的规定，对外国留学生的数量、生源分布、学科分布及学历层次的影响颇大；二是通过制定各种促进国际教育发展的政策法规，将国际教育纳入国家法律体系，以保证美国政府对留学教育政策的持续性和制度化；三是财政资助。留学费用是影响学生出国深造的重要因素，美国政府根据国家利益需求设立了名目繁多的奖学金项目，以吸引优秀外国学生赴美学习①。

2. 签证政策

赴美留学生需要多关注签证政策，签证政策宽松与否很大程度上影响着中国学生去往美国留学的机会。

美国高等教育体量庞大，国际教育所占的比重很低。20世纪80年代以来，为了满足经济社会发展的需要，解决人才短缺问题，美国政府鼓励美国大学招收外国留学生。美国大学和地方政府对留学生也持欢迎态度。

但在"9·11"事件后，一系列限制性法律的颁布和出台，如《美国爱国者法案》《加强边境安全和签证入境改革法》要求对外国留学人员和访问学者进行严密监测，严格准确地更新记录报告、加强签证审查等，这将美国高等教育国际化进程推入了低谷，在美留学生及留美申请者普遍感到留学政策改革所带来的具体而重大的影响：签证门槛提高，对敏感专业的限制也增多。

但经过几年保守主义政策后，美国政府逐渐意识到收紧签证政策对美国带来的负面影响如人才流失，便着手改变这种局面。2006年1月6日，美国国务院与教育部联合召开国际教育高峰会议，探讨如何提高美国在全球教育与劳动力市场的竞争力，以便吸引更多优秀的国际学生和学者来美学习或工作。《赖斯法案》的颁布也让留学美国的春天到来，获得赴美留学的签证门槛终于降低。

美国的签证分为移民签证和非移民签证两类，与留学生相关的签证主要有F类、J类和M类签证，均属于非移民签证。F类签证发放给赴美进行学术学习的留学生，J类签证主要是发给获准参加"美国交流访问者计划"的个人，而M类签证则发放给进行非学术或职业学习的留学生。持F类签证的学生是留学生的主体部分，F类签证分为F-1和F-2两种，F-1签证主要签发给在美国认证机构认可的全日制就读留学生，F-2签证签发对象则是F-1类签证持有者的直系亲属。②

① 岳婷婷：《改革开放以来的留美教育研究》，南开大学出版社，2015年，第84页。

② https://travel.state.gov/content/travel/en/us-visas/study/student-visa.html#overview.

以下是 F-1 类签证的申请资格①：1.学生必须被 SEVP（学生和交流者访问项目）认证的学术机构录取并以全日制形式学习②；2.学生前往美国的目的必须为学习，而非移民或其他目的③；3.学生必须有足够的财力证明其可以负担留学期间的所有开销，包括学费、书本费、生活和旅行费用④；4.英语水平证明不是必需，但是大部分学校的入学条件都会有基本的语言要求，因此学生最好有英语水平证明，如托福或雅思成绩单⑤。

3. 财政政策（包含学费及奖学金）

学费方面，一般是公立院校低于私立院校，这和国内的情况一样，因为公立大学经费主要由联邦和州政府资助，学校的开支不依赖于学生缴纳的学费，所以相对来说收费会比较低；相比之下，学生的学费是私立院校各项开支的重要经济来源，因此私立院校的学费较为昂贵。另外，州内与州外学生收取的学费也有不同，州内学生可以享受比州外学生学费低的优惠，这主要是因为州立学校的经济来源主要是州内成员缴纳的税款和所创造的经济收入，因此学费对州内的学生有所优惠，所有来自州外和国外的留学生所缴纳的学费通常是州内学生的二到三倍。美国各院校所规定收取的学费则更是不尽相同，一般来说，社区学院收取的学费最低，公立四年制大学居中，私立四年制大学最高。然而，20 世纪 90 年代以来美国学费政策有一个趋势便是学费逐年上涨，尤以公立高校为快。这主要是因为 90 年代以来，美国政府越来越强调高校的市场责任，强调高等教育是一种私人产品而逐渐放弃了大包大揽的做法，以让市场在高校经费体制中发挥作用⑥，

---

① Https://www.ice.gov/.

② https://studyinthestates.dhs.gov/students/study/full-course-of-study.

③ https://studyinthestates.dhs.gov/students/maintaining-status.

④ https://studyinthestates.dhs.gov/students/financial-ability.

⑤https://www.abcdreamusa.com/%E7%BE%8E%E5%9B%7976%E5%9B%79 76%E7%95%99%E5%AD%A6%E7%AD%BE%E8%AF%81%E7%94%B3%E8%AF%B7%E6%8C%87%E5%8D%97/https://studyinthestates.dhs.gov/students/get-started/en8371glish-language-training.

⑥ 吴宛稚：《20 世纪 90 年代以来美国留学生接收政策研究》，2008 年，厦门大学硕士论文，第 46 页。

而这样直接导致了公立院校的学费猛增。

虽然留学美国学费高昂，但是美国凭借其强大的经济实力，设立了名目繁多的奖学金，缓解了外国留学生一部分经济压力。例如，美国联邦教育部、国家助学贷款监管组织、国家科学教育基金等国家政府部门均设立有多种奖学金和助学金申请项目，另外，政府也支持和鼓励国际组织、科研机构和社会团体等设立奖学金项目。这些奖学金的资助项目也是多种多样，比如有政府资助的"富布莱特奖学金"，也有院校资助的各类奖学金，还有私人基金会提供的专门为特定人群而设立的奖学金等。

美国大学政府设立的奖学金为联邦政府奖学金，各院校设立的奖学金具体有学院内奖学金、系科奖学金、校际奖学金、系际奖学金、假期奖学金、助学金、助研奖学金、助教奖学金和减免学费等等。

中国留学生还可以申请的奖学金有：某些财团、机构、企业、媒体提供的奖学金，学术交流奖学金以及各类研究性奖学金。还有基金会，院系私人捐赠的奖学金。

（1）美国大学的本科奖学金分类

1）Need-Blind（资金需求无关）

一般资金雄厚的私立大学才有实力负担发放 Need-Blind 奖学金，资金需求无关也就是学生是否需要学校提供资助不在申请奖学金的考虑范围之内。只要学生符合录取标准，学校会根据学生的家庭情况做出判断，可以提供家庭负担不起的部分。

2）Need-Based（资金需求有关）

资金需求有关即意为申请大学时，资金需求会影响学生的录取机会。若要求补助过高则有可能被拒绝录取，所以申请此类大学需要慎重考虑申请的补助金额。

3）Merit-Based（优秀奖学金）

优秀奖学金一般发放给学业优异的学生，此类奖学金名额较少，更多的是起到表彰的作用，这与国内奖学金比较对应。

（2）美国大学的研究生奖学金分类

美国高校奖学金（校内奖学金）分为非服务性奖学金

（Non-Service Scholarship）和服务性奖学金（Service Assistantship）
两种：

1）非服务性奖学金

非服务性奖学金包括学院助学金（Fellowship）、奖学金
（Scholarship）、全免学杂费（Tuition&Fee Waiver）以及其他一些学
院本身定的奖励（awards）。这类奖学金，不同学院在金额上和数量上
有很大差别。

（a）学院助学金（Fellowship/Assistantship）

学院助学金金额较高但竞争也相对激烈，一般情况下获得此类助
学金意味着在免除学杂费、住宿费、保险费、书本费以外，还可以获
得一定金额作为个人消费。

（b）学费奖学金（全免或部分学费减免 Tuition & Fee Waiver）

在一些美国大学中，设有全免学费的奖学金，这类奖学金竞争压
力小，容易获得。但是只能用于缴纳学费，如果有多余部分即为作废，
不可以折换现金使用。只要保持学习成绩优秀，即有机会一直获得学
费奖学金。

2）服务性奖学金

服务性奖学金包含助教奖学金（Teaching Assistantship）和助研
奖学金（Research Assistantship）两种。这种奖学金一般颁发给研究
生、博士生。

（a）助教奖学金

研究生在大学中有当教学助理的机会，教授内容一般是大一本科
生的课程，每周工作时间在 20 小时以内。助教奖学金金额较多，可
以满足学杂费及日常生活费用。

（b）助研奖学金

学校或教授的科研基金和科研项目可以给研究生或博士生提供
助研奖学金，金额可以满足学杂费及日常生活费用[1]。

除奖学金外，学生还有其他途径获取经济来源以维持学业和日常

---

[1]　张宏杰：《留学，我们一起去美国》，作家出版社，2013 年，第 259-262 页。

生活。例如学校向学生提供一些校内工作（On-Campus Job），岗位主要包括大学行政办公室、图书馆、书店、食堂和健康俱乐部，学生可以通过在校工作获得一部分经济来源。美国移民局规定，外国留学生可以在校内合法工作，每周最多可以工作 20 小时，假期每周最多可以工作 40 小时。国际学生助学贷款（International Student Loans）也是一个途径。就读在美国认可的正规大学注册的外国留学生可以申请助学贷款，条件是要有一位美国公民或在美国有永久居住权的人（绿卡持有者）为其作贷款担保。申请成功后，款项会直接支付给学生本人，且金额足够支付留学生学习期间的学杂费和日常生活费用。

4. 近年留学政策变化、影响及趋势

（1）费用变化

2017 年 11 月，美国众议院通过了特朗普税改法案，此法案要求研究生原本因为种种原因被减免的学费也需要交税。新税改法案的通过对美国众多研究生和留美博士的学费与奖学金将产生重要影响，尤其是留美人数最多的 STEM（科学、技术、工程、数学）专业。法案生效后，美国研究生纳税金额将增加 3-4 倍。同时，新税改规定，博士生不再享受税务减免。

STEM 专业一直是热门专业，国内紧缺此类人才，且国内外就业情况一直比较好，因此每年申请此类专业的学生不在少数，这样一来给他们造成了不小的经济压力。

（2）签证变化

1）留学签证申请时限发生变化

美国签证到期后享受免面谈续签服务的时限由 48 个月缩短至 12 个月。该政策一出，2014 年初来到美国后，再没回国的 F 类学生签证续签受到较大影响。

2）留学生签证审核条件增加电话调查

从 2018 年 2 月份开始，美国开始针对中国内地申请人进行随机签证电话调查，调查涉及学习计划、费用预算、所读的专业、就读课程、毕业打算等提问。电话调查人员一般是使馆的中方工作人员，他们一般会致电担保人或申请人的单位，核实收入、工作背景等相关情

况，以及申请人家庭的相关背景情况。

3）H-1B 改革方案：有利于在美国获得硕士或博士学位的申请人

2018 年底美国移民局（United States Citizenship and Immigration Services，简称 USCIS）公布了一项 H-1B 改革方案，对工作签证的影响较大。最近几年，申请 H-1B 的人数激增，且短短几天就可以收到巨大数量的申请，所以不得不以抽签的方法获取申请资格。新的方案将对抽签顺序进行调整，只要有国内或国外大学及以上学历，全纳入第一轮 6.5 万个名额的抽签；在第一轮没有中签，但持有美国各大学硕士及以上学历者，则可参加第二轮 2 万名额的抽签。这样可以大大提高美国大学毕业的高学历持有者的中签率，所以更有利于在美国获得硕士或博士学位的申请人。对中国留学生来说，这项改革方案是个好消息，因为中国留学生的人数高居第一，其中攻读硕士和博士学位的比例也不小。

（3）留学新政下的新趋势

1）留学去读美国中学和高中成为新选择。比起高中毕业后去美国读大学，有些经济情况较好的家庭在初中、小学时就已经为孩子做留学准备，甚至在孩子幼儿园时也倾向于国际幼儿园。毕竟美国的丰富的教育资源，强大的教育实力不仅仅局限于高等教育。据专家分析，2017 年，美国高中申请者的标准化成绩渐渐变为录取的非决定因素，更多学校开始越来越多地参考第三方面试机构的面试结果，申请美国中学甚至是名校或许也不是难题。

2）早准备更占据优势。赴美留学生逐年增加，中国一直是其最大来源国。因为国内很多大型单位招聘时对毕业生的学校及海外学历有了更多要求，美国院校毕业的学生也更吃香。而美国院校同样，也会关注学生是否在海外，或者有相应的科研实习或者交换交流的经历。因此，建议学生们能提前规划好自己的留学申请，提高自己的海外竞争力，在申请的过程中更具优势。

二、留学生规模、国别及中国留学生情况

1. 外国学生留学美国的总体趋势

自从美国开始接收留学生以来，各国来美留学热度不减。总体来看，留学美国的外国学生呈快速增长趋势。来美留学人数占美国高等教育人数的比例也在上升，来美留学生在美国高等教育中的相对规模不断扩大，发展速度较快。

根据美国国际教育协会（IIE）发布的《2019 门户开放报告》显示，美国国际学生人数连续第三年超过 100 万，增长 0.05%，达到 109.5 万人。从图中可以看出，从 1948 年至 2019 年，全球赴美留学的人数逐年增加，2019 年已经是第四年超过 100 万人，达到 109.5 万。

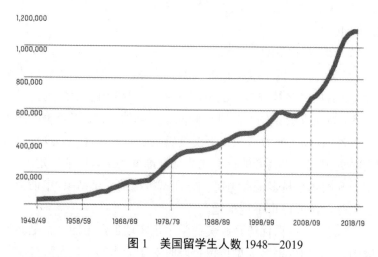

图 1 美国留学生人数 1948—2019

资料来源：《2019 门户开放报告》https://opendoorsdata.org/data/international-students/ enrollment-trends/

2. 来美留学生来源国家和地区的分布

来美留学生来自各个国家与地区，从地域分布上，亚洲、欧洲和中东地区占据比较大的比例，尤以东亚为主，是最大的留学生来源地域。从国家和地区分布上来看，中国、印度、韩国、沙特阿拉伯和加

拿大为世界前五的赴美留学生生源国，且中国多年来基本都居于赴美留学生来源地的第一位，是不折不扣的留美学生输出大国。其次为印度留学生。

3. 中国留学生情况

成立于 1919 年的国际教育协会（The Institute of International Education），是美国最富影响力的非营利性教育与文化交流机构。自 1948 年起，该机构开始对美国的留学教育情况进行统计调查，并发布名为"门户开放"（Open Doors）的年度报告。

根据历年报告提供的统计数据，中国留美学生占美国国际学生的比例呈现快速增长之势。20 世纪 90 年代后，中国留美学生占美国国际学生的比例基本维持在 10%左右。伴随中国留美学生人数的激增，其占美国国际学生的比例也迅速提高。2009—2010 学年以来，中国第三次成为留美生最大来源国，并保持至今。

根据《2018 门户开放报告》，中国连续 9 年成为最大生源国。2017—2018 年间，中国内地学生留学总人数为 363341 人，相对于 2016—2017 年增长了 3.6%，占国际学生总数的 33.2%，相对于去年占比上升了 0.7%。

表 9　国际留学生生源国和地区排名（2018）

	国家和地区	2016/17	2017/18	占比	年增长率
	世界总数	1078822	1094792	100	1.5
1	中国	350755	363341	33.2	3.6
2	印度	186267	196271	17.9	5.4
3	韩国	58663	54555	5.0	−7.0
4	沙特阿拉伯	52611	44432	4.1	−15.5
5	加拿大	27065	25909	2.4	−4.3
6	越南	22438	24325	2.2	8.4
7	中国台湾	21516	22454	2.1	4.4
8	日本	18780	18753	1.7	−0.1
9	墨西哥	16835	15468	1.4	8.1
10	巴西	13089	14620	1.3	11.7
11	尼泊尔	11607	13270	1.2	14.3
12	伊朗	12643	12783	1.2	1.1

续表

国家和地区		2016/17	2017/18	占比	年增长率
	世界总数	1078822	1094792	100	1.5
13	尼日利亚	11710	12693	1.2	8.4
14	英国	11489	11460	1.0	−0.3
15	土耳其	10586	10520	1.0	−0.6
16	科威特	9825	10190	0.9	3.7
17	德国	10169	10042	0.9	−1.2
18	法国	8814	8802	0.8	−0.1
19	印度尼西亚	8776	8650	0.8	−1.4
20	委内瑞拉	8540	8371	0.8	−2.0
21	马来西亚	8247	8271	0.8	0.3
22	哥伦比亚	7982	7976	0.7	−0.1
23	巴基斯坦	7015	7537	0.7	7.4
24	孟加拉国	7143	7496	0.7	4.9
25	西班牙	7164	7489	0.7	4.5

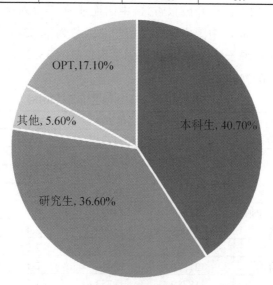

图 2　2016—2017 学年中国内地留美学生的组成部分

资料来源：https://baijiahao. baidu. com/s?id=1612743384218344723&wfr=spider &for=pc

　　报告显示，在 2016—2017 学年内，在美国就读的中国内地学生中 40.7%为本科生，36.6%为研究生，5.6%为其他层次学生，17.1%为 OPT，OPT 是指毕业后的实习，可在学生签证到期后停留在美国进行工作。中国内地学生中 OPT 的比例较前一年增加了 14.6%，这也反映了留学生们对拥有美国实习工作经验愈发重视。

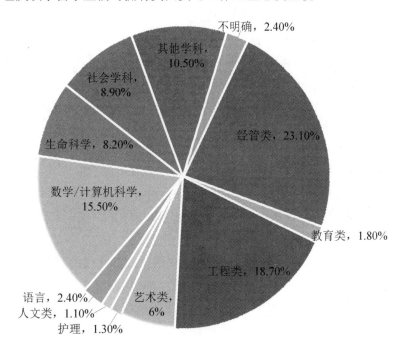

图 3　2016—2017 学年中国内地留学生在美就读学科占比

　　资料来源：https://baijiahao.baidu.com/s?id=1612743384218344723&wfr=spider&for=pc

　　在专业分布方面，中国内地留学生主要集中在经管类、工程类、数学/计算机科学等较为实用的学科，也说明我国的留学生较为务实，主要选择有益于职业发展的专业。

4.留学美国的途径

（1）DIY

DIY 即 Do It Yourself，就是自己来做。对于大部分学生来说，

DIY有一定风险。首先，要花费大量时间搜集信息和准备材料；其次，仅凭一己之力搜集到的信息是非常片面的，极有可能导致申请失利。

对于申请美国本科留学，若是具备以下条件，DIY成功的概率较大：第一，有充足的时间（用来搜集信息，整理申请材料）。第二，掌握足够信息，掌握足够多有价值的参考资料。第三，英语水平能力很高，可以写出优秀的申请作文。

（2）通过中介

目前办理美国留学业务的中介公司数不胜数，但是通过中介留美有利有弊。

第一，中介最大的优点是速度快，获得录取通知的时间很短；而且中介办理出国往往可以免去语言考试，语言不达标的学生可以先出国参加语言学校的学习。但是和中介公司合作的院校档次一般不高，不过也有口碑不错的中介与国外顶尖院校也有合作。第二，免语言考试不一定是优势，英语不过关的学生即使被录取也有可能被淘汰。因此，最好要比较多家中介机构后择优选择。

（3）通过身在美国的亲朋好友的帮助

最典型的做法就是这些居住在美国的亲朋好友帮助联系当地的学校，可以比较方便地获得录取通知书，然后国内的学生再办理相关手续出国留学。此种留学途径有好处，也有局限，比如申请的学校通常都集中在当地的范围内，而有时候这个学生完全可以申请到更好的其他地方的大学。

（4）寻求升学顾问的指导

这类似于美国学生寻求校内升学顾问或者校外独立升学顾问的指导。同样也有其利弊，好处是升学顾问可以提供量身定制的指导，从而帮学生申请到更好的学校；缺点是现在国内的升学顾问还是太少，一般是以少数个人或者其设立的小型咨询公司的形式存在，此外，国内的升学顾问人员质量也同样是良莠不齐[①]。

---

① 陈起永：《留学去美国》，光明日报出版社，2007年，第168页。

三、留学报考流程

1. 如何挑选大学

美国大约有 4000 所大学，且分布区域较广。因此，挑选大学是一件很不容易的事情。不过如果我们把挑选大学的过程系统化，还是有方法可循的。例如美国大学网认为，对于中国留学生来讲，挑选美国大学可以考虑如下几个因素：

1）所学专业：在选择大学时不仅要考虑大学的综合排名，也要考虑所学的专业，因为所学专业在毕业找工作时起关键作用。比如：要想学计算机技术，去读哈佛大学，就不如读斯坦福大学（Stanford）、麻省理工学院（MIT）。

2）地理位置：美国东海岸经济比较发达，思想开放、自由。生活便利，但生活成本较高。而广大的中西部地区地广人稀，生活中可能会不方便，但好处是生活成本较低。

3）学习费用：美国的私立名校学费较高，州立大学学费相对便宜。有些美国学生在读本科时放弃私立名校而去读州立大学，以减轻本科四年的经济负担，大学毕业后再去读私立名校的研究生。虽然外国人无法享受州立大学的优惠政策，但和私立大学相比，州立大学因其学费相对较低，对留学生还是有一定的吸引力的。

4）气候环境：选择大学时还需要考虑美国城市的气候环境如何。比如：纽约的气候像北京，而佛罗里达的气候更像广东。

2. 申请所需材料

1）入学申请表

入学申请表是申请人需要填写的第一个资料。确定目标大学后可以直接通过网络或信件方式索取该校的申请材料。

2）学历、学位证明；

3）中英文对照成绩单；

4）申请论文

申请论文是申请资料中非常重要的一部分，论文内容可以是个人介绍，也可以描述自己的学业成就以及选择这所大学的原因。

5）英语成绩；英联邦国家的大学看重申请学生的雅思成绩，一般要求申请者雅思达到 6.0 以上；而北美地区一般要求申请者的托福成绩达到 90 分以上。

6）体检表和健康证明；

7）财产证明

财产证明是一份能证明申请人有足够的经济能力来支付在美国学习费用的担保书。所有的美国大学都要求留学生提供某种形式的表格或文件来证明学生的财力。财产证明应由同意担负该生在美学习费用的人来签名核实。财产证明中一般需要回答的问题包括：你父母每年的收入是多少？你自己每年的收入是多少？你每年的生活费用是多少？你和你父母的资产是多少？

8）推荐信

很多大学要求申请人有推荐信，推荐信应该由 2—3 位比较熟悉你的老师或教授来撰写。推荐信的内容应该集中在申请人的学术、专业能力方面，要求真实、平衡。

3. 网络申请

1）注意不同大学的申请截止日期；

2）在学校网站上提交信息（有的学校还要邮寄纸质材料）；

3）记好自己的申请邮箱、密码。

4. 查看录取结果

和学校、老师保持联系，关注学校网页和自己的邮箱。

5. 通过申请后

1）向所在学校或单位申请并开始办理有关手续；

2）到省教育厅进行自费留学资格审核；

3）到市公安局申办护照；

4）去大使馆申办签证；

5）出国准备（换汇；购票；出境）。

四、留学机构筛选①

在大家选择留学机构之前,笔者想给大家提供四个筛选留学机构的标准,以下是本人和同事一起采访有过留学经验的同学得出的一些结论,仅供大家参考:

1. 看留学机构资质

首先就要看该机构是否具备两个文件:教育部颁发的"自费出国留学中介机构资格认定书"以及当地工商管理部门颁发的"营业执照"。

2. 后期老师经验是否丰富

当同学们去留学机构咨询的时候一定要观察了解服务老师是不是有足够的指导留学经验,最好是有五年以上的相关经验。因为近年来很多中国学生去美国留学,国外大学招收中国留学生的标准每年都有所变动。如果老师有足够的经验,就能更有远见地给你提供有价值的指导意见,将风险降到最低。而且千万注意如果这家机构是流水线式服务的话一定不要去,因为这样就没有一个固定的老师为你负责。

3. 背景提升怎么做

背景提升这块,一定要找认真负责的老师,而不是只找花钱的项目,组织千篇一律的活动。留学机构的老师能安排个性化背景提升最好,使招生官通过背景提升这块看到的是学生除了成绩的科研能力、实践活动、组织能力或领导能力等,光靠成绩是申请不到国外优秀大学的,老师非常注重学生的独立思考(critical thinking)。

4. 一个老师带多少学生

一名老师带的学生人数越少越好,只有这样老师才有足够的精力对你进行指导,一名老师一次带的人数不超过十个最好,这样老师能有更多时间把每一位学生都辅导好。

---

① 戴铭康:《留学美国:我们的故事》,华东师范大学出版社,2013年,第71-98页。

五、留学生活及注意事项

1. 个人隐私问题

和中国的集体主义（collectivism）不同，美国是一个强调"个体主义"（individualism）的国家，所以留学的同学们在美国与别人打交道时千万注意不要侵犯到他人的隐私权。在中国和别人聊天时，问对方工资多少或者买一件东西花了多少钱都是很正常的，但在美国的话别人就会觉得你凭什么这么问，挣多少花多少是个人的自由，别人不可以评头论足。此外，初次和美国人打交道时不要"自来熟"，不要第一次见面就对别人有肢体接触或者和对方靠得太近，对方会觉得你侵犯了他的私人领域，会感到很不自在。

2. 不能太谦虚和随便说"I am sorry"

中国人视谦虚为美德，但是美国人却把过谦虚视为虚伪的代名词。如果一个能操流利英语的人自谦说英语讲得不好，接着又说出一口流畅的英语，美国人便会认为他撒了谎，是个口是心非、装腔作势的人。所以，同美国人交往时，应该大胆表达自己，有一是一，不必谦虚客气，否则反而事与愿违。"I am sorry"和"Excuse me"都是抱歉的意思，但"I am sorry"语气较重，表示承认自己有过失或错误；如果为了客气而轻易出口，常会被对方抓住把柄，追究实际不属于你的责任。

3. 住宿问题

对于初次离家，只身赴美留学的学子们来说，住宿成了一大问题。在人生地不熟的异国他乡，是选择学校宿舍，还是校外租房，或者是寄宿家庭?这些方式会花多少钱?下面我会给大家分别介绍这三种住宿方式的优缺点。

（1）学校宿舍

在美国，绝大多数学校都会强制性要求新生在第一年住在学校的宿舍内。至于之后几年，学生可以选择继续住在宿舍，也可以选择搬出学校，同朋友租房居住。

优点：宿舍是认识各个国家同学，了解各个国家风俗文化的好地方，并且校内一切都严格管理，你的生活会更加规律，更有助于学生培养良好的学习和生活习惯。

除此之外，校园的安全系数相对较高，大多数学校的宿舍都配有电子监控系统及专业的保安人员。虽然近年来出现了一些发生在校园内的危险事件，但是也并不影响学校宿舍作为留学生最佳避风港的称号。

此外，宿舍的费用相对而言性价比比较好，美国大学宿舍一年的费用大约在每年 3000—7500 美金。具体费用根据学校的情况而定，虽然费用看起来可能会有些贵，但是比租房便宜。因为学校的宿舍一般都会在校区内或者距离校区很近的地方，上下课十分方便，可以省去一大笔交通费。

宿舍有共用房间（Shared Room）和单人间（Single Room）可以选择，前者是一间卧室住 2—4 个人，房间相对较大，但是私密性不是很好；后者是一间卧室只住 1 个人，共用厨房，卫生间，客厅等公共区域，后者的价格相对于前者又稍微高些。

缺点：在学校住宿好处颇多，因此，宿舍申请名额非常紧张，有些学校甚至不得已采取抽签的方式确定住宿名单。所以，如果你打算申请宿舍，一定要尽早提交住宿申请，只有拿到学校的确切回复后，你的居住问题才算得以解决。另外，在申请前，一定要仔细查看学校的住宿信息，因为同一个学校，不同标准的宿舍收费标准不同。还有的学校会要求缴纳申请费和保证金，一旦申请成功后，无论你最后有没有去宿舍住，这两笔费用是不退还的，切记！

（2）校外租房[1]

优点：自己租房的一大优点就是自由。自己住一间房子灵活性、自由度、私密性比较好，你可以按照你自己的生活习惯生活，自主选择自己喜欢吃的食物。

缺点：自己租房相对于学校宿舍来说风险较大，留学生要自己上网搜索房源（有可能房源是虚假的，需要自己分辨），自己联系室友，

---

[1] 戴铭康：《留学美国：我们的故事》，华东师范大学出版社，2013 年，第 119 页。

自己购买生活必需的家具、电器等，每年大概花费 3600—7200 美元不等。

而且，这些房子大多数离学校比较远，你还得每天乘坐地铁或者开车才能到学校，因此交通上花销也不容忽视。当然，你也可以选择离学校稍微近点的，只需步行就能到学校的租房，但是租金就会高很多。

友情提醒：

在选择租房的时候，要精挑细选，要考虑房屋的租金，房屋所在地区的治安情况，屋内是不是有自带家具，水费电费煤气费怎么支付，到学校的公交是不是方便，住房合同是半年签还是一年签，合同内有没有其他隐性条款等。

（3）寄宿家庭

优点：寄宿家庭是一种特殊的校外居住形式，据说美国寄宿家庭的挑选非常严格，必须自己有抚养孩子的经验，必须是有女性家庭成员（Mum）的，家庭住址必须离学校来回不超过 1 小时，邻居关系很好，有正式工作，无犯罪记录等，以保证学生的安全。入住美国寄宿家庭既可以提高外语水平，又可以更好地融入美国社会，而且费用只在 500—900 美元每个月。

缺点：这种方式风险也比较大，谁也不能保证你住到什么样的人家里去。毕竟，不同文化背景成长的人可能生活方式不太一样，有的家庭可能不只接受你一个学生，还有很多个寄宿生和你一起住。

4. **就医问题**①

（1）购买医疗保险并了解重要条款

绝大多数美国学校都强制性要求学生必须购买医疗保险才能够注册入学（没有保险的话自费医疗非常昂贵），学校也会选择信誉良好的公司合作，为本校学生提供医疗保险。留学生可以在入学的时候购买医疗保险，保费一般在 300—600 美元不等，建议大家通过学校

---

① Liberman, Kenneth. *"Asian Student Perspectives on American University Instruction"* New York: Palgrave MacMillan, 1994:173-192. http://psycnet.apa.org/psycinfo/1994-47035-001, 2019-3-20

统一购买。但是大多数学生和家长拿到医疗保险手册之后匆匆翻一下就置之不理了，这样会为以后看病理赔埋下隐患，造成不必要的损失。提醒大家，拿到医疗保险手册之后要了解以下几点：

①了解你的保险所覆盖的医院。有些学校有自己的诊所（有些没有），学生在学校诊所接受的医疗服务一般可以从保险里全部报销。但由于学校诊所的服务项目和时间有限，比如在节假日不一定开门，又或只诊断和治疗一些简单的疾病等。在这种情况下，学生生病就只能去校外医院治疗，但费用往往更贵，学校购买的医疗保险不一定可以覆盖完全。提醒：要提前熟悉生活区域周围的医院分布地址、医院电话（任何紧急情况都可以拨打911），知道哪家医院是你保险公司的 in-network 合同医院，紧急的时候别跑错医院给保险公司有借口拒付或少付费。此外，由于在校内买的保险局限比较大，往往只包括一些常规医疗的赔偿，而且赔偿的金额也不会太大。万一在美国患上大病，学校的基本医疗保险无法补偿所有的费用，所以对于有特殊需求的留学生来说，最好到校外购买额外的附加险。

②保险覆盖的日期，如在学校放假期间是否会覆盖到。放假是留学生们旅游出行的集中时间，很多人还会进行高危的运动比如滑雪等。如果在此期间受伤的话，一定要确保有医疗保险的覆盖。

③几乎所有的医疗保险都不会覆盖投保之前学生已存在状况。因此在出国前一定要知道孩子有哪些已知的或慢性健康问题，出国前先去看医生，把情况弄清楚，需要坚持日常服药的最好提前准备一些药，并先记下病名和药名的英文叫法，以便以后和学校老师或美国医生沟通。

（2）专科医生一定要提前预约

在美国看病必须要进行预约。首先，你要选择一个主要医生，在预约之前，医疗办公室可能寄给你一份新病人需要登记和填写的资料，填完资料后要及时交回。如被接受为新病人，你还需要告诉医疗保险公司所选的主要医生的名字，这样保险公司才会付费。平时最好随身携带医疗保险卡和信用卡，因为就医时，医院多半会要求病人填写具体的医疗保险公司名称、保险期限及号码。

遇到需要看专家门诊的情况，例如偏头疼、心区疼痛、内分泌失调等，一般先咨询家庭医生，然后家庭医生初步判断是哪方面的问题然后给出建议，这时候就可以去找相应的专科医生进行预约、看病。跟国内医院挂号的方法不同，看专家医生，特别是知名医生，两个月之内预约不上并不奇怪，因为他们有很多老病人把时间段给约满了，除非有预约的病人临时提出有事不去，你又恰好在附近，就可以"捡漏"。其次，一旦你确定了预约时间，就必须准时，不能迟到。如果因为特殊原因不能前往，必须在 24 小时前打电话取消或重新预约，否则将被罚款。

（3）中文报刊里搜中医信息

如果有同学需要看中医，建议去唐人街。美国的很多大城市如纽约、洛杉矶、旧金山等里面的唐人街都有不少中国人开设的诊所，从跌打损伤、耳鼻喉科到针灸、开刀等，所有中医项目一应俱全，且收费相对较低。学生可以从发行全美的中文报纸《世界日报》分类广告中找到此类诊所的相关信息，或是查阅当地电话簿中的分类广告，前往就医。

（4）出国前可适当自备常用药物①

留学生在美国看病是一件非常麻烦的事情，所以建议同学在出国前尽量准备好常用的药品，比如：

治疗过敏的药品（因人而异）；

治疗外伤、烫伤的创可贴、含硅酮类药物以及中药类药膏；

治疗腹泻药物和促健胃消食药类；

其他：维生素 B、E 以及包扎用纱布、胶布、棉签等。

（5）911 急救

如果不幸遭逢意外，诸如：摔伤、碰伤、割伤、车祸及心脏病突发等，需要有人伸以援手时，均应立刻拨打紧急救难电话，呼叫救护车。英语不流利者，只要拨通 911 号码后，即使不说话，警车和救护车也会及时赶到。不过，美国的急救费用很高，一般在 800—1000 美金不等。

---

① 王洪宝：《美国商务考察 旅游留学必读》，旅游教育出版社，2011 年，第 89 页。

参考文献

［1］陈起永. 留学去美国. 北京：光明日报出版社，2007.

［2］陈瑶. 美国教育学科构建的开端. 杭州：浙江教育出版社，2015.

［3］陈屹. 诱惑与困惑：美国教育参考. 北京：中国社会出版社，2001.

［4］戴铭康. 留学美国：我们的故事. 上海：华东师范大学出版社，2013.

［5］丁则民等. 美国通史（第三卷）. 北京：人民出版社，2008.

［6］杜祖贻. 杜威论教育与民主主义. 北京：人民教育出版社，2003.

［7］费孝通. 美国人的性格. 上海：华东师范大学出版社，2013.

［8］舸昕. 漫步美国大学. 哈尔滨：哈尔滨工业大学出版社，2000.

［9］顾宝炎. 美国大学管理. 武汉：武汉大学出版社，1989.

［10］郭波，李成. 美国私立大学发展对中国高等教育的借鉴. 大连大学学报，2011（5）：88-93.

［11］郭远珍. 美国教育启示录. 北京：光明日报出版社，2015.

［12］贺国庆. 德国和美国大学发达史. 北京：人民教育出版社，2003.

［13］贺国庆，何振海等. 战后美国教育史. 上海：上海交通大学出版社，2014.

［14］何晋秋，曹南燕. 美国科技与教育发展. 北京：人民教育出版社，2003.

［15］黄建辉. 美国特殊教育发展与变革历程及当代启示. 集美大学学报（教育学科版），2018（2）：49-56.

［16］柯森. 当代美国中小学课程概观. 广州：中山大学出版社，2005.

［17］寇至中. 美国大学一览. 北京：光明日报出版社，1989.

［18］林宝山. 美国教育制度及改革动向. 台北：五南图书出版公司，1991.

［19］刘宝存. 肯定性计划与美国少数民族高等教育的发展. 民族教育研究，2002（2）：51-56.

［20］刘根平. 质量与效能：美国创建一流基础教育的启示. 南京：南京师范大学出版社，2004.

［21］卢海弘. 当代美国学校模式重建. 广州：中山大学出版社，2004.

［22］毛澹然. 美国社区学院. 北京：高等教育出版社，1989.

［23］强海燕. 中美加英四国基础教育研究. 北京：人民教育出版社，2005.

［24］瞿葆奎. 美国教育改革. 北京：人民教育出版社，1990.

［25］史静寰等. 当代美国教育. 北京：社会科学文献出版社，2012.

［26］孙昂. 零距离看美国中学教育：从纽约中考到中国学生就读美国高中. 哈尔滨：黑龙江教育出版社，2012.

［27］滕大春. 美国教育史（第二版）. 北京：人民教育出版社，2001.

［28］滕藤. 大熔炉的强音：美国百年强国历程. 哈尔滨：黑龙江人民出版社，1998.

［29］王定华. 美国基础教育：观察与研究. 北京：人民教育出版社，2016.

［30］王定华. 透视美国教育. 北京：北京大学出版社，2012.

［31］王定华. 走进美国教育. 北京：人民教育出版社，2004.

［32］王桂. 当代外国教育：教育改革的浪潮与趋势. 北京：人

民出版社, 1995.

[33] 王诗蕙. 美国高校学生社团组织及管理研究. 沈阳：沈阳师范大学，2014.（硕士论文）

[34] 王万龙. 美国大学申请指南.北京：机械工业出版社，2011.

[35] 王廷芳. 美国高等教育史. 福建：福建教育出版社，1995.

[36] 王英杰. 美国高等教育的发展与改革. 北京：人民教育出版社，2012.

[37] 吴宛稚. 20世纪90年代以来美国留学生接收政策研究. 厦门：厦门大学，2008.

[38] 吴雪萍. 国际职业技术教育研究. 浙江：浙江大学出版社，2004.

[39] 熊万曦. 美国高中国际文凭课程发展研究. 比较教育研究，2015（3）：30-36.

[40] 许发海. 独具特色的美国职业技术教育体系. 文教资料，2006（8）：28-29.

[41] 许云昭，石鸥. 差距与超越：中美教育比较研究. 长沙：湖南师范大学出版社，2000.

[42] 闫虹. 美国中小学公民教育. 基础教育参考，2007（7）：28-30.

[43] 颜世军，宋颖军. 论美国教育. 长春：吉林教育出版社，2012.

[44] 杨国洪. 大学生资助体系的国际比较与借鉴. 广州：中山大学出版社，2013.

[45] 杨慧敏. 美国基础教育. 广州：广东教育出版社，2004.

[46] 杨立军. 从十大名校看美国式精英教育. 上海：学林出版社，2007.

[47] 杨连生，胡继冬. 美国高校学生社团发展的历史考察及评述. 文化学刊，2011（6）：172-177.

[48] 杨民. 世界特殊教育研究. 辽宁：辽宁出版社，2004.

[49] 姚云. 美国高等教育法治研究. 太原：山西教育出版社，

2005.

[50] 岳婷婷. 改革开放以来的留美教育研究. 天津：南开大学出版社，2015.

[51] 赵祥麟，王承绪. 杜威教育论著选. 上海：华东师范大学出版社，1981.

[52] 赵勇，王安琳，杨文中. 美国中小学教师. 北京：北京师范大学出版社，2008.

[53] 张宏杰. 留学，我们一起去美国. 北京：作家出版社，2013.

[54] 周琴. 美国基础教育阶段的择校政策：公平、效率、自由选择. 北京：人民出版社，2014.

[55] 祝贺. 美国公共学校种族隔离的终结. 杭州：浙江教育出版社，2015.

[56] 资中筠. 20世纪的美国. 北京：三联书店，2007.

[57] [美]菲利浦·G·阿特巴赫. 比较高等教育. 符娟明，陈树清译. 北京：文化教育出版社，1985.

[58] [美]J·布卢姆. 美国的历程（下册）. 戴瑞辉译. 北京：商务印书馆，1995.

[59] [美]加里·纳什等. 美国人民：创建一个国家和一种社会（第六版）上卷. 刘德斌译. 北京：北京大学出版社，2008.

[60] [美]罗伯特·威斯布鲁克著. 杜威与美国民主. 王红欣译. 北京：北京大学出版社，2010.

[61] [美]美国中部州高等教育委员会. 美国高等教育质量认证与评估. 谢笑珍译. 北京大学出版社，2013.

[62] [美]乔尔·斯普林. 美国教育. 张弛，张斌贤译. 合肥：安徽教育出版社，2010.

[63] [美]韦恩·厄本，杰宁斯·瓦格纳. 美国教育：一部历史档案（第三版）. 周晟，谢爱磊译. 北京：中国人民大学出版社，2009.

[64] [美]约翰·杜威. 民主与教育. 薛绚译. 南京：译林出版社，2014.

[65] [美]詹姆斯·杜德斯达，弗瑞斯·沃马克著. 美国公立大

学的未来. 刘济良译. 北京：北京大学出版社，2006.

［66］Alliance for School Choice. School Choice Virtual Yearbook (2014). [EB/OL]. [2019-2-22]. https://web.archive.org/web/ 20140715002125/ http://www.createonline.com/Whats%20Inside.pdf.

［67］Anderson, Jenny. Suit Faults Test Preparation at Preschool. *The New York Times*. [EB/OL]. [2019-2-16]. http://www.nytimes.com/ 2011/03/15/nyregion/15suit.html.

［68］Anderson, Melinda D. The Radical Self-Reliance of Black Homeschooling. *The Atlantic*. [EB/OL]. [2019-1-9]. https://www.theatlantic. com/ ucation/archive/2018/05/black-homeschooling/560636/.

［69］Britannica. United States. [EB/OL].[2019-3-1]. https://www. britannica.com/place/United-States.

［70］Bureau of Educational and Cultural Affairs. Celebrating Fulbright at 65: A Gift to the World. [EB/OL]. [2019-2-15]. http://eca. state.gov/fulbright/about-bulbright/j-william-fulbright-scholarship-board-ffsb-reports.

［71］CAPE. FAQs about Private School. [EB/OL]. [2019-3-15]. http://www.capenet.org/facts.html.

［72］CAPE Outlook. Many Students See School Violence as "Big Problem". [EB/OL]. [2019-3-15]. ttp://www.capenet.org/pdf/Outlook359. pdf.

［73］CIA. The World Factbook. [EB/OL].[2019-3-1].https://www. cia.gov/library/publications/the-world-factbook/geos/us.html.

［74］Council for American Private Education. America 2000: A National Education Strategy. [EB/OL]. [2019-3-12]. http://www.capenet. org/pdf/Outlook171.pdf.

［75］Council for the Advancement of Standards in Higher Education. *The Book of Professional Standards of Higher Education*. Washington. DC: CAS, 2001.

［76］Distefano, Anna, Kjell Erik Rudestam & Robert J. Silverman.

Encyclopedia of Distributed Learning. Thousand Oaks: Sage Publications, 2004.

［77］Facing History and Ourselves. School: The Story of American Public Education. [EB/OL]. [2019-3-15]. https://www. facinghistory.org/books-borrowing/school-story-american-public-educati on.

［78］Findlaw. Home Schooling and the U.S. Constitution-FindLaw. [EB/OL]. [2019-1-7]. https://education.findlaw.com/ducation-options/home-schooling-and-the-u-s-constitution.html.

［79］Friedman, Milton. The Role of Government in Education. [EB/OL]. [2019-2-23]. https://www.edchoice.org/who-we-are/our-legacy/.

［80］Gallup. 2017 Update Americans' Religion. [EB/OL]. [2019-3-1]. https://news.gallup.com/poll/224642/2017-update-americans-religion.aspx.

［81］Grieco, Elizabeth M. & Rachel C. Cassidy. Overview of Race and Hispanic Origin: 2000.United States Census Bureau. [EB/OL]. [2019-1-16]. https://www.census.gov/prod/2001pubs/cenbr01-1.

［82］Grove, Allen. What Is a Community College? [EB/OL]. [2019-2-15]. https://www.thoughtco.com/what-is-community-college-788429.

［83］Home School Legal Defense Association. Academic Statistics on Homeschooling. [EB/OL]. [2019-2-15].https://hslda.org/content/docs/nche/000010/200410250.asp.

［84］Hunt, Thomas C. & James C. Carper. History of Private Schools in the United States. [EB/OL]. [2019-3-15]. https://education. stateuniversity.com/pages/2334/Private-Schooling.html.

［85］Kerr, C. *The Great Transformation in Higher Education*. New York: State University of New York Press,1991.

［86］Klug, Kelsey. Native American Languages Act: Twenty Years Later, Has It Made a Difference? *Cultural Survival*. [EB/OL]. [2019-2-19]. https://www.culturalsurvival.org/news/native-american-languages-act-twenty-years-later-has-it-made-difference.

［87］Kolderie, Ted. Ray Budde and the Origins of the Charter Concept. *Education Evolving*. [EB/OL]. [2019-2-20]. https://www. educationevolving. org/pdf/Ray-Budde-Origins-Of-Chartering.pdf.

［88］Ladson-Billings, G. From the achievement gap to the education debt: Understanding achievement in U.S. schools. *Educational Researcher*, 35 (7), pp.3-12.

［89］Mattison, E., & Aber, M. S. Closing the achievement gap: The association of racial climate with achievement and behavioral outcomes. *American Journal of Community Psychology*, 40 (1): 1-12.

［90］Maxwell, Lesli A. U.S. School Enrollment Hits Majority-Minority Milestone. *Education Week*. [EB/OL]. [2019-2-17]. https://www.edweek.org/ew/articles/2014/08/20/01demographics.h34.html.

［91］McArdel, N., Osypuk, T., & Acevedo-Garcia, D. Segregation and exposure to high-poverty schools in large metropolitan areas: 2008-09. [EB/OL]. [2019-2-19]. http://diversitydata.sph.harvard.edu/ Publications/school_segregation_report.pdf.

［92］National Alliance for Public Charter Schools. Charter Public Schools Serving 250,000 New Students in 2015-16. [EB/OL]. [2019-1-15]. https://www.publiccharters.org/press/new-closed-report.

［93］National Center for Education Statistics. Fast Fact. [EB/OL]. [2019-3-15]. https://nces.ed.gov/fastfacts/display.asp?id=372.

［94］National Center for Education Statistics. Table 203.50. Enrollment and percentage distribution of enrollment in public elementary and secondary schools, by race/ethnicity and region: Selected years, fall 1995 through fall 2023. [EB/OL]. [2019-2-16]. https://nces. ed.gov/programs/digest/d13/tables/dt13_203.50.asp.

［95］National Education Association. Charter School. [EB/OL]. [2019-1-20]. http://www.nea.org/home/16332.htm.

［96］NCHEMS. Public High School Graduation Rates, 2009.

[EB/OL]. [2019-3-15]. http://www.higheredinfo.org/dbrowser/index.php?
measure=23.

［97］Office of Equal Opportunity and Diversity. A Brief History
of Affirmative Action. [EB/OL]. [2019-2-22]. http://www.oeod.uci.edu/
aa.html.

［98］Paul E. Peterson and David E. Campell. *Charters, Vouchers,
and Public Education*. Washington DC: Brookings Institution Press.
2001.

［99］Poolman, R.W. American College Personnel Association.
Journal of College Student Development, 1996(2). 56-67

［100］Preskill, Stephen. Educating for Democracy: Charles W.
Eliot and the Differentiated Curriculum. *Educational Theory*, 39.4(1989).
[EB/OL]. [2019-3-10]. https://onlinelibrary.wiley.com/doi/epdf/10.1111/
j.1741-5446.1989.00351.x.

［101］Priest, D.M., St. John, E.P. *Privatization and Public
Universities*. Bloomington: Indiana University Press. 2006.

［102］Remini, Robert V. *A Short History of the United States*.
New York：Harper Collins Publishers, 2008.

［103］Richard D. Kahlenberg and Halley Potter. The Original
Charter School Vision. *New York Times*. [EB/OL]. [2019-1-10].
https://www.nytimes.com/2014/08/31/opinion/sunday/albert-shanker-the-
original-charter-school-visionary.html.

［104］Snyder, T.D., de Brey, C., Dillow, S.A. Digest of Education
Statistics 2017 (NCES 2018-070). [EB/OL]. [2019-2-13]. https://nces.ed.
gov/pubsearch/pubsinfo.asp?pubid=2018070.

［105］The Atlantic. Americans Have Given Up on Public Schools.
That's a Mistake. [EB/OL]. [2019-3-15]. https://www.theatlantic.com/
magazine/archive/2017/10/the-war-on-public-schools/537903/.

［106］The Atlantic. America's Not-So-Broken Education System.
[EB/OL]. [2019-3-15]. https://www.theatlantic.com/education/archive/

2016/06/everything-in-american-education-is-broken/488189/.

［107］The Power of International Education. Fast Facts Open Doors 2012. [EB/OL]. [2019-2-17]. http://www.iie.org/~/media/Files/ Corporate/Open-Doors-Briefing-November-2012.

［108］UFT Charter School. History. [EB/OL]. [2019-1-13]. https://www.theuftcharterschool.org/about/history/.

［109］United States Bureau of Economic Analysis. [EB/OL]. [2019-3-1]. https://www.bea.gov/news/glance.

［110］United States Census Bureau. [EB/OL]. [2019-3-1]. https://www.census.gov/quickfacts/fact/table/US/PST045217.

［111］United States Census Bureau. [EB/OL]. [2019-2-16]. https://www.census.gov/newsroom/releases/archives/population/cb12-24 3.html.

［112］U.S. Department of Education. Accreditation and Quality Assurance. [EB/OL]. [2019-2-13]. https://www2.ed.gov/about/offices/ list/ ous/international/usnei/us/edlite-accreditation.html.

［113］U.S. Department of Education. Charting the Course: States Decide Major Provisions Under No Child Left Behind. [EB/OL]. [2019-2-20]. https://www.ed.gov/news/pressreleases/2004/01/01142004. html#elements.

［114］U.S. Department of Education. *Civil rights data collection.* [EB/OL]. [2019-3-1]. http://ocrdata.ed.gov/ Downloads/CMOCR The Transformed CRDCFINAL 3-15- 12Accessible-1.pdf.

［115］U.S. Department of Education. *National Assessment of Educational Progress (NAEP), 1990-2013 Mathematics and Reading Assessments.* Custom data tables. [EB/OL]. [2019-3-1]. http://nation-sreportcard. gov/reading_math_2013/#/executive-summary.

［116］U.S. Department of Education. An Overview of the US Department of Education. [EB/OL]. [2019-3-12]. https://www2.ed.gov/ about/overview/focus/what.html.

［117］U.S. Department of Labor, Bureau of Labor Statistics. Teachers. [EB/OL]. [2019-3-15]. http://www.bls.gov/oco/ocos/069.htm.

［118］U.S. Department of State. 100000 Strong Initiative-Fact Sheet. [EB/OL]. [2019-2-15]. http://www.state.gov./r/pa/prs/ps/2012/05/189305.

［119］U.S. News. Best Colleges. [EB/OL]. [2019-2-13]. https://www. usnews. com/best-colleges.

［120］Wald, Johanna. & Daniel J. Losen. Out of sight: The journey through the school-to-prison pipeline. In Sue Books (Ed.), *Invisible Children in the Society and its Schools*(3rd ed.). Mahwah: Lawrence Erlbaum, 2007.

［121］Wikipedia. Education in the United States. [EB/OL]. [2019-3-12].
https://en.wikipedia.org/wiki/Education_in_the_United_States.

［122］Wikipedia. Morrill Land-Grant Act. [EB/OL]. [2019-3-12]. https://en.wikipedia.org/wiki/Morrill_Land-Grant Acts.

［123］Wikipedia. Noah Webster. [EB/OL]. [2019-3-12]. https://en. wikipedia.org/wiki/Noah_Webster.

［124］Wikipedia. School Choice. [EB/OL]. [2019-1-14]. https:// en.wikipedia.org/wiki/School_choice

［125］Wikipedia. Virtual School. [EB/OL]. [2019-1-15]. https:// en.wikipedia.org/wiki/Virtual_school.

［126］Yale University. Student Organizations. [EB/OL]. [2019-6-1]. http://studentorgs.yalecollege.yale.edu/

［127］教育部. 2011 年全国来华留学生统计数据. [EB/OL]. [2019-3-7]. http://www.moe.edu.cn/publicfiles/business/htmlfiles/moe/s5987/201202/131117.html.

［128］王昶.特朗普现象与美国的命运. [EB/OL]. [2019-1-17]. https://www.bbc.com/zhongwen/simp/world-46901567.

推荐阅读书目：

［1］ Boyles, Deron. *American Education and Corporations: The Free Market Goes to School*. New York: Falmer Press, 2000.

［2］ Clinchy, Evans, ed. *Reforming American Education from the Bottom to the Top*. Portsmouth: Heinemann, 1999.

［3］ Dorn, Charles M. *American Education, Democracy, and the Second World War*. New York: Palgrave Macmillan, 2007.

［4］ Edwards, June. *Women in American Education, 1820-1955: the Female Force and Educational Reform*. Westport: Greenwood Press, 2002.

［5］ Good, Thomas L. ed. *American Education: Yesterday, Today, and Tomorrow*. Chicago: National Society for the Study of Education, 2000.

［6］ Kaplan, Leslie S. *American Education: Building a Common Foundation*. Belmont: Wadsworth, 2011.

［7］ Katz, Michael B. *Reconstructing American Education*. Cambridge: Harvard University Press, 2009.

［8］ Martinez, Jose. *Inequality in American Education: the Entrenchment of a Two-tiered System*. London &Washington: Academica Press, 2018.

［9］ Nord, Warren A. *Religion and American Education: Rethinking a National Dilemma*. Chapel Hill: University of North Carolina Press, 2014.

［10］ Park, Clara C. ed. *Asian American Education: Acculturation, Literacy Development, and Learning*. Charlotte: IAP, 2007.

［11］ Parkerson, Donald Hugh. *Transitions in American Education: A Social History of Teaching*. New York: Routledge Falmer, 2001.

［12］ Peterson, Paul E. ed. *Choice and Competition in American Education*. Lanham: Rowman & Littlefield Publishers, 2006.

［13］ Reese, William J. and John L. Rury. ed. *Rethinking the*

History of American Education. New York: Palgrave Macmillan, 2008.

〔14〕Rippner, Jennifer A. *The American Education Policy Landscape.* New York: Routledge, 2016.

〔15〕Shapiro, H. Svi. & David E. Purpel . ed. *Critical social issues in American education: democracy and* meaning *in a globalizing world.* and Mahwah: L. Erlbaum Associates, 2005.

〔16〕Shober, Arnold F. *The Democratic Dilemma of American Education: out of Many, One?* New York: Westview Press, 2012.

〔17〕Serow, Robert C. *Social Foundations of American Education.* Durham: Carolina Academic Press, 2000.

〔18〕Sowell, Thomas. *Inside American Education: the Decline, the Deception, the Dogmas.* New York: Simon & Schuster, 2010.

〔19〕Spring, Joel. *American Education.* New York: Routledge, 2018.

〔20〕Spring, Joel. *The Politics of American Education.* New York & London: Taylor & Francis, 2011.

〔21〕Ulich, Robert. *Crisis and Hope in American Education.* New Brunswick: Aldine Transaction, 2008.

〔22〕Urban, Wayne J. *American Education: A History.* New York & Abingdon: Routledge, 2009.

〔23〕Urban, Wayne J. *Leaders in the Historical Study of American Education.* Rotterdam: Sense Publishers, 2011.

〔24〕Verdugo, Richard R. *American Education and the Demography of the US Student Population, 1880 – 2014.* Cham: Springer International Publishing, 2018.

〔25〕Wirt, Frederick M. *The political Dynamics of American Education.* Richmond: McCutchan Pub. Corp., 2001.

后　记

经过几个月的努力，《美国教育须知》终于完成了。

本书原名为《美国教育情况手册》，是教育部国别与区域研究中心布置给华东师范大学美国研究中心的任务，目的是为相关人士提供美国教育的一些基本情况和信息。书中所含内容涉及美国教育发展和当下态势的多个方面，可为政府相关部门作参考材料之用，也可以为留学美国的学生（包括中学和大学以及研究生）提供参考，为更好适应留学生活做好准备。本书更是为需要知晓美国、尤其是需要知晓美国教育的人士提供了一个快速的了解渠道。

本书各章撰写注重基本信息的传递，也有充分的学术研究依据。同时，本书也提供了一些实用信息，这是本书的一个鲜明特色。

美国是当今世界上最发达的国家，美国教育在国际上影响甚大。了解美国不能不了解美国教育，了解美国教育则能更好地帮助深入了解美国。同时，也可以通过美国教育，反观我们自己的教育发展情况，从而引发一些更深层次的思考和讨论。

这是一个集体合作完成的项目，由华东师范大学美国研究中心师生共同撰写。具体撰写人员如下：

第一章：景琬婷、周伟婷

第二章：金衡山、王霄楠、张思圆

第三章：金童、聂玲凤、冯新梦

第四章：陈越、蒋静怡、万心驰、舒宇琦、黄悦

第五章：徐芳

第六章：李曦冉、黄悦

在撰写过程中,我们试图做到在有限的篇幅内尽量介绍完整的内容。各章按照独立成篇的构思撰写,有些内容会和其他章节有交集,但可以互相补充。

撰写的过程也是学习和研究的过程。作为美国研究者,这个小册子的撰写丰富了我们对美国多方位的了解,开拓了我们研究美国的视野,可以说是收获满满。

本书全部内容由金衡山负责组织,聂玲凤作为本书的副主编负责审读初稿和修改稿件。朱全红帮助审阅了第一章。本书在交付出版社后得到了南开大学出版社编辑老师们的大力帮助,他们认真负责的精神和精益求精的专业素养帮助我们纠正了书中的一些谬误,使得此书能够顺利出版。在此,表达我们衷心的感谢!本书的撰写得到了华东师范大学美国研究中心和外语学院英语系的资助,在此也一并表示感谢!

本册子为介绍之用,不能囊括所有。其中会有不确之处,祈望有识之士指正!

谨记!

金衡山

2020 年 10 月 30 日